とりはずして使える
MAP

付録 街歩き地図
東京

切り取り線

許可なく転載、複製することを禁じます

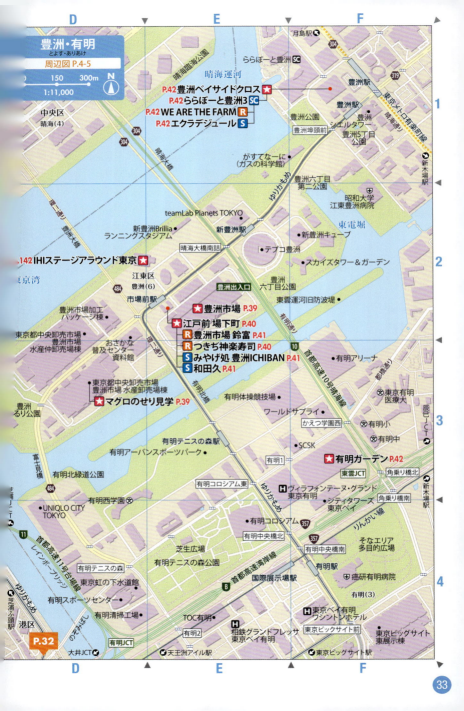

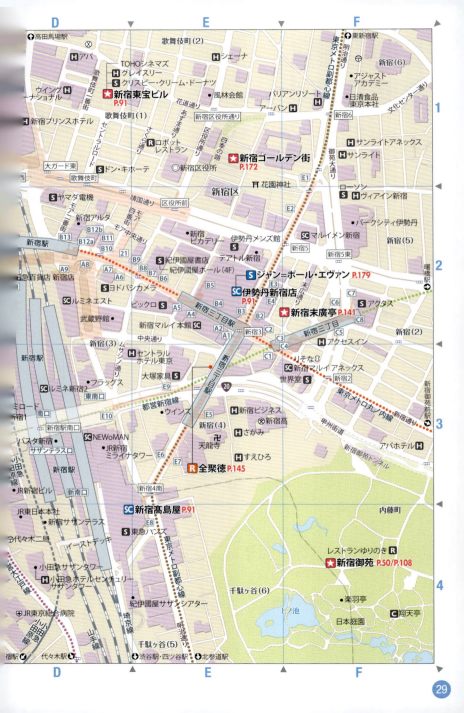

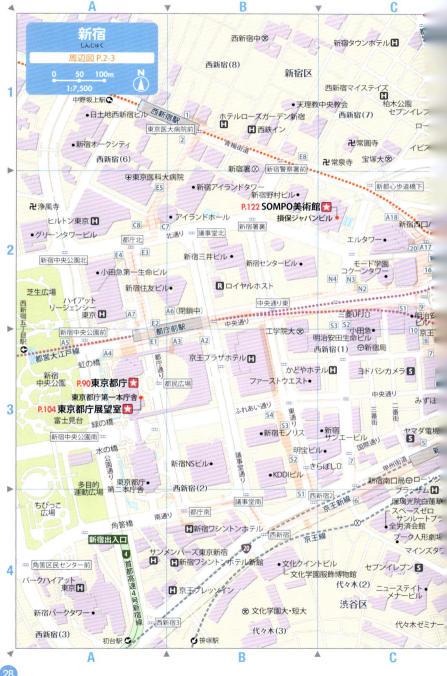

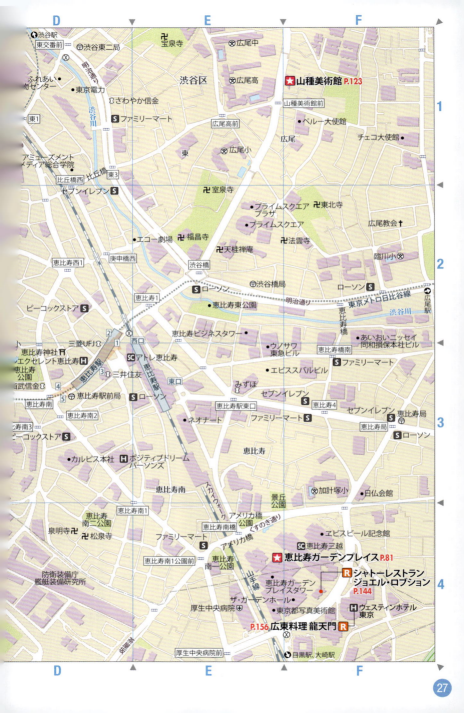

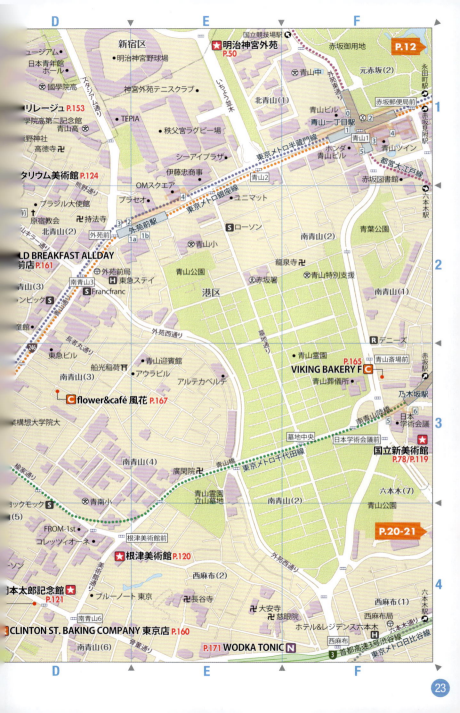

MAP

街歩き地図
京

中心部 北 ……… 2
中心部 南 ……… 4
根津・千駄木 ……… 6
……… 8
原／押上 ……… 9
……… 10
……… 12
橋／人形町 ……… 13
駅・丸の内・日本橋 ……… 14
……… 16
・汐留 ……… 18
木・西麻布・麻布十番 ……… 20
・原宿・表参道 ……… 22
……… 24
寿・代官山 ……… 26
……… 28
……… 30
場 ……… 32
・有明 ……… 33
……… 34
坂／自由が丘 ……… 35

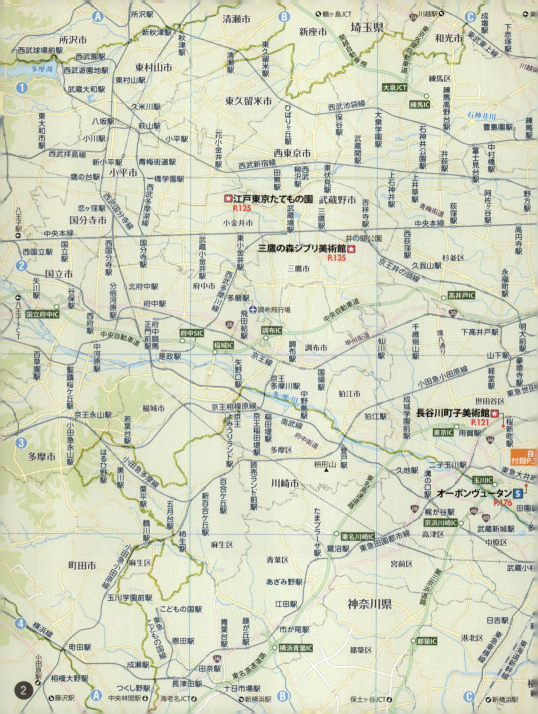

あなただけの
プレミアムな
おとな旅へ！
ようこそ！

レインボーブリッジ越しに望む東京の街並み

TOKYO
東京への旅

希望の橋を明日へと渡る
しなやかに変貌する首都

都市の豊穣を奏でるビル群に
憩いの自然が四季を添える

いつも、どこも、東京は面白い。
個性的な街が大集合する首都は
多彩×多彩の多色で幻惑する。
絵の具の上に絵の具を重ね、
滞在をリピートする旅行者は
そのたびに街の変貌に驚く。
六本木界隈や東京駅周辺に続き
渋谷も今やすっかり様変わり。
観るも買うも食べるも百花繚乱。
アートもモノも味も一級が揃う。
江戸や明治や昭和の文化を継ぎ、
淘汰を繰り返しては未来を紡ぐ。
東京は掘るほどに魅力が噴出。
まるごとエンターテインメントだ！

SIGHTSEEING

かつての
将軍家別邸。
春にはツツジが
鮮やか

浜離宮恩賜庭園 ➡ P.109

4

渋谷ストリームの近未来を感じる建築

複雑怪奇に見えても それは未来への活力

AMUSEMENT

目の前に青い海が広がるような感覚を体感できる

【すみだ水族館】
→P.69

ART

ゆらゆらと泳ぐ金魚が和の世界を演出する

【アートアクアリウム美術館】
→P.27

CONTENTS

ニュース＆トピックス …… 22

特集

変貌する街 …… 28

渋谷　28
- 渋谷スクランブルスクエア …… 30
- 渋谷ストリーム …… 32
- 東急プラザ渋谷 …… 34
- 渋谷PARCO …… 36
- 忘れてはいけない人気の注目スポット！ …… 37

豊洲　38
- 豊洲市場 …… 39
- 江戸前 場下町 …… 40
- 豊洲ベイサイドクロス …… 42
- 築地場外市場 43

日本橋・人形町　44
- 日本橋髙島屋S.C. …… 45
- COREDO 室町テラス …… 46
- 人形町 継承する老舗の味 47

大都会のサプライズ
- 最新エンターテインメント …… 48
- 東京の桜と紅葉 …… 50

東京広域図 …… 2

東京への旅
希望の橋を明日へと渡る
しなやかに変貌する首都 …… 4
東京はこんな街です …… 12
東京の街を移動する …… 14
東京トラベルカレンダー …… 16

プレミアム滞在モデルプラン
東京 おとなの2泊3日 …… 18

歩く・観る

銀座　52
- 大人の銀ぶらを楽しむ …… 54
- GINZA SIX …… 58
- 東京ミッドタウン日比谷 …… 59

浅草・押上　60
- 浅草寺 …… 60
- 浅草寺の参道 仲見世通り 62
- 浅草の立ち寄りスポット 64
- 東京スカイツリータウン® …… 66
- 東京スカイツリー® 66
- 東京ソラマチ® 68
- 東京ソラマチ®で食べる・買う 70

東京駅・丸の内　72
- 東京ステーションシティ …… 74
- 駅ナカ グルメ＆ショッピング 76

六本木　78

恵比寿・代官山　80

お台場	82
お台場のアミューズメントスポット	84
VenusFortでアウトレットショッピング	85
絶景ごはんでリゾート気分	86

青山・表参道・原宿	88

新宿	90

池袋	92

上野	94

下町散歩
谷中・根津・千駄木	96
麻布十番	98
神楽坂	100

TOKYOパワースポット	102
東京の街を見渡す展望スポット	104

歴史
徳川家が築いた江戸の街	106

アート・文化

美術館・博物館	116
世界のアートが集結	116
感性を刺激する美術館	118
多彩な専門美術館	120
ハイレベルな企業美術館	122
現代アートの発信基地へ	124
好奇心をそそる知識の宝庫	125

テーマパーク	126
東京ディズニーリゾート®	126
東京ディズニーランド®	128
東京ディズニーシー®	130

エンターテインメント	132
かわいい海の生き物たち	132
たまにはハメを外してエンジョイ!	134
興味津々! エンタメスポット	136
いい湯だね 東京温泉物語	137

劇場	138
伝統芸能を体感する	138
伝統芸能の公演が観られる劇場	140
寄席に行こう	141
東京の主な劇場&ホールリスト	142

食べる

東京ごはん
- 東京進出! 各国からの10店 ……… 144
- これぞ頂点! 和の絶対美食4店 ……… 148
- 陽気なイタリアン とっておき3店 ……… 150
- 気鋭のフレンチ セレブの店5店 ……… 152
- お肉料理で絶対選びたい4店 ……… 154
- 東京で食べる最高の飲茶4店 ……… 156
- 老舗の洋食店5店 ……… 158
- 早起きしていただく優雅な朝食 ……… 160

カフェ＆スイーツ
- 世界が認める特別なスイーツ ……… 162
- ベーカリーの人気食パン ……… 164
- ボタニカルカフェで癒やされる ……… 166

ナイトスポット
- 記念日を彩る素敵な夜景 ……… 168
- 上質なナイト空間
  大人のためのバー厳選4店 ……… 170
- 昭和の香りのレトロな夜の街　172

買う

東京みやげ
- 大切な人へ。老舗の逸品 ……… 174
- 絶対に喜ばれる東京みやげ ……… 176
- 逸品はデパ地下にある 東京・味みやげ ……… 178
- 東京駅で買えるお弁当 ……… 180

- アクセスと都内交通 ……… 181
- 東京へのアクセス ……… 182
- 東京都内の交通 ……… 184
- 隅田川＆東京湾クルーズ ……… 186
- 東京観光バスツアー ……… 187
- 鉄道路線図 ……… 188
- INDEX ……… 190

付録地図
東京中心部 北	2	六本木・西麻布・麻布十番	20
東京中心部 南	4	青山・原宿・表参道	22
谷中・根津・千駄木	6	渋谷	24
上野	8	恵比寿・代官山	26
秋葉原／押上	9	新宿	28
浅草	10	池袋	30
赤坂	12	お台場	32
日本橋／人形町	13	豊洲・有明	33
東京駅・丸の内・日本橋	14	品川	34
銀座	16	神楽坂／自由が丘	35
築地・汐留	18		

──── 本書のご利用にあたって ────

● 本書中のデータは2020年11〜12月現在のものです。料金、営業時間、休業日、メニューや商品の内容などが、諸事情により変更される場合がありますので、事前にご確認ください。

● 本書に紹介したショップ、レストランなどとの個人的なトラブルに関しましては、当社では一切の責任を負いかねますので、あらかじめご了承ください。

● 営業時間、開館時間は実際に利用できる時間を示しています。ラストオーダー(LO)や最終入館の時間が決められている場合は別途表示してあります。

● 営業時間等、変更する場合がありますので、ご利用の際は公式HPなどで事前にご確認ください。

● 休業日に関しては、基本的に定休日のみを記載しており、特に記載のない場合でも年末年始、ゴールデンウィーク、夏季、旧盆、保安点検日などに休業することがあります。

● 料金は消費税込みの料金を示していますが、変更する場合がありますのでご注意ください。また、入館料などについて特記のない場合は大人料金を示しています。

● レストランの予算は利用の際の目安の料金としてご利用ください。Bが朝食、Lがランチ、Dがディナーを示しています。

● 宿泊料金に関しては、「1泊2食付」「1泊朝食付」「素泊まり」は特記のない場合1室2名で宿泊したときの1名分の料金です。曜日や季節によって異なることがありますので、ご注意ください。

● 交通表記における所要時間、最寄り駅からの所要時間は目安としてご利用ください。

● 駐車場は当該施設の専用駐車場の有無を表示しています。

● 掲載写真は取材時のもので、料理、商品などのなかにはすでに取り扱っていない場合があります。

● 予約については「要予約」(必ず予約が必要)、「望ましい」(予約をしたほうがよい)、「可」(予約ができる)、「不可」(予約ができない)と表記していますが、曜日や時間帯によって異なる場合がありますので直接ご確認ください。

● 掲載している資料および史料は、許可なく複製することを禁じます。

■ データの見方

- ☎ 電話番号
- 所 所在地
- 開 開館／開園／開門時間
- 営 営業時間
- 休 定休日
- 料 料金
- 交 アクセス
- P 駐車場
- 室 宿泊施設の客室数
- in チェックインの時間
- out チェックアウトの時間

■ 地図のマーク

- ★ 観光・見どころ
- 卍 寺院
- 开 神社
- ✝ 教会
- R 飲食店
- C カフェ・甘味処
- S ショップ
- SC ショッピングセンター
- N ナイトスポット
- H 宿泊施設
- i 観光案内所
- 道 道の駅
- ビーチ
- 温泉
- バス停
- 空港

旅のきほん 1

エリアと観光のポイント
東京はこんな街です

ターミナルタウンのほか個性豊かな街が揃う大都市・東京。
山手線の駅とともに位置関係を把握したい。

24時間眠らない街
新宿 ➡ P.90

高層ビルや百貨店などが立ち並び、特に東口は昼夜問わず賑わう。

観光のポイント 東京都庁展望室、新宿御苑、歌舞伎町

クールでスタイリッシュな街
青山・表参道・原宿 ➡ P.88
あおやま・おもてさんどう・はらじゅく

表参道にはハイエンドなブランド店が並ぶ。緑が美しい公園も点在。

観光のポイント 明治神宮、表参道ヒルズ、代々木公園

日本が誇るトレンドの発信地
渋谷 ➡ P.28
しぶや

流行に敏感な若者が集う街から、大人が楽しめる街へと変貌を続ける。

観光のポイント 渋谷スクランブルスクエア、渋谷ストリーム、ハチ公像

高級住宅街のおしゃれタウン
恵比寿・代官山 ➡ P.80
えびす・だいかんやま

住宅街の中に点在するショップや居心地のよいカフェも多い。

観光のポイント 恵比寿ガーデンプレイス、代官山アドレス

北部を代表する繁華街
池袋 ➡ P.92
いけぶくろ

駅周辺にはショッピングから文化施設まで揃い、一日中遊べる。

観光のポイント サンシャイン水族館、コニカミノルタプラネタリウム"満天"

大使館や外資系企業が点在
六本木 ➡ P.78
ろっぽんぎ

外国人観光客が多く、異国の文化が味わえる独特な雰囲気。

観光のポイント 六本木ヒルズ、国立新美術館、東京ミッドタウン

桜と美術館と西郷さんの街
上野 ➡ P.94
うえの

文化施設が集まる上野の森と、活気に満ちた下町情緒漂うエリア。

観光のポイント 上野恩賜公園、アメ横通り商店街

歴史と下町人情あふれる街
浅草・押上 ➡ P.60
あさくさ・おしあげ

浅草寺を中心とした門前町。隅田川沿いの東京スカイツリータウン®も。

観光のポイント 浅草寺、仲見世通り、東京スカイツリータウン®

江戸情緒と最新施設が調和する
日本橋・人形町 ➡ P.44
にほんばし・にんぎょうちょう

全国の交通網整備の起点となった日本橋。近年、新たな商業施設が増加。

観光のポイント 日本橋髙島屋S.C.、COREDO室町テラス

交通網が集中する中心地
東京駅・丸の内 ➡ P.72
とうきょうえき・まるのうち

東京の玄関口で人々が行き交う場。駅ナカグルメやショッピングも充実。

観光のポイント 東京駅丸の内駅舎、皇居外苑

開放感のあるレジャーエリア
お台場 ➡ P.82
おだいば

埋め立て地にホテル、大型ショッピングモールやレジャー施設が勢揃い。

観光のポイント フジテレビ本社ビル、大江戸温泉物語

下町散歩

昔ながらのレトロな風景
谷中・根津・千駄木 ➡ P.96
やなか・ねづ・せんだぎ

谷中銀座商店街や江戸時代から続く寺町散策が楽しめる。猫が多く棲む街としても有名だ。

古き良き日本の風情が漂う
神楽坂 ➡ P.100
かぐらざか

江戸から続く花街のひとつ。路地裏には町家造りの家屋を利用した今どきのショップやカフェも混在。

老舗グルメにも出会える
麻布十番 ➡ P.98
あざぶじゅうばん

メインストリートの麻布十番商店街には新旧併せた飲食店が軒を連ね、食通も唸らせる店が多い。

東京屈指の繁華街
銀座 ➡ P.52
ぎんざ

江戸から続く老舗や有名ブティックなど伝統と最新トレンドが共存。

観光のポイント ブランドブティック、GINZA SIX、歌舞伎座

開発が続く東京の臨海エリア
豊洲 ➡ P.38
とよす

東京湾を望むウォーターフロント。移転開業した豊洲市場が見どころ。

観光のポイント 豊洲市場、ららぽーと豊洲、有明ガーデン

旅のきほん 2

公共交通機関で快適に
東京の街を移動する

JRと地下鉄を乗り継げば、東京中心部のたいていの場所へスムーズにアクセスできる。環状に走るJR山手線の駅を目印にするとわかりやすい。

東海道新幹線、北陸・上越・東北新幹線はいずれも東京駅が発着駅となっており、在来線との連絡もよく、乗り継ぎがラク。東京駅は、東京観光の玄関口として機能している。東海道新幹線は品川、上越・東北新幹線は上野にも停車するので、目的地によってはこれらの駅で降りれば時間の節約になる。

飛行機で羽田空港に到着したときは、東京モノレールで浜松町駅か、京急線で品川駅にアクセスできる。とりあえず山手線の駅に降りれば、移動計画が立てやすい。

山手線は都心をぐるりと取り囲むように走る環状線で、東京、上野、池袋、新宿、渋谷、品川など、多くの路線が集まるターミナル駅を結び、一周30駅を約1時間で走る。都内の移動のベースとなる路線だ。これを東西方向に横切って貫くのがJR中央線。山手線の内側には東京メトロの地下鉄9路線、都営地下鉄4路線が網の目のように走っている。

これらを効率よく乗り継げば、ほぼどこにでもアクセス可能だが、駅によっては同じ駅名でも1駅分くらい離れていたり、地下4〜5階構造になっているところもあり、想像以上に乗り換えに時間がかかることがあるので注意したい。逆に、駅名が違うのに徒歩すぐの場所にあって乗り換えに利用できるところもある。

山手線のターミナル駅からは、東急線、小田急線、京王線、西武線、東武線、京急線など私鉄各線が郊外に向けて放射状に延びており、都心と郊外を結んでいる。

都内の交通について詳細は ➡ P.184

羽田空港 → 新宿駅
京急線とJR利用 43分
羽田空港国内線第1・第2ターミナル駅 ➡ (京急空港線エアポート急行16分) ➡ 品川駅 ➡ (JR山手線19分) ➡ 新宿駅

モノレールとJR利用 54分
羽田空港第1ターミナル駅 ➡ (東京モノレール19分) ➡ 浜松町駅 ➡ (JR山手線26分) ➡ 新宿駅

表参道・青山
東京駅 → 表参道駅
東京駅 ➡ 地下鉄丸ノ内線8分 ➡ 赤坂見附駅 ➡ 地下鉄銀座線5分 ➡ 表参道駅

新宿駅 → 表参道駅
新宿駅 ➡ JR山手線7分 ➡ 渋谷駅 ➡ 地下鉄銀座線2分 ➡ 表参道駅

新宿駅 ➡ JR山手線4分 ➡ 原宿駅=明治神宮前(原宿)駅 ➡ 地下鉄千代田線2分 ➡ 表参道駅

原宿
東京駅 → 原宿駅
東京駅 ➡ JR山手線28分 ➡ 原宿駅

新宿駅 → 原宿駅
新宿駅 ➡ JR山手線4分 ➡ 原宿駅

恵比寿
東京駅 → 恵比寿駅
東京駅 ➡ JR山手線23分 ➡ 恵比寿駅

新宿駅 → 恵比寿駅
新宿駅 ➡ JR山手線9分 ➡ 恵比寿駅

代官山
東京駅 → 代官山駅
東京駅 ➡ 地下鉄丸ノ内線4分 ➡ 霞ケ関駅 ➡ 地下鉄日比谷線13分 ➡ 中目黒駅 ➡ 東急東横線1分 ➡ 代官山駅

東京駅 ➡ JR山手線23分 ➡ 恵比寿駅 ➡ 地下鉄日比谷線2分 ➡ 中目黒駅 ➡ 東急東横線1分 ➡ 代官山駅

新宿駅 → 代官山駅
新宿駅 ➡ JR山手線7分 ➡ 渋谷駅 ➡ 東急東横線3分 ➡ 代官山駅

六本木
東京駅 → 六本木駅
東京駅 ➡ 地下鉄丸ノ内線5分 ➡ 霞ケ関駅 ➡ 地下鉄日比谷線5分 ➡ 六本木駅

新宿駅 → 六本木駅
新宿駅 ➡ 地下鉄都営大江戸線9分 ➡ 六本木駅

新宿駅 ➡ JR山手線9分 ➡ 恵比寿駅 ➡ 地下鉄日比谷線6分 ➡ 六本木駅

旅のきほん 3

祭りや伝統行事を楽しみ、四季の花を愛でる
東京トラベルカレンダー

きらびやかな大都市に集まる世界中の人々や文化。今も大切にしている昔ながらの四季折々の風景や行事。お祭りやイベントに参加して、東京をより身近に感じたい。

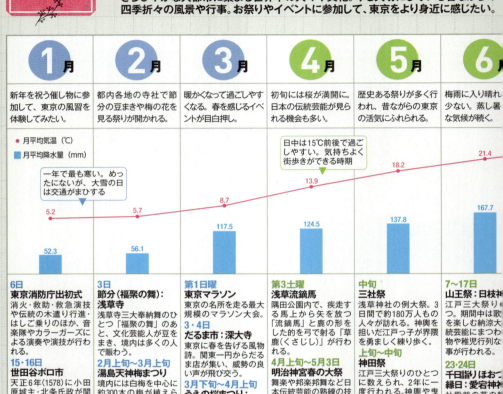

1月	2月	3月	4月	5月	6月
新年を祝う催し物に参加して、東京の風習を体験してみたい。	都内各地の寺社で節分の豆まきや梅の花を見る祭りが開かれる。	暖かくなって過ごしやすくなる。春を感じるイベントが目白押し。	初旬には桜が満開に。日本の伝統芸能が見られる機会も多い。	歴史ある祭りが多く行われ、昔ながらの東京の活気にふれられる。	梅雨に入り晴れ少ない。蒸し暑な気候が続く。

- ● 月平均気温 (℃)
- ■ 月平均降水量 (mm)

一年で最も寒い。めったにないが、大雪の日は交通がまひする

気温：5.2 / 5.7 / 8.7 / 13.9 / 18.2 / 21.4

日中は15℃前後で過ごしやすい。気持ちよく街歩きができる時期

降水量：52.3 / 56.1 / 117.5 / 124.5 / 137.8 / 167.7

6日 東京消防庁出初式
消火・救助・救急演技や伝統の木遣り行進・はしご乗りのほか、音楽隊やカラーガーズによる演奏や演技が行われる。

15・16日 世田谷ボロ市
天正6年(1578)に小田原城主・北条氏政が開いた楽市が始まりという。骨董や日用雑貨など約700の露店が並ぶ。(12月15・16日も開催)

3日 節分(福聚の舞)：浅草寺
浅草寺三大奉納舞のひとつ「福聚の舞」のあと、文化芸能人が豆をまき、境内は多くの人で賑わう。

2月上旬～3月上旬 湯島天神梅まつり
境内には白梅を中心に約300本の梅が植えられ、梅の名所として親しまれている。2月上旬～中旬が見頃。

第1日曜 東京マラソン
東京の名所を走る最大規模のマラソン大会。

3・4日 だるま市：深大寺
東京に春を告げる風物詩。関東一円からだるま店が集い、威勢のよい声が飛び交う。

3月下旬～4月上旬 うえの桜まつり：上野恩賜公園
ぼんぼりに照らされる夜桜見物も粋。

第3土曜 浅草流鏑馬
隅田公園内で、疾走する馬上から矢を放つ「流鏑馬」と鹿の形をした的を弓で射る「草鹿(くさじし)」が行われる。

4月上旬～5月3日 明治神宮春の大祭
舞楽や邦楽邦舞など日本伝統芸能の熟練の技の数々が奉納される。春から初夏にかけて咲く花々を眺めながらの自然散策も。

中旬 三社祭
浅草神社の例大祭。3日間で約180万人もの人々が訪れる。神輿を担いだ江戸っ子が界隈を勇ましく練り歩く。

上旬～中旬 神田祭
江戸三大祭りのひとつに数えられ、2年に一度行われる。神輿や曳き物の盛大な行列が神田明神へ向かう。

7～17日 山王祭：日枝神社
江戸三大祭りのひとつ。期間中は歌を楽しむ納涼大統芸能にまつわる物や稚児行列な事が行われる。

23・24日 千日詣りほおずき縁日：愛宕神社
社殿前の茅の輪をくぐると千日分のご利益がある。

- 椿 1月下旬～4月中旬
- 菜の花 2～3月
- 梅 2月中旬～3月中旬
- 桜 3月下旬～4月中旬
- ツツジ 4月中旬～5月上旬
- 藤 4月下旬～5月上旬
- アジサイ 6～7月
- 花菖蒲 5月下旬～6月
- スイレン 5月下旬～7月

↑椿

↑梅

⬆亀戸天神の藤

⬆神田祭

⬆隅田川花火大会

⬆浅草寺の羽子板市（写真提供：浅草寺）

7月	**8**月	**9**月	**10**月	**11**月	**12**月
になる日も多い。の際は、熱中症忘れずに。	花火大会や祭りが多く開かれる。東京の夏の風物詩を見に行きたい。	地域発の秋の祭りや世界中の文化を体験できるイベントが催される。	芸術や文化の祭典が盛りだくさん。好みのジャンルは要チェック。	秋も深まり、菊や紅葉が見頃を迎える。庭園散策が楽しい季節。	美しいイルミネーションが街を彩り、下町の商店は賑やかさを増す。

25.0　26.4　22.8　17.5　12.1　7.6

室内の冷房が効きすぎる場合もあるので、羽織るものがあると安心

気温差が大きくなる時期。温度調節できる服装で出かけたい

東京の冬は雨が少なく、乾燥しているので、対策しておきたい

153.5　168.2　209.9　197.8　92.5　51.0

| **日**
ずき市：浅草寺
日に参拝すると○○日分のご利益といわれる。境鈴の音色やほお朱色で華やぐ露狭しと並ぶ。

|花火大会
年(1733)に始ま京でも大規模に花火大会。伝統火や新しい創作どが夏の夜空を | **中旬**
深川八幡祭り（富岡八幡宮例大祭）
江戸三大祭りのひとつで、別名「水掛け祭」。沿道の観衆は神輿の担ぎ手に清めの水をかけ、一体となって盛大に行われる。

最終土・日曜
麻布十番 納涼まつり
麻布十番商店街で行われる夏祭り。国内の郷土料理の屋台が出店する。ステージではさまざまなライブも開催。 | **下旬**
ふくろ祭り
都内では珍しい宵御輿が見られる御輿の祭典。13基3000人以上の担ぎ手によって池袋の街が熱く盛り上がる。 | **上旬**
東京よさこい
関東最大のよさこいの祭典。毎年100チーム5000人近い踊り手が参加し、観客を魅了。

下旬
東京国際映画祭
六本木を中心に都内各所で開催される。

10月下旬～11月上旬
神田古本まつり
古書の街・神田神保町に書棚で囲まれた「本の回廊」が現れ、蔵書印の体験などが楽しめる。 | **1日～下旬**
東京都観光菊花大会
日比谷公園で開かれる大正時代から続く菊花展。大菊盆養、福助、菊飾りなど約1200点の作品が観賞できる。

11月下旬～12月上旬
紅葉と大名庭園のライトアップ：六義園
築山と大泉水が美しい庭園。期間中は開園時間が延長され、赤や黄色に色づいた木々が照らされる。水面に映る光景は幻想的。 | **11月中旬～2月中旬**
イルミネーション
丸の内、表参道、銀座など各所で光に包まれた幻想的な夜の街が現れる。冬ならではのロマンティックな夜景巡りも楽しい。

17～19日
歳の市 羽子板市：浅草寺
浅草を華やかにする年末の風物詩。歌舞伎の題材や著名人の顔など色とりどりの羽子板が揃う。 |

⬆蓮　蓮 7月中旬～8月中旬

⬆萩　萩 8～9月

⬆コスモス　コスモス 9～10月

⬆菊　菊 10月中旬～12月中旬

⬆紅葉　紅葉 11月中旬～12月上旬

※日程は変動することがありますので、事前にHPなどでご確認ください。

プレミアム滞在モデルプラン
東京 おとなの2泊3日

観光地としての東京、江戸の面影が残る東京、現代の東京。さまざまな顔に出会える街を周遊。最新スポットから風情あるエリアまで、好みの観光地を組み合わせて出かけたい。

↑日本の首都として最新鋭が集結する街。大都会の中に残る江戸情緒を探して

1日目

豊洲~渋谷で進化する東京の姿に出会う

移転開業した豊洲市場をはじめ、大人が楽しめる街に変貌する渋谷を散策。

8:00 東京駅

約25分
東京駅からJR山手線で2分、有楽町駅で乗り換え、地下鉄・有楽町線で7分、豊洲駅で乗り換え、ゆりかもめで3分、市場前駅下車すぐ

9:00 豊洲

約50分
市場前駅からゆりかもめで3分、豊洲駅で乗り換え、地下鉄・有楽町線で7分、有楽町駅で乗り換え、JR・山手線で24分、渋谷駅下車すぐ

13:00 渋谷

約50分
渋谷駅からJR山手線で26分、東京駅下車

ハチ公前広場の銅像は撮影スポット

18:00 東京駅

活気に満ちた 豊洲市場 の新しい魅力を発見する

豊洲市場 ➡ P.39
とよすしじょう

築地で昭和10年(1935)に開場してから、長年にわたり東京都民の台所として活躍してきた市場。2018年10月、豊洲に移転オープンし、海鮮寿司店などの食事処や市場みやげを購入できるエリアが充実。市場の活気は変わらず、観光客が楽しめる場所へと進化している。

移転前に市場で取引きされた最大サイズの国産クロマグロの模型

朝獲れで鮮度抜群！
海鮮料理 に舌鼓

江戸前 場下町 ➡P.40
えどまえ じょうかまち

2020年1月に完成した豊洲市場の新名所。東京の食の台所で生きる「江戸前」をテーマとして、豊洲市場の場下町（城下町）のような活気あふれる場所だ。市場の新鮮な食材を使用した海鮮丼や寿司、みやげなども購入できる。

削りたてのカツオ節など、みやげも豊洲ならでは

プランニングのアドバイス

豊洲市場の見学は5～15時まで。歩行者デッキからの見学が可能で、3カ所から市場内を見ることができる。マグロのせり見学は事前申込が必要で抽選制。当選者が見学可能。（2020年11月以降の見学は時間や人数を限定して行う。詳細は公式サイトを要確認）。
豊洲市場には海鮮食材が味わえる料理店が集まり、豊洲市場水産卸売場棟にある店舗や、江戸前 場下町の豊洲市場 鈴富（→P.41）などは特に人気。

ハイセンスなショップや日本初上陸のレストランが集う
渋谷の最新鋭コンプレックス で過ごす

渋谷ストリーム ➡P.32
しぶやストリーム

2018年9月オープンのエンターテインメント発信施設。旧東横線渋谷駅ホームと周辺を大開発して誕生し、商業ゾーン、渋谷ストリームホール、渋谷ストリームエクセルホテル東急などが入居する。

渋谷フクラス ➡P.34
しぶやフクラス

2019年12月に誕生した複合施設。2～8階、17・18階の「東急プラザ渋谷」を中心に、大人が楽しめる高感度な店が並ぶ。17階の「シブニワ」は、開放感あふれる無料の展望スペース。テーブル席もあり休憩にも◎。

渋谷スクランブルスクエア ➡P.30
しぶやスクランブルスクエア

2019年11月開業、渋谷エリアで一番高い230m、地上47階建ての複合施設。初上陸や新業態を含めた約210店もの世界最旬ショップが揃う。駅直結の好立地で、新しいランドマークとなっている。

©渋谷ストリーム

©渋谷スクランブルスクエア

きらめく光に包まれる
SHIBUYA SKY で夜景鑑賞

SHIBUYA SKY ➡P.31
シブヤ スカイ

渋谷最高峰からの絶景を見ることができる最新の展望台。14階から45階の「SKY GATE（スカイ ゲート）」、屋外展望空間「SKY STAGE（スカイ ステージ）」、46階の「SKY GALLERY（スカイ ギャラリー）」の3つのゾーンから構成され、東京屈指の繁華街・渋谷の景色を堪能できる。

SKY GALLERYにはショップが並び限定メニューや商品も販売

©渋谷スクランブルスクエア

2日目

浅草・押上で新旧の観光スポットを訪れる

東京スカイツリー®や浅草寺などの名所へ。下町情緒が漂う東京の風景は見もの。

9:30 東京駅

約20分
JR総武線快速で8分、錦糸町駅で乗り換え、地下鉄・半蔵門線で2分、押上（スカイツリー前）駅からすぐ

10:00 東京スカイツリー®

約3分
押上（スカイツリー前）駅から地下鉄・都営浅草線で3分、浅草駅からすぐ、または地下鉄・半蔵門線押上（スカイツリー前）駅から徒歩20分

13:00 浅草

約40分
浅草から水上バスで、浜離宮まで約35分

15:30 浜離宮恩賜庭園

約3分
新橋駅からJR山手線で3分、東京駅下車

18:00 東京駅

プランニングのアドバイス

東京スカイツリー®は朝8時から、すみだ水族館は9時から開業。比較的すいている午前中を狙うのがおすすめ。並びたくないなら、インターネットで事前日時指定券を購入しておくとよい。東京ソラマチ®では、30・31階のソラマチダイニングスカイツリービューで美しい景色を眺めることができる。

東京スカイツリー®からの絶景を堪能する

東京スカイツリータウン® ➡ P.66
とうきょうスカイツリータウン

東京スカイツリー®の展望台に昇って眺望を満喫したら、東京ソラマチ®で買い物や食事を楽しみたい。限定メニューやみやげも販売している。水族館やプラネタリウムを訪れるのもおすすめ。

東京ソラマチ® ➡ P.68
とうきょうソラマチ

限定商品がいたるところにあって、おみやげ選びに悩むほど。買い物を楽しんだらランチタイム。

東京スカイツリー®が描かれたアイテムが豊富

下町の活気があふれる街
浅草 で東京の風情を感じる

浅草寺 ➡ P.60
せんそうじ

東京都最古の寺院に参拝。雷門の提灯や境内に残る建築物など見どころが多い。2020年4月には雷門の提灯が新調され、節目の年となった。

仲見世通り ➡ P.62
なかみせどおり

雷門をくぐると浅草寺境内まで続く仲見世通り。老舗の店が立ち並び、参拝後には食べ歩きや買い物が楽しめる。

水上バスで、大名庭園
浜離宮恩賜庭園 へ

浜離宮恩賜庭園 ➡ P.109
はまりきゅうおんしていえん

「潮入の池」がある回遊式築山泉水庭園。池に架かる「お伝い橋」を渡り「中島の御茶屋」でひと休み。

仲見世通りには和雑貨や食べ歩きグルメが豊富！

3日目

六本木～銀座をじっくりカルチャー巡り

最終日は美術館でゆっくりアート鑑賞。高級店が並ぶ銀座の散策も楽しんで。

9:30 東京駅

約20分
地下鉄・丸ノ内線で東京駅から7分、国会議事堂前駅で地下鉄・千代田線に乗り換え3分、乃木坂駅下車

↓

10:00 国立新美術館

約3分
徒歩

↓

12:00 東京ミッドタウン

約13分
地下鉄・日比谷線で六本木駅から13分、銀座駅下車

↓

15:00 銀座

約2分
JR山手線で有楽町駅から2分、東京駅下車

↓

19:00 東京駅

プランニングのアドバイス

国立新美術館、東京ミッドタウンのサントリー美術館のほかにも、六本木ヒルズの森美術館があり、規模の大きな美術館が六本木に点在。いずれかのチケットがあればほかの2館が割引になる「あとで割」というサービスがあるので活用したい。ランチは東京ミッドタウン内で手軽に、夜は、銀座や東京駅周辺に揃う数々の上質なレストランを利用したい。人気店も多いので予約を忘れずに。

世界が注目する企画展示 国立新美術館 を見学

国立新美術館 ➡ P.119
こくりつしんびじゅつかん

黒川紀章設計の建物、ガラス壁からの採光、木の使い方が心地よい美術館。館内では、多彩なテーマの企画展を開催。国立の美術館のなかで唯一コレクションを持たないが、一流のアート作品を目の前にできる。

デザイン性の高い店が集まる 東京ミッドタウン へ

東京ミッドタウン ➡ P.78
とうきょうミッドタウン

デザイン&アートがコンセプトの複合施設。カフェやショップのほか、アートにふれる時間を過ごしたい。

サントリー美術館 ➡ P.118
サントリーびじゅつかん

東京ミッドタウンに併設された美術館。国宝、重要文化財を含む約3000点を所蔵し、「生活の中の美」をテーマに、日本美術を中心とした企画展示を行う。

老舗と最新施設が共存 大人の 銀ぶら 街歩き

GINZA SIX ➡ P.58
ギンザ シックス

幅広い世代から支持される銀座エリアでは、スタイリッシュで洗練された商業施設が続々誕生。老舗の百貨店や店舗と調和した街を気ままに散策したい。

館内には「観世流」の能楽堂もあり観劇できる

喜ばれる上質な品 東京みやげ を選ぶ

東京ステーションシティ ➡ P.74
とうきょうステーションシティ

東京ならではのみやげ探しなら、駅ナカが大活躍。東京駅のグランスタでは、東京モチーフの味みやげや雑貨が充実。限定商品を見つけたい。

駅ナカのグランスタはここでしか買えない味みやげが豊富

TOKYO NEWS & TOPICS 2021-2022

ニュース＆トピックス

東京は常に最先端を追い求める都市。流行や再開発において、世界でもトップレベルの進化を続ける。大型商業施設や新しい交通、駅の誕生ラッシュで、ますます盛り上がる街を散策。

2020年10月まちびらき

浜離宮恩賜庭園の緑と海景色が融合し新しい都会のオアシスをつくり出す

アトレ竹芝の展望デッキからは輝く海辺の夜景を眺めることができる

劇団四季の専用劇場では最多のキャパシティを誇る[秋]劇場

撮影：下坂敦俊

JR東日本 四季劇場[秋]
ジェイアールひがしにほんしきげきじょう[あき]

劇団四季の2つの専用劇場である[春][秋]が開場。[秋]劇場ではロングラン公演『オペラ座の怪人』を上演中。[春]劇場は2021年1月に開場を迎え、多くのファンから注目される。

☎ 0570-008-110　🏠 港区海岸1-10-45　休 公演により異なる

都心のベイエリアに生まれた水辺の街 WATERS takeshiba

約90年前の埋め立てにより生まれた東京のベイエリアに、文化と芸術の発信拠点がオープン。自然に包まれ、心豊かになれる場所に、商業施設や劇場、JR東日本とマリオット・インターナショナルが初提携したラグジュアリーホテル「メズム東京」が立ち並び、魅力あふれる街をつくる。

WATERS takeshiba
ウォーターズ タケシバ

竹芝　MAP 付録P.5 D-2
🏠 なし　🏠 港区海岸1-10-30　🚃 ゆりかもめ・竹芝駅から徒歩6分　🅿 あり

アトレ竹芝
アトレたけしば

アトレとして初めての駅ソトに完成した商業施設。大人の新しい豊かさと好奇心を満たす上質なレストランやショップが集まる。

☎ 03-3432-0255　休 店舗により異なる

地域の雰囲気にあわせた高級感あふれる店舗が集まる

日本初上陸のクラフトハードサイダーが味わえる「ブラウアターフェル」

22

2020年6月オープン

浅草駅ととうきょうスカイツリー駅間の鉄道高架下に位置する。東京スカイツリータウン®にもほど近い

テラス席を設けたカフェやレストランなどがある開放的なリバーサイド

公園や川と融合した施設 東京ミズマチ® を探索

鉄道高架下に誕生した下町のコミュニティスポット。新業態のレストランやショップ、スポーツと一緒にカフェが楽しめる開放的な施設、ホステルなど、個性豊かな店舗が集結。

東京ミズマチ
とうきょうミズマチ

押上 MAP 付録P.11 F-3

☎なし 所墨田区向島1 営休店舗により異なる 交東武スカイツリーライン・とうきょうスカイツリー駅から徒歩8分 Pなし

いちや

地元の曳舟で長年愛されている和菓子屋「いちや」が手がける甘味処が誕生。白玉パフェや大福、どら焼きなど、職人がていねいに手作りしたやさしい味わいの甘味を店内でいただける。

☎03-6456-1839 営10:00～19:00 休不定休

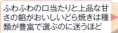
ふわふわの口当たりと上品な甘さの餡がおいしいどら焼きは種類が豊富で選ぶのに迷うほど

白玉クリームあんみつ。アイスクリームはバニラと抹茶の2種から選択

NIHONBASHI BREWERY.
ニホンバシブルワリー

アメリカのポートランドのエコブルワリーによるオリジナルレシピのビールが味わえるブルワリー。升で提供するクラフトビールが写真映え抜群。

※2021年オープン予定

Jack's Wife Freda
ジャックス ワイフ フリーダ

『ザガット サーベイ』で取り上げられ、ニューヨークで人気のレストランが日本初上陸。エッグベネディクトなどの朝食にも定評がある。

※2021年オープン予定

青空の下でブランチを楽しめるとあり、ローカルにも重宝する

升に入ったオリジナルのクラフトビールが斬新!

2020年6月オープン

浅草・押上を散策! すみだリバーウォーク

東武鉄道の隅田川橋梁脇に歩道橋が新設された。浅草から押上への移動に便利で、隅田川の流れや船を眺めながら東京ミズマチ®や東京スカイツリータウン®に移動できる。開門時間は7～22時。

浅草・押上 MAP 付録P.11 E-3

⬆浅草観光のあとは東京スカイツリー®を目指して押上へ移動するのがおすすめ

23

❖ TOKYO NEWS & TOPICS 2021-2022

2020年6月オープン

原宿駅東口の目の前。商業エリアのほか、イベントホールなどもある

IKEA原宿
イケアはらじゅく

スウェーデンのインテリアショップイケア初の都心型店舗。手に取ってそのまま持ち帰れる商品が集まり、カラフルなアイテムや限定カフェなど、気軽に立ち寄りたい。

☎0570-01-3900　⏰11:00(土・日曜、祝日は10:00)～20:00　休無休

スウェーデンカフェでの食事やスウェーデンコンビニも併設

ハイセンスな家具に囲まれたルームセットでインテリアを提案

世界トレンドを生む街に WITH HARAJUKU が誕生

原宿独自のカルチャーを育んできた地に、新たな複合施設がオープン。流行を担うハイセンスなレストランやショップが並ぶ。木のぬくもりが感じられる空間デザインと、緑と居住空間を兼ね備えたスポットに注目。

WITH HARAJUKU
ウィズ ハラジュク

原宿　MAP 付録P.22 A-2
☎なし　所渋谷区神宮前1-14-30　営店舗により異なる　交JR・原宿駅から徒歩1分　Pあり

MACCHA HOUSE 抹茶館
マッチャハウス まっちゃかん

濃厚な抹茶の甘味を提供。京都の老舗「森半」の抹茶を使用した宇治抹茶ティラミスは、行列になるほど人気のメニュー。

☎03-5786-0705　⏰10:00～20:00　休無休

ペットボトルで持ち帰る井の森(上)。とろとろのくちどけが話題の宇治抹茶ティラミス(下)

※感染症対策のため、営業時間が変更となっている場合がございます。ご来場前に必ずWEBサイトなどで最新の情報をご確認ください。

2020年9月オープン

食べ歩きや飲み歩きが楽しめる施設内

地元客はもちろん、初めて訪れた人でも気軽に立ち寄れる施設。ランチからディナーまで毎日営業中

JINGUMAE COMICHI で「はしご」を楽しむ

食の「はしご」をコンセプトにした商業施設。建物内は小径を連想するデザインで、北海道から沖縄まで全国各地の飲食18店が並ぶ。ミシュランやビブグルマン獲得店など、ランチからディナーまで大人向けの落ち着いた食べ歩きを体験できる。

JINGUMAE COMICHI
ジングウマエコミチ

原宿　MAP 付録P.22 B-1
☎なし　所渋谷区神宮前1-23-26　営11:00～23:00(施設により異なる)　休無休(施設により異なる)　交JR原宿駅から徒歩3分　Pなし

2020年3月リニューアル

96年間街を見守り続けた 原宿駅をリノベーション

大正13年(1924)、関東大震災の翌年から2020年3月まで利用され、東京都内に現存する最古の木造駅舎であった原宿駅舎がリニューアル。ガラス張りの近代的な建築と、洗練されたカフェや東京みやげが購入できる巨大なコンビニエンスストアなど、さらに便利に生まれ変わった。

原宿　MAP 付録P.22 A-1

▶表参道口はガラス張りのデザイン。裏側に新設された明治神宮口は壁面が植物で覆われている

提供:JR東日本

撮影:株式会社エスエス 黒沼芳人

2020年9月オープン

レンガ造りの高架下が
日比谷OKUROJI に進化

明治生まれのレンガのアーチを生かした通な大人が集まる場所

100年以上もの歴史を持つ、JR有楽町駅〜新橋駅間のレンガ造りの高架下に商業施設が開業。日比谷の奥にひそむ隠れ家のような雰囲気で、上質な大人の時間を演出する。こだわりの物販店、厳選した料理を楽しめる飲食店、個性あふれるバーが並ぶ。。

日比谷OKUROJI
ひびやオクロジ

日比谷 MAP 付録P.16 B-3
☎なし ㊟千代田区内幸町1-7-1 ㊡店舗により異なる 交各線・有楽町駅／各線・新橋駅から徒歩6分 Pなし

2020年7月先行オープン

東京の玄関口に大型商業施設が登場
HANEDA INNOVATION CITY で遊ぶ

旧羽田空港ターミナル跡地に複合施設が完成。多彩なジャパンカルチャーを発信することを目指し、グルメやショッピング、日本文化体験、足湯、ライブ会場、ホテルなどの施設が集結した。2022年度に全エリアがグランドオープン予定。

HANEDA INNOVATION CITY
ハネダイノベーションシティ

羽田 MAP 本書P.3 E-4
☎なし ㊟大田区羽田空港1-1-4 ㊡施設により異なる 交各線・天空橋駅直結 Pあり

羽田空港を望む足湯スカイデッキは無料で利用可能（上）。雰囲気のある夜のイノベーションコリドー（下）

Zepp Hanedaや羽田出島、オフィスやホテルをつなぐ2階のイノベーションコリドーには飲食店やショップが集まる

炭焼 うな富士
すみやきうなふじ

ミシュランに掲載された名古屋の名店が東京初進出。希少な「青うなぎ」を使用した丼やお重を提供。

☎03-6457-9688 ㊡11:00〜15:00 17:00〜21:00 ㊡無休

ふっくらして食べ応えのある肝入り上ひつまぶし

天ぷらとワイン 大塩
てんぷらとワイン おおしお

旬を味わえる天ぷらを、独自の粉と油で薄く軽やかに揚げる。天ぷらとワインのマリアージュを存分に楽しめる。

☎03-6268-8347 ㊡11:30〜14:00 17:00〜23:00 土・日曜12:00〜14:30 16:00〜23:00(LOは各30分前) ㊡無休

海苔天の上にたっぷりとのせたイクラが贅沢ないくらカナッペ

2019年10月リニューアル

4年に一度のスポーツの祭典に向け
国立競技場 がリニューアル

東京オリンピック2020に向けて国立競技場がリニューアル。自然の光や風を生かした設計で、周辺環境と調和するデザイン。外壁には、全国各県から取り寄せた杉材を使用。

国立競技場
こくりつきょうぎじょう

代々木 MAP 付録P.4 B-1
☎03-5410-9124 ㊟新宿区霞ヶ丘町10-1 交地下鉄・国立競技場駅からすぐ Pなし

国立競技場「杜のスタジアム」は建築家・隈研吾氏が手がける

25

❖ TOKYO NEWS & TOPICS 2021-2022

2020年6月オープン

予約の取れない店も気軽にハシゴできると大人に大好評

虎ノ門ヒルズ ビジネスタワーの新名所
虎ノ門横丁 でディナー

多店舗展開をしてこなかった東京の名だたる人気店、計26店が集まる。レストランやバーはもちろん、角打ちスペースや各店の料理を持ち寄れる寄合席でお酒を楽しめ、虎ノ門横丁セラーでは店に持ち込めるワインが購入可能。新しいコミュニケーションの場を提供している。

虎ノ門横丁
とらのもんよこちょう

虎ノ門 MAP 付録P.5 D-1
☎03-6406-6192 港区虎ノ門1-17-1虎ノ門ヒルズ ビジネスタワー3F ⏰11:00～23:00 無休 地下鉄・虎ノ門ヒルズ駅直結 Ⓟあり

2020年6月オープン

56年ぶりの新駅
虎ノ門ヒルズ駅が完成

東京オリンピック2020をきっかけに駅と虎ノ門周辺の再開発が進行している

地下鉄日比谷線に新駅が誕生。昭和39年(1964)に全線開業して以来初となり、虎ノ門ヒルズ森タワーをはじめ周辺の再開発ビルに接続する。

虎ノ門 MAP 付録P.5 D-1

酒食堂 虎ノ門蒸留所
しゅしょくどう とらのもんじょうりゅうじょ

横丁内の中心に位置する蒸留所。昼はランチ、夜はお酒が楽しめるレストランとして利用できる。

☎03-6205-7285 ⏰11:00～15:00 17:00～22:00 日曜11:30～15:00 17:00～21:00(LOは各30分前) 無休

Äta 虎ノ門
アタ とらのもん

代官山で人気のビストロ「Äta」の系列店。大きくプリプリ食感のカキなど、鮮度抜群の海鮮料理が楽しめる。

☎03-6811-2529 ⏰11:00～15:00 17:00～22:00(土・日曜は12:00～22:00) 無休

渚のアフタヌーンティーは虎ノ門限定メニュー。生ガキやムール貝の酒蒸し、タコのアヒージョなど7種類の料理が少しずつ味わえる

ジンを蒸留する機械を設置している

オリジナルジンCOMMONはディナーにぴったり

2020年1月オープン

アーティゾン美術館 で
「創造の体感」の世界へ

かつてブリヂストン美術館があった地に新たな美術館が完成。古代美術、印象派、日本の近世美術、日本近代洋画、20世紀美術、現代美術と、幅広い作品を展示している。

アーティゾン美術館
アーティゾンびじゅつかん

京橋 MAP 付録P.15 D-3
☎050-5541-8600 中央区京橋1-7-2 ⏰10:00～18:00 ※夜間開館は休止中 展覧会により異なる 地下鉄・京橋駅から徒歩5分 Ⓟなし

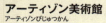
ミュージアムタワー京橋の低階層にあり親しみやすい美術館

4階展示室には石橋財団コレクションの名作が並ぶ

2020年7月全体開業

多様な文化・芸術をリードする
Hareza池袋 でエンタメ体験

池袋にエンタメの中心地が新しく誕生。1300席の客席を有する東京建物 Brillia HALL、ライブ劇場harevutai、イベント空間パークプラザ、オープン型配信スタジオハレスタなど、8つの劇場からなるカルチャー施設に注目。

Hareza池袋
ハレザいけぶくろ

池袋 MAP 付録P.31 D-2
☎施設により異なる 豊島区東池袋1-19-1ほか 公演により異なる 各線・池袋駅から徒歩4分 Ⓟ施設により異なる

ライフスタイルとワークスタイルが融合する都市空間をつくる

2020年9月オープン
新たな首都の玄関口
東京国際クルーズターミナル が開業

日本全国への抜群のアクセスを誇る東京港に、新たなクルーズターミナルが誕生。世界各国からの豪華客船や、観光客を迎える新拠点として活躍する。

東京国際クルーズターミナル
とうきょうこくさいクルーズターミナル

お台場 MAP 付録P.32 A-4
☎03-5962-4391 所江東区青海2丁目地先 開9:00〜17:00 休無休 交ゆりかもめ・東京国際クルーズターミナル駅から徒歩4分 Pあり

展望デッキがあり東京湾を一望できる

開放感のある吹き抜けには多摩産材を使用した家具を配置

提供:ITイメージング

2020年8月オープン
金魚の揺らめきと和情緒の共演
アートアクアリウム美術館 を見学

企画展で大好評だったアートアクアリウムが常設オープン。美しくはかない金魚が舞う、フォトジェニックな水槽と演出の芸術に感動。

アートアクアリウム美術館
アートアクアリウムびじゅつかん

日本橋 MAP 付録P.13 F-2
☎03-3548-8050 所中央区日本橋本町1-3-9 開10:00〜19:00(最終入館18:30) 休不定休 料2300円 交地下鉄・三越前駅から徒歩2分 Pなし

同じ瞬間は二度とない生命の宿る美術館に日本の美意識を感じる

2020年7月オープン
美食家が注目する話題店が
EAT PLAY WORKS に集結

高級住宅街の広尾に完成した複合施設。国内外で話題の17店が横丁のようなスタイルで入居する、レストランフロア「THE RESTAURANT」では、ミシュランを獲得した話題の店や日本初上陸、高級店の新業態などがずらりと並ぶ。

EAT PLAY WORKS
イートプレイワークス

広尾 MAP 付録P.4 B-2
☎なし 所渋谷区広尾5-4-16 GEMS HIROO CROSS 営店舗により異なる 交地下鉄・広尾駅から徒歩1分 Pなし

ニューヨークでミシュランを獲得している「OXOMOCO」(オショモコ)のタコス

ライフスタイルとワークスタイルが融合する都市空間をつくる

2016〜2025年
「都会の中の公園」を再定義する
Ginza Sony Parkプロジェクト が進行中

昭和41年(1966)から続いたソニービルのリニューアルプロジェクト。2021年9月までは、元の建物の躯体を生かした垂直立体公園が広がる。2025年にパークのコンセプトを縦に伸ばした最終形となる。

Ginza Sony Park
ギンザソニーパーク

銀座 MAP 付録P.16 C-2
☎なし 所中央区銀座5-3-1 開11:00〜19:00(地上部は5:00〜24:30立入り可) 交地下鉄・銀座駅B9出口直結 Pなし

2021年現在、遊び心あるイベントや店舗に立ち寄れる

2020年3月オープン
芸術性の高い駅舎に魅了される
高輪ゲートウェイ駅 が開業

JR山手線に約50年ぶりとなる新駅が完成。木の質感を生かした和の雰囲気と、近代的な都市に似合う洗練された建築が話題を呼んだ。

高輪ゲートウェイ駅
たかなわゲートウェイえき

高輪 MAP 付録P.4 C-3

ガラス張りの駅舎は夜になると美しく幻想的な空間に

提供:JR東日本

今どきがあふれている
ここが東京の最先端エリア

特集❖変貌する街

01 SHIBUYA
渋谷

100年に一度の再開発で大人の街へと進化する

若者の最先端カルチャーを発信し続けた街が大人も、世界の人々も楽しめるエンタメシティへ。ますます変わり続ける渋谷に目が釘付け。

複合型高層ビルが続々開業しグルメや買い物の魅力が拡大

渋谷系ストリートカルチャーを生み出した若者の街・渋谷が、駅周辺の大規模再開発で大きく変わろうとしている。2018年以降、渋谷スクランブルスクエアや渋谷フクラスなど、「大人が楽しめる渋谷」をコンセプトにした商業施設が相次いで開業した。渋谷PARCOは客層を広げ、アプリを連動した最先端ビルに大変身した。渋谷川を再生した渋谷ストリームの水辺空間、宮下公園を再整備した大型複合施設MIYASHITA PARKが開業するなど、かつての渋谷の風景を復興するプロジェクトも進んでいる。

アクセス

羽田空港	東京駅
京急空港線 16分	JR山手線 23分 / 地下鉄丸ノ内線 8分
品川駅	赤坂見附駅
JR山手線 12分	地下鉄銀座線 8分

↓ 渋谷駅

渋谷センター街
しぶやセンターがい
中高生などの若者で連日賑わう「ギャル」文化の発祥地

道玄坂
どうげんざか
坂を上るほど大人向けの店が多い。酒場も豊富

宮益坂
みやますざか
渋谷駅から青山へ向かって延びる通り

渋谷スクランブルスクエア（→P30）から望む街並み。ネオンが輝く眠らない街は、さまざまな人が訪れ、東京をリードするトレンド発信地である

渋谷

渋谷 SHIBUYA

新たなランドマークから進化を続ける街を一望する
渋谷スクランブルスクエア

渋谷の街を代表する駅直結・直上の大型複合施設。有名高級ブランドや、気鋭のレストラン、カフェが集結し、生まれ変わった大人の街にふさわしい体験が待っている。

スクランブル交差点を俯瞰する日本を代表する新名所へ

渋谷エリア最高峰、地上47階建ての渋谷スクランブルスクエアは渋谷駅各線直結・直上と、アクセスが抜群。日本最大級の屋上展望空間を有する展望施設「SHIBUYA SKY」のほか、共創施設「SHIBUYA QWS」やオフィスフロアを備える。また、地下2階〜14階のショップ&レストランフロアには新時代をリードするショップが集まっている。

渋谷スクランブルスクエア
しぶやスクランブルスクエア
渋谷 MAP 付録P.25 D-3　2019年11月オープン
☎ 03-4221-4280　⊕ 渋谷区渋谷2-24-12
WEBサイトを要確認　休 不定休
各線・渋谷駅直結　P なし

↑展望施設「SHIBUYA SKY」や最旬のショップ、グルメなどを一日中楽しめる
©渋谷スクランブルスクエア

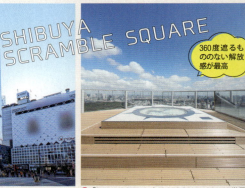
360度遮るもののない解放感が最高

↑「SHIBUYA SKY」にあるGEO COMPASSには世界の都市などがどこにあるかが記されており、世界を見渡すことができる
©渋谷スクランブルスクエア

地下2階・14階
SHOPS & RESTAURANTS
ショップ&レストラン

館内は、海外有名店の日本初上陸や老舗の新業態店舗、スポーツブランドの旗艦店など、目新しいラインナップばかり。若者の街に登場したハイエンドな空間と、上質な料理やアイテムに感動間違いなし。話題店のポップアップストアなど、いつ訪れても新しい発見ができる。

↑大人も楽しめるショップが200店舗以上!
©渋谷スクランブルスクエア
↑地下1階ではよろこばれる手みやげを選べる
©渋谷スクランブルスクエア

13階 ● RESTAURANT
スペインで愛され続ける伝統かつモダンな一皿
José Luis
ホセルイス

本場マドリードで王室や市民から60年以上親しまれているレストランが日本初上陸。スフレルティージャやガスパッチョなどの7品のコースがおすすめ。
☎ 03-6452-6227

予約 可
予算 L 3000円〜
　　 D 8000円〜

↑高級感のあるモダンな店内
↑スペインのオムレツ「スフレルティージャ」

14階 ● CAFE
味とビジュアルが進化
すべてが新しい和の空間
神楽坂 茶寮
かぐらざかさりょう

施設開業に合わせてカフェの新業態がオープン。街の景色を眺めながら和をベースに改良したフード、スイーツやパフェ、ドリンクなどを味わえる。渋谷限定メニューも注目。
☎ 03-6433-5751

↑抹茶アイス、ゼリー、プリンと抹茶づくしのsaryoパフェ

↑高層階に和情緒あふれる店がひっそりとたたずむ
↑鮮やかな12種のおばんさい御膳は1日100食限定

※感染症対策のため、営業時間が変更となっている場合がございます。ご来店前に必ずWEBサイトなどで最新の情報をご確認ください。

14・45・46階・屋上

SHIBUYA SKY
シブヤスカイ

地上約230mに位置する最新鋭の展望施設。大パノラマの渋谷の街が広がり、青空や夜景など、ソファやハンモックでくつろぎながら過ごしたい。

MAP 付録P.25 D-3

料●1800円 ※要web予約(当日窓口は2000円)
※営業時間、施設利用についての最新情報はWEBサイトをご確認ください

眺望と空間演出を満喫
未知なる想像力を刺激する

屋外展望空間
SKY STAGE

46階 屋内展望回廊
SKY GALLERY

未来を想像する空の上の
ハンモック
CLOUD HAMMOCK

⇒今いちばんホットな撮影スポットであるSKY EDGE。昼間はもちろん、幻想的なライトや音楽の演出が楽しめる夜もおすすめ
※CLOUD HAMMOCKは感染症拡大防止のため使用中止になる場合あり。最新情報はSHIBUYA SKYのWEBサイトを要確認

©渋谷スクランブルスクエア

渋谷スクランブルスクエア

6階 ●SHOP
心躍るパッケージと
上質な使い心地が好評

Too Faced
トゥーフェイスド

1998年にカリフォルニアで誕生した遊び心満載のメイクアップブランド。宝石のようなパレットやかわいいハート形のチークなど、女性に大人気。

 03-6451-1045

⇒艶やかに仕上がるダイヤモンドマルチユースハイライター

1階 ●SHOP
日本初出店で話題沸騰
芸術性の高いモンブラン

MORI YOSHIDA PARIS
モリヨシダ パリ

2012年、日本人パティシエ吉田守秀氏がパリに開いたショップが登場。繊細に重ねられたマロンクリームの中には、栗が1粒入っており、甘さ控えめな大人の味わいが多くのファンを魅了する。

03-6452-6191

⇒ショーケースには名物のモンブランが整然と並ぶ

⇒凛として芸術的なモンブラン。甘さ控えめの生クリームと栗の味わいが広がり、土台のパイ生地がアクセント

地下2階 ●SHOP
テイクアウト専門の
コーヒースタンドが登場

Urth Caffé
アースカフェ

ロサンゼルス発、「地球にやさしく、人にやさしく」をコンセプトにしたカフェが誕生。提供されるすべてのコーヒーが100%無農薬栽培で、上質で風味豊かな味わいが魅力。

03-6450-6719

⇒1杯ずつ丁寧に淹れるコーヒー
⇒話題のタピオカドリンクも用意している

⇒アメリカで絶大な支持を集めるカフェのスタンド展開は初めて

31

渋谷 SHIBUYA

エネルギッシュな街に川辺を再現
渋谷ストリーム

渋谷駅南口エリアの大規模再開発により完成した、かつての渋谷川と調和する新しい街並みに注目。

時代を創造するホットスポットに渋谷川周辺の憩いの場を再建

旧東横線渋谷駅のホーム、線路跡などに完成した大規模複合施設。飲食店のほか、ホテル、オフィス、ホールなど多彩な施設があり、南口に新しい流れを創出する。官民連携にて、かつて街とともにあった渋谷川の再生を行い、広場ではくつろぎの時間を過ごせる。

渋谷ストリーム
しぶやストリーム 〈2018年9月オープン〉

渋谷 MAP 付録P.25 D-3
☎0570-050-428(10:00〜21:00) 営店舗により異なる 所渋谷区渋谷3-21-3 休元日 交各線・渋谷駅C2出口直結 P254台

1階 渋谷川

1階 渋谷ストリーム前 金王橋広場

渋谷駅直結ながら落ち着いた雰囲気

↑2階のかまぼこ屋根の通りを進む(上)。渋谷川とともにライトアップする大階段ステップビジョン(下)

↑近未来を象徴するデザインと空間に魅了される

1-3階
SHOPS & RESTAURANTS
ショップ＆レストラン

「渋谷流＝シブヤ・カスタムが集まる商業空間」がコンセプト。総店舗面積は約1000坪、約30区画にショップやレストランが集まる。どの時代も愛される、流行に左右されない上質な店が多く、カジュアルながらも料理人の情熱や素材の良さにふれることができる。

↑3階はレストランが並ぶ。店ごとに仕切りがなく開放的な空間

↑2階商業ゾーンは駅直結。写真の左奥に広場へ続く大階段がある

3階 ●RESTAURANT
江戸前の匠の技を体感 ハイレベルな「おまかせ」
SUSHI TOKYO TEN、
スシトウキョウテン

予約 可
予算 L 3500円〜
　　 D 7000円〜

旬の素材を基本に、「おまかせ」で提供する江戸前寿司店。おつまみと握りを交互に、職人の経験と趣向をこらした質の高い料理が堪能できる。

☎03-6427-5076 営11:00〜15:00 17:00〜23:00 休無休

↑カウンター越しに調理される

↑約25種類ほどのおつまみと握りが並ぶ「おまかせ」

1階 ●RESTAURANT
南カリフォルニアを体感するダイナー
THE GREAT BURGER STAND
ザグレートバーガースタンド

予約 可
予算 L 1500円〜
　　 D 3000円〜

南カルフォルニアを彷彿とさせるアメリカンな店内で、本場のグルメハンバーガーを堪能できる。ボリューム満点のバーガーはランチにも◎。

☎03-6450-5332 営11:00〜22:00(LO21:00) 休無休 ©渋谷ストリーム

↑まるで海外を訪れたかのような雰囲気

↑食べごたえのあるハンバーガーは約20種類ほど用意している

※感染症対策のため、営業時間が変更となっている場合がございます。
ご来場前に必ずWEBサイトなどで最新の情報をご確認ください。

街の新旧の魅力が融合した クリエイティブワーカーの聖地

SHIBUYA STREAM

4-6階
SHIBUYA STREAM Hall
シブヤ ストリーム ホール

ライブハウスが集まる渋谷のエンターテインメントをリードする場として誕生。約250㎡と広く、多目的に利用される。

↑スタンディングで約700名を収容

渋谷川の今昔をたどる旅

現在の駅前に水流が走る

かつての渋谷川は全長約10km、渋谷区と港区を通り東京湾に流れ込む、新宿御苑に水源を持つ水量豊富な川だった。明治18年(1885)に渋谷駅が開業してからも、農村の小川のような穏やかな景色が続いていた。支流の河骨川は高野辰之氏が作詞した唱歌『春の小川』の舞台といわれている。

↑大正10年(1921)頃の渋谷駅周辺は川が流れていた

地下水路へと変貌する川

戦後、渋谷川は水害対策や宅地化の影響で埋め立てや暗渠化が進んだ。そして、昭和39年(1964)の東京オリンピック開催に向け、下水道「千駄ヶ谷幹線」として整備されることが決定。昭和40年代初頭には、渋谷川は地表から姿を消すことになったのだ。

↑上流から宮益橋(現みずほ銀行渋谷支店の脇)を見る(昭和34年)

渋谷ストリーム

3階●RESTAURANT
新鮮な炉端焼きを大都会で味わう

なかめのてっぺん

予約 可
予算 L 1500円～
　　 D 4000円～

豊洲仕入れの旬の鮮魚と、こだわりの産直野菜を炉端焼きで楽しめる。日本酒メニューも充実。

☎03-6434-1508　11:00～14:30(LO14:00) 17:00～22:00(LO21:30)　無休

↑豊洲から取り寄せた漁師刺盛

1階●SHOP
毎日飲みたくなるさわやかなレモネード

LEMONADE by Lemonica
レモネード バイ レモニカ

↑店頭でスタッフが手作りする新鮮なレモネード

1杯ずつ手作りで仕上げる自然派レモネード店。旬のレモンを世界中から集め、フレッシュなレモネードベースを使用する。

☎03-6427-3588　11:30～20:00　無休

3階●RESTAURANT
グラスの底から湧きあがる魔法のようなビールに驚き!

クラフトビールタップグリル&キッチン

予約 可
予算 L 2000円～
　　 D 4000円～

個性的な世界のお酒が楽しめるレストラン。グラスの底からビールを注ぐ、空気に触れないビアサーバー「ボトムスアップ」を使用したビールが話題。

☎03-6427-5768　11:00～15:00 17:00～23:00(LO各1時間前)　無休

↑海外のバーのような雰囲気の店内
↑クラフトビールやお酒に合う食事メニューが豊富

渋谷 SHIBUYA

大人の休日を過ごせる新スポット
東急プラザ渋谷
TOKYU PLAZA SHIBUYA

年齢を重ねても楽しめる街を目指した施設が誕生。気品と良質にあふれたこだわりの店を訪れたい。

装い新たな東急プラザ渋谷で成熟したライフスタイルを提案

複合施設「渋谷フクラス」内に完成。約2500坪、2〜8階に渡る商業施設部分には、「食」「健康」「美」などのテーマに基づき感度の高い店が集結。17階には、渋谷エリアを一望できるルーフトップガーデン「SHIBU NIWA」があり、大人の社交場となる空間が魅力。

東急プラザ渋谷
とうきゅうプラザしぶや

`2019年12月オープン`

渋谷 MAP 付録P.24 C-3
☎なし 所渋谷区道玄坂1-2-3
⏰11:00〜21:00(店舗により異なる) 休不定休 交各線・渋谷駅直結 P42台

◆開放感のあるルーフトップは昼間から楽しめる(上)。高級感のあるエントランスが素敵(下)

◆洗練度がました東急プラザ渋谷!

特集● 変貌する街

渋谷フクラス
しぶやフクラス

旧東急プラザ渋谷の跡地に完成した複合施設。大人が楽しめる場所として、東急プラザ渋谷がリニューアルしたほか、オフィス、観光支援施設、バスターミナルなども充実。訪れる人々の幸福を大きく膨らませる、新しい渋谷のトレンド発信地となる。

◆設置された歩行者専用デッキにより駅直結に

6階●RESTAURANT
日本独自の食文化「蒲焼」のおいしさを伝える

鰻 渋谷松川
うなぎ しぶやまつかわ

予約	可
予算	L 1500円〜
	D 4000円〜

大都会渋谷の真ん中にたたずむウナギの老舗が渋谷フクラスに2号店を再オープン。ウナギ職人の熟練の技と、江戸好みのさっぱりとした秘伝のたれが、ウナギの素材の味を引き立てる。
☎03-3464-8477

◆老舗の味を気軽に堪能できると評判

◆幻のブランド鰻「共水うなぎ」を使用した贅を尽くしたうな丼《極》(いかだ)

◆蒲焼や揚げ物、お造り、デザートなどがついた豪華な鰻コースなでしこ

6階●RESTAURANT
昭和のロマンが漂う濃厚な洋食の味わい

純洋食とスイーツ パーラー大箸
じゅんようしょくとスイーツ パーラー おおはし

☎03-5422-3542

予約	可
予算	L 1500円〜
	D 3000円〜

純喫茶のレトロな雰囲気が心地よい洋食店。時代が変わっても愛され続ける定番の洋食を提供し、牛タンシチューや煮込みハンバーグを箸で味わえる。

◆『ミシュランガイド東京2020』にて初の1ツ星を獲得したレストラン「sio」の鳥羽周作シェフ監修

◆牛タンシチューは店の代表作。厚みのある牛タンは8時間以上かけて仕込まれ、箸で簡単に切れるほどやわらかい

※感染症対策のため、営業時間が変更となっている場合がございます。ご来場前に必ずWEBサイトなどで最新の情報をご確認ください。

34

17階 SHIBU NIWA

大都会の夜景が輝くロマンティックな空間に浸る

街の夜景を見ながらおしゃれにディナー

↑シンガポールのマリーナベイ・サンズにあるルーフトップを手がける総合エンターテインメントレストラン「CÉ LA VI TOKYO」が日本初上陸

東急プラザ渋谷

3階 ●SHOP
丹精込めて作り上げる宝石のようなチョコレート

DRYADES
ドリュアデス

丸の内などに店を構える、木製デザイン雑貨店が展開するチョコレートブランド。パティシエ斎藤拓野氏が生みだす芸術性の高いチョコレートを探したい。
☎03-6455-1435

↑森の恵みである「薪」をイメージして作られている「薪のトリュフ」。ミルク、きな粉、ウィスキー、抹茶など種類も選べる

↑白を基調としたナチュラルな空間

↑カシスやピスタチオなどの味わいが宝石のように詰まった森のボンボン2021コレクション（6ピース）

2階 ●SHOP
新しい発見が生まれる和モダンスイーツ

tamayose
タマヨセ

日本人にとってなじみ深いお菓子をいつもと少し違う感性で提案する和スイーツの店。美しさとかわいらしさを兼ね備えた、華やかな和菓子が並ぶ。
☎03-6712-7160

↑どら焼きは隠し味にメイプルシロップを使用している

↑ふきよせ甘い缶は模様や食感にこだわり、手塩にかけて作り上げる

↑ブティックのような洗練された店内でみやげを選べる

1階
観光支援施設
shibuya-san
かんこうしえんしせつシブヤサン

バスターミナルの目の前にある観光案内所。街の観光情報はもちろん、交流空間としてオリジナルドリンクの提供や、毎日イベントを開催している。

MAP 付録P.24 C-3

☎なし ⏰11:00～20:00 無休

↑多国籍なスタッフが迎えてくれる

3階 ●SHOP
ていねいに作られた革製品を生活のパートナーに選ぶ

sot
ソット

2002年、恵比寿で誕生した日本製レザーブランド。バッグや財布、ベルト、アクセサリーなど、長く愛用しても飽きのこないオリジナルアイテムを販売。
☎03-6416-4855

↑ピケットレザーフラップポシェット（左）、ブッテーロレザー二つ折り財布（右）

↑カラフルなアイテムが壁一面に並ぶ。革製品であることを忘れるほどの美しさ

渋谷 SHIBUYA

最先端×ファッションを華やかに提案
渋谷PARCO SHIBUYA PARCO

街の賑わいを創出してきた大型商業施設が進化を遂げて再オープン。

**ファッションと食を拡充し
新しい渋谷の歴史を構築する**

昭和48年(1973)、区役所に続く坂道の中腹に開業した商業施設が再始動。ファッション、アート＆カルチャー、エンターテインメント、フード、テクノロジーを5つの柱とし、最先端を追求するハイレベルな飲食店やショップが並ぶ。

渋谷PARCO
しぶやパルコ

渋谷 MAP 付録P.24 C-2
☎ 03-3464-5111　所 渋谷区宇田川町15-1　営 11:00～21:00(店舗により異なる)　休 不定休　交 各線・渋谷駅から徒歩15分　P 134台

2019年11月リニューアル

→雰囲気のあるレストランやルーフトップなどムード満点

買い物スポットとして大人気

→渋谷の街を長年見守っているファッションビル

特集●変貌する街

10階●RESTAURANT
**公園のような緑が広がる
心地よい屋上で過ごす**
ComMunE
コミューン

木々に囲まれた公園のようなスペースが広がる屋上10階に新たな食空間がオープン。飲食店はもちろん、マーケットや音楽イベントも開催。
☎ 03-6455-3400　営 11:00～22:00
休 渋谷PARCOに準ずる

→ダイナーiKI-BAやタコスを提供するTAKOBAR、コーヒースタンドも

→コーヒー専門店LIGHT UP COFFEEでは淹れたてのドリンクを堪能

↑→タコライス(左)。手軽に食べられるタコス(右)

6階●SHOP
**任天堂の公式ストアに
ゲームキャラクターが集合**
Nintendo TOKYO
ニンテンドートウキョウ

スーパーマリオやスプラトゥーン、どうぶつの森などの人気キャラクターグッズが集まる、国内初の任天堂公式ストア。ゲームを体験できるコーナーも常設。
☎ 03-6712-7155　営 11:00～21:00
休 渋谷PARCOに準ずる
※2020年1月現在、試遊は感染症拡大防止のため休止中。最新情報はWEBサイトを要確認

→店内は広く、発売されているゲームをプレイできる最新スペースも

→どうぶつの森のキッチンググッズ

4階●MUSEUM
**多様な展示と企画テーマで
現代カルチャーを発信する**
PARCO MUSEUM TOKYO
パルコミュージアムトウキョウ

アート、デザイン、ファッション、サブカルチャー、そして国内外の若い才能や、世界第一線で活躍する方々など、ジャンルレスかつボーダレスに、独自の目線で新しいモノやコトの企画展を発信する。
☎ 03-6455-2697　営 11:00～21:00(最終入場21:00)　休 不定休

→『奥山由之×edenworks exhibition "flowers"』
※2020年1月31日～2月16日開催展より

→インパクトのあるテーマの展示が魅力

昔も今も変わらない賑わい

渋谷公園通り
しぶやこうえんどおり

昭和48年(1973)6月14日、当時、西武百貨店系列デパートだった渋谷PARCOがオープン。これを機に、渋谷区役所通商店街の発案で通りの名称を「渋谷公園通り」に改称。代々木公園へ続く坂道であり、「パルコ(parco)」がイタリア語で「公園」を意味することが由来となっている。

渋谷 MAP 付録P.24 C-1
→新南一丁目の交差点から代々木公園まで続く通り。渋谷PARCOは通りの中間地点

忘れてはいけない人気の注目スポット!

渋谷駅周辺には数多くの複合施設が点在。旅の途中で一度は訪れたいショッピングスポットを押さえたい。

大人が楽しめる洗練された話題のショップが集結
渋谷ヒカリエ
しぶやヒカリエ

渋谷 MAP 付録P.25 D-3

東口に位置する地下4階・地上34階の高層複合施設。フード、ビューティ、ファッション、レストランなど約230店舗が揃う。

↑11階には劇場「東急シアターオーブ」がある

☎03-5468-5892 所渋谷区渋谷2-21-1 営10:00～21:00(レストランは11:00～23:00、クリエイティブスペース「8/」は11:00～20:00)※店舗により異なる 休無休 交各線・渋谷駅からすぐ Pあり(有料) ©shibuya Hikarie

渋谷の「オトナ発信地」をテーマにする複合施設
渋谷マークシティ
しぶやマークシティ

渋谷 MAP 付録P.24 C-3

渋谷駅直結の大型ショッピングモール。飲食店やショップなどの店舗が集い、ホテルやオフィスも入る。

↑ハチ公前広場、モヤイ像などのスポットに近く好立地

☎03-3780-6503 所渋谷区道玄坂1-12-1 営11:00～21:00(レストランは11:00～23:00)※店舗により異なる 休無休 交各線・渋谷駅からすぐ Pあり(有料)

これぞ渋谷ならでは!ファッションブランドに注目
SHIBUYA109渋谷店
シブヤいちまるきゅーしぶやてん

渋谷 MAP 付録P.24 C-3

道玄坂下交差点に建ち、若者の文化やトレンドを発信する街のランドマーク。10代から20代向けのショップが約120店入る。

↑渋谷を象徴するスポット

☎03-3477-5111 所渋谷区道玄坂2-29-1 営10:00～21:00(レストランは11:00～22:00)※店舗により異なる 休元旦 交各線・渋谷駅から徒歩3分 Pなし

新しい文化が生まれる大型複合文化施設
Bunkamura
ブンカムラ

渋谷 MAP 付録P.24 B-2

コンサートホール、劇場、美術館、映画館といった文化施設の集合。新しい文化の創造、発信、交流を目的とする。

↑カフェやレストランもあり、落ち着いた時間を過ごせる

☎03-3477-9111(大代表) 所渋谷区道玄坂2-24-1 営10:00～(閉店は各施設により異なる) 休無休 交各線・渋谷駅から徒歩7分 Pなし

長年親しまれた公園が進化を遂げる
MIYASHITA PARK
ミヤシタ パーク

2020年7月オープン

渋谷 MAP 付録P.25 D-2

昭和28年(1953)に開設され、その後昭和41年(1966)に東京初の屋上公園として整備された宮下公園。2020年を迎え、商業施設とホテルを兼ね備えた大型複合施設にリニューアル。高級ブランドの旗艦店や海外から初上陸したスニーカーの専門店、ハイエンドなレストランなどが並ぶ。ショッピングに食べ歩きはもちろん、ボルダリングやスケート場などのスポーツ、夜遊びまで一日中楽しめる。

☎03-6712-5630 所渋谷区神宮前6-20-10 営店舗により異なる 交各線・渋谷駅から徒歩3分 Pあり

↑ボルダリングウォールでクライミングに挑戦(左)。Northの屋上には宮下公園の芝生があリくつろげる(右)

↑緑の天蓋がかかるナチュラルな雰囲気

↑施設の奥にはホテル「sequence MIYASHITA PARK」があり駅近滞在が叶う

明日へときらめく東京湾へ
進化するウォーターフロント

特集 ❖ 変貌する街

02 TOYOSU
豊洲

海へと続く開放感あふれるベイエリア散策

都心と臨海副都心に近い好立地のベイエリア。美しく整備された近代的な市街地に、グルメスポットやおしゃれな複合施設が誕生。

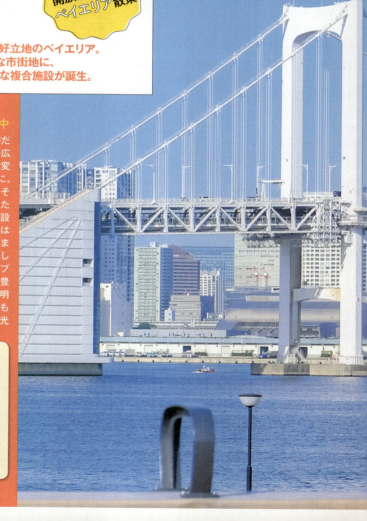

特集●変貌する街

「日本の台所」の移転で注目 豊洲駅前は再開発の真っ只中

かつて、東京湾岸の工業地帯だった豊洲は、近代的な街並みの広がる人気の「住みたい街」へと大変貌。東京オリンピックを契機に、再開発に拍車がかかっている。そのシンボルが、長い歴史を有した築地市場に代わって2018年に開設された豊洲市場。市場の屋上にはベイエリアの絶景スポットが生まれ、より気軽に海鮮グルメを楽しめる江戸前場下町も場内にオープンした。ゆりかもめ豊洲駅前の豊洲ベイサイドクロス、近隣の有明ガーデンなどの大規模複合施設も次々に誕生し、豊洲エリアの観光の魅力が増している。

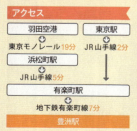

アクセス

羽田空港	東京駅
↓東京モノレール19分	↓JR山手線2分
浜松町駅	
↓JR山手線5分	
有楽町駅	
↓地下鉄有楽町線7分	
豊洲駅	

芝浦と台場を結ぶレインボーブリッジは豊洲ぐるり公園からの眺望がおすすめ。豊洲市場から徒歩15分とほど近く、公園内では手ぶらでBBQも楽しめる。

海の幸と江戸の食文化を引き継ぐ新名所
豊洲市場

日本橋から築地へ、築地から豊洲へと移った世界最大の魚市場。400年の歴史を有し、江戸から続く鯔背な活況に圧倒。

**2018年10月に築地から移転
最新施設に1600を超える業者が集結**

規模や取り扱う商品の質の高さで世界に名を轟かす築地市場が、老朽化などの理由で現在の豊洲に移転。築地ブランドの規模と質はそのままに、清潔感あふれる屋内最新施設に進化した。

豊洲市場
とよすしじょう

豊洲 MAP 付録P.33 D-2
🏢各建物により異なる 📍江東区豊洲6-6-1 各建物により異なる 🗓日曜、祝日※水曜日を中心に不定休あり。公式サイトで要確認 🚃ゆりかもめ・市場前駅からすぐ 🅿あり

▲魚介や青果、お茶、乾物、プロ仕様の道具類も扱う。市場メシも楽しみ

マグロのせり見学

広い床の上に置かれたスノコには、数え切れないほどの巨大マグロがずらりと並ぶ。業者が魚体や切り口を鋭い視線で選んでは次々と競り落としていく様子は迫力満点。

豊洲 MAP 付録P.33 D-3
⏰見学5:00～15:00(入場時間) 休業日 ※2020年12月現在、見学は公式サイト、または電話での事前申込み、抽選での受付。1組に付き3名まで応募可。当日は当選が確認できるもの、運転免許証など顔写真付きの身分証明書を持参。詳細は公式サイトで確認

▲魚を選ぶ業者の目は真剣そのもの

豊洲

レインボーブリッジ
東京湾に架かる白亜の橋。ライトアップされた夜景も美しい。

39

豊洲 TOYOSU

粋で新鮮! 東京最大の市場を気軽に楽しむ
江戸前 場下町

食事におみやげ、テイクアウト、プロ御用達の包丁まで。
豊洲市場前のエッセンスがギュッと詰まった商業施設が話題。

ゆりかもめ市場前駅の目の前に
豊洲のプロ経営の店が大集合

極上の魚介を寿司、丼、BBQと多彩に楽しめる市場に完成した施設。市場に通うプロ御用達のうどん、ラーメン、カレー、甘味など多彩な飲食店に加え、カツオ節や漬物、佃煮、干物に市場らしいユニーク雑貨を扱う雑貨店まで揃い、魚市場を凝縮したような魅力が満載。

江戸情緒を思わせる和の空間が広がる

江戸前 場下町
えどまえ じょうかまち
豊洲 **MAP** 付録P.33 E-2
☎なし ㊟江東区豊洲6-3-12 ⏰9:00〜18:00（一部店舗は〜21:00）㊡市場開催日に準ずる
🚶ゆりかもめ・市場前から徒歩1分 🅿なし

↑飲食店やショップがずらりと並ぶ場下町の内部

↑飲食店の集まるフードホール棟とショップ用のマルシェ棟がある（左）。建物の中心にテラス席があり、テイクアウトしてここで食べることも可能だ（右）

四季に合わせた旬のネタ
酒に合う一品料理も充実

つきぢ神楽寿司
つきぢかぐらずし

予約 不可
予算 B|L|D 2200円〜

豊洲場下町のお店はカウンター3席、テーブル2卓とコンパクト。赤酢のシャリに豊洲市場で仕入れた魚介をのせた質の高い握り寿司が食べられる。本店は今も築地で営業中。
☎03-6228-2348 ⏰9:00〜18:00(LO17:30) ㊡市場開催日に準ずる

↑冬の覚え、白子が付いた旬の握りセット（期間限定）2750円（左）。丼やセットはもちろんお好みで食すのもあり（右）

↑トロやウニ、イクラなど寿司ネタのオールスターが揃った特上握り3300円

↑シンプルなカウンター席。丼やセットをテイクアウトして中庭で食べるのも楽しい

握り寿司の花形マグロを心ゆくまで味わい尽くす

豊洲市場 鈴富
とよすしじょう すずとみ

豊洲市場でプロ向けにマグロの仲卸を営む鈴富が経営する、立ち食いスタイルの寿司屋。店で出すのはすべて極上の天然物で、マグロの種類や部位による味の違いが楽しめる。海鮮の丼物も美味。

☎ 03-6204-2040　🕘 9:00～18:00 (LO17:30)　休 市場開催日に準ずる
※営業時間は変更になる可能性あり

⊕ お昼には同施設内のうどん店とコラボのセット990円（期間限定）も人気

↑ 本マグロやインドマグロなどの赤身、トロなどが食べ比べられるセット2200円

↑ お茶もセルフの立ち食いスタイルのため上質なマグロがお得に食せる（左）。鈴富ブランドの寿司店でもリーズナブルなお店（右）

予約 不可
予算 B|L|D 900円～

江戸前 場下町

大正時代に創業 料亭に卸すカツオ節

和田久
わだきゅう

料亭などにカツオ節やマグロ節を卸す専門店だが、この店舗では家庭でも使いやすい小分けパックやだしパックをメインに扱う。うおがし横丁内の店では、その場で削って販売してくれる。

☎ 03-6225-0136　🕘 9:00～16:00　休 市場開催日に準ずる

↑ お店の前を通るだけでカツオ節のいい香りが漂ってくる

⊕ ひときわ上品な鮪ソフト40g540円はトッピングにおすすめ

⊕ かつお節5番は味噌汁や煮物のだしに最適。250g入り940円

東京を代表する市場ならではユニーク雑貨の宝庫

みやげ処 豊洲ICHIBAN
みやげどころ とよすイチバン

魚や寿司をモチーフにしたグッズをメインに和柄の雑貨を扱う。マグロを解体、組み立てる立体パズルやさかなクンがプロデュースしたリアルな魚介のぬいぐるみなど、見ているだけで楽しい商品が並ぶ。

☎ 03-3520-8360　🕘 9:00～17:00
市場開催日に準ずる

↑ 食みやげや雑貨などバラエティ豊かなグッズが並ぶ

↑ 和エコバッグ550円。畳んでしまえる小袋付きで洗濯も簡単

↑ ハコフグ3190円はさかなクンプロデュース。色や形、見た目の質感までリアルだがどこかキュート

↑ 一本買い本マグロ解体パズル1738円。マグロのほかフグもある

輝く海を見渡すロケーションが素敵
豊洲ベイサイドクロス

非日常感を演出する海辺の大型複合施設。流行最先端のショップや話題のレストランが集まる。

> 緑豊かな公園で海風を感じながら過ごす

TOYOSU BAYSIDE CROSS

ホテルや商業施設、オフィスなどが揃う豊洲エリア最大級の再開発！

緑豊かな公園を生かした一帯に、オフィスや商業施設、ホテルが集まる再開発プロジェクトがついに完成。観光の中心となるららぽーと豊洲1・2・3には、約220店舗の店舗が出店。湾岸を一望できる好立地で、食事や買い物が楽しめる人気スポットだ。

豊洲ベイサイドクロス
とよすべいさいどくろす

豊洲 MAP 付録P.33 F-1
☎なし ⌂江東区豊洲2-2-1 ⏰11:00〜21:00（店舗により異なる） 休無休 🚇地下鉄・豊洲駅直結 🅿12台

地下1階〜4階
ららぽーと豊洲3
ららぽーととよすスリー

約40店舗が新規出店。バラエティに富むレストランやショップが揃い、ファミリーにも人気。

→豊洲ベイサイドクロスタワー内に完成

2020年6月オープン

カラフルな洋菓子がショーケースを彩る
エクラデジュール

繊細なデザインのモンブランなど、多種類の生洋菓子を販売。カフェを併設しており、足休めにもおすすめ。
☎03-5534-8966 ⏰11:00〜20:00（土・日曜、祝日は〜18:00）休火曜

→海外の洋菓子店のようなかわいい外観

→苺と生クリームのプチガトー

→さわやかな香りのマンゴーレアチーズ

シンプルな調理法で素材を最大限に生かす
WE ARE THE FARM
ウィーアーザファーム

自社農場で無農薬・無化学肥料にこだわって育てた「固定種」の野菜を使用したオーガニックレストラン。ていねいな調理で野菜本来のおいしさを引き出す。
☎03-5859-5503 ⏰11:00〜14:30(LO) 17:00〜21:00(LO) 休なし

予約 可
予算 L 1000円〜
　　 D 4000円〜

→ナチュラルな雰囲気で心も穏やかになる

→鍋料理なども充実

緑の芝生と広大な空に抱かれた新しい街
有明ガーデン
ありあけガーデン

2020年6月オープン

有明 MAP 付録P.33 F-3

有明の街に誕生した大型複合施設。ブランドアイテムからキッズ用品など幅広いニーズに応える店舗が並ぶ。屋外休憩スポットの「みんなのテラス」「水のテラス」「有明ガーデンパーク」、モール最上階の「雲のテラス」など、自然と一体になれる開放的な空間が魅力。

→露天風呂など8種の湯が楽しめる泉天空の湯有明ガーデン
☎0570-077-711 ⌂江東区有明2-1-8 ⏰店舗により異なる 🚇ゆりかもめ有明駅から徒歩4分 🅿1800台

→6800㎡もの広大な緑地があり、癒やしの空間が広がる。街全体がエンターテインメント

特集 ● 変貌する街

※感染症対策のため、営業時間が変更となっている場合がございます。ご来店前に必ずWEBサイトなどで最新の情報をご確認ください。

全国のおいしい魚介が大集合
築地場外市場

東京都中央卸売市場の移転で変貌著しい築地界隈。プロの目が光る土地だから、上級品質は変わらない。

日々新鮮な食材と感動を届ける
築地ブランドを守る老舗の市場

関東大震災で焼失した日本橋魚河岸を築地に移転、東京都中央卸売市場が昭和10年(1935)開業にいたるが、同じ頃、隣接する土地に水産物業者が集まり、自然発生的に形成されたのが現在の築地場外市場。生鮮品や加工品、乾物類などを業者向けに販売するほか、飲食店などが軒を連ねる。2018年10月本市場は豊洲へ移転。しかし場外は続行。新しく「築地魚河岸」を設けるなど、業者向けにも一般向けにもますます充実の品揃えだ。

築地場外市場
つきじじょうがいしじょう

築地 MAP 付録P.19 E-2
所 中央区築地4-16-1 営 店舗により異なる
地下鉄・築地市場駅から徒歩3分 P なし

→築地にっぽん漁港市場は約460店舗の食事処やショップが軒を連ねる観光の中心地

鮮度抜群の海産物を購入できると人気

豊洲ベイサイドクロス／築地場外市場

おいしいマグロを
おいしくいただくシンプルな贅沢

まぐろどんぶり 瀬川
まぐろどんぶり せがわ

漬けにした赤身がとにかくおいしいマグロ丼の店。「おいしいものを当たり前に食べてほしいだけ」と言葉少なに語る女将さん。天候によって日々味を調整するというきめ細かな技が光る。

築地 MAP 付録P.19 E-1
☎03-3542-8878 所 中央区築地4-9-12 営 8:00〜11:30(売り切れ次第終了) 休 水・日曜、祝日 交 地下鉄・築地市場駅から徒歩3分 P なし

まぐろ丼 900円
大盛りは+200円。中トロ入荷時には「限定今だけ丼」がある

ぷっくり艶やか海のミルク
ガンガン食べて大満足!

カキ小屋 築地食堂
カキごや つきじしょくどう

「がんがん焼き」が人気のカキ専門店。貝を缶の中に豪快に入れ酒蒸しにする漁師発祥の調理法は、焼くより甘いと評判。厳選されたカキのほか魚介メニューも豊富に揃う。

築地 MAP 付録P.19 F-2
☎03-6228-4880(問い合わせ専用) 所 中央区築地4-10-14 丸禎ビル1F 営 9:00〜15:00(LO14:30) 休 水曜 交 地下鉄・築地市場駅から徒歩4分 P なし

がんがん焼き
4種セット 3629円
カキのほか、ホタテ、エビ、ハマグリなど旬の魚介4種が入る

丼には濃厚クリーミーな
黄金色のウニがどっさり

築地虎杖 うに虎
中通り店
つきじいたどり うにとらなかどおりてん

風味、味、食感とそれぞれの違いがよくわかる「うに食べ比べ丼」がおすすめ。産地の違う厳選生ウニ5種を堪能したい。国産3種+海外産2種の「葵」5356円などさまざまな組み合わせがある。

築地 MAP 付録P.19 F-2
☎03-6327-5874 所 中央区築地4-10-5 カネシン水産ビル1F 営 7:00〜23:00(LO22:00) 日曜、祝日は〜16:30(LO16:00) 休 無休 交 地下鉄・築地市場駅から徒歩5分 P なし

雅 6458円
国産のウニ5種がのる。醤油をつけず塩昆布でいただくのもおすすめ

往時の面影を残す街に
新たな建築が調和する

特集 ❖ 変貌する街

03 NIHOMBASHI, NINGYO-CHO
日本橋・人形町

江戸時代に五街道の起点だった日本橋。
金融・商業・娯楽の拠点として発展した街が、
粋とモダンの混在する新ステージへ進化中。

特集 ● 変貌する街

話題のショップやグルメが集う大人な商業施設が続々オープン

日本橋は江戸時代から続く商業と金融の街。人形町は江戸期に随一の娯楽街として賑わった。そんな日本橋の歴史や伝統文化を受け継ぎ、蘇らせつつ、新たな街づくりを目指す「日本橋再生計画」が進行中だ。オフィスビルが相次いで建設され、低層階には洗練された大人ムードの商業施設がオープン。2019年開業のCOREDO室町テラスには、台湾発の複合セレクトショップ「誠品生活」が日本初出店した。人形町の下町風情や老舗の名店の味も健在だ。日本橋川周辺では、首都高の地下化などの水辺再生事業も計画されている。

江戸情緒とモダンな街の新旧の融合が次世代に響く

アクセス

羽田空港
東京モノレール 19分
浜松町駅
JR山手線 2分
新橋駅
地下鉄銀座線 5分
日本橋駅

東京駅
地下鉄丸ノ内線 1分
大手町駅
地下鉄東西線 1分

日本橋の街を代表する百貨店・日本橋髙島屋S.C.本館は西洋歴史様式に和風建築の当初デザインと近代建築様式の一体化が特徴。新旧の融合を感じられる

時代とともに進化する、日本が誇る百貨店
日本橋髙島屋S.C.

レトロな建築に、新たなトレンドを作り上げるレストランやショップが集まる老舗百貨店。新旧の魅力がバランスよく調和する上質空間へ。

重厚な建物美と気品を保ち
歴史とともに歩む街のシンボル

2009年、本館が重要文化財に百貨店建築として初めて指定された、歴史的価値の高い老舗百貨店。2018年9月に本館、隣接する新館、東館、タカシマヤ ウオッチメゾンの4館が一体となり、新都市型ショッピングセンターとして誕生。関東大震災後に建設された歴史ロマン漂う風格を残した本館は、重厚な石造りの外観や柱、モダンなエレベーターなどが健在。時代に合わせた品のあるレストランやショップが勢揃いする。

◎本館の 髙島屋史料館TOKYO4階展示室では企画展を無料で観覧できる。
※企画展の詳細はWEBサイトを要確認 ⏰11:00～19:00、休月・火曜

◎本館6階のオーダーサロン

日本橋髙島屋S.C. 本館
にほんばしたかしまや ショッピングセンター ほんかん

日本橋 MAP 付録P.15 E-2
☎03-3211-4111 所中央区日本橋2-4-1
⏰10:30～19:30(店舗により異なる) 休不定休 🚇地下鉄・日本橋駅B2出口直結 🅿326台

◎腕時計、卓上時計、掛時計など貴重な時計ブランドのアイテムが揃うタカシマヤ ウオッチメゾン

日本橋三越本店
にほんばしみつこしほんてん

明治37年(1904)、日本初の百貨店として創業。重厚な石造りの建物は昭和初期の建造。

甘酒横丁
あまざけよこちょう

情緒あふれる下町の散歩道。老舗名店が軒を連ねる。

日本橋・人形町／日本橋髙島屋S.C.

日本橋
にほんばし

道路の起点となる日本橋の中央には日本国道路元標がある。

日本橋・人形町

日本橋 人形町
NIHOMBASHI NINGYO-CHO

歴史と伝統の街で上質な「価値ある時間」を過ごす

COREDO 室町テラス

新しいカルチャーと江戸の粋な文化を提案する、COREDO 室町の新施設がオープン。優れた技術や知識に裏打ちされた逸品など、日本橋を再発見できる。

特集 ● 変貌する街

和情緒とトレンドが交差する

江戸の賑わいをコンセプトにして立ち並ぶ商業施設COREDO 室町1・2・3に続き、新施設が誕生。日本橋の和情緒を随所に感じられる館内に、初出店や新業態などの新しさを担う店舗が出店。上品で質の高いアイテムや素晴らしい経験ができる、落ち着いた空間を訪れたい。

COREDO 室町テラス
コレドむろまちテラス

2019年9月オープン

日本橋 MAP 付録P.13 E-1

☎03-3242-0010（日本橋案内所） 中央区日本橋室町3-2-1 11:00～20:00（土・日曜、祝日は～19:00）レストランは11:00～22:00（土・日曜、祝日は～20:00） ※一部店舗は異なる 不定休 地下鉄・三越前駅／JR新日本橋駅直結 Ｐあり

日本の和情緒が感じられる街並みが素敵

片手で食べられる新感覚 独創的なカウンターフレンチ
one hand
ワンハンド

片手で手軽に食べられるをコンセプトにしたフレンチをメインに、イノベーティブでアイデアあふれる料理を提供。バーのようなおしゃれなカウンターで美食を堪能したい。

☎03-3527-9455 11:00～15:00 16:30～22:00 COREDO 室町テラスに準ずる ※2021年1月現在休業中。営業時間は変更になる可能性あり

←館内を入ってすぐのパサージュに開業（上）。串に刺して提供するメインのフランス産鴨胸肉プロシェット（下）

←旬野菜のパレット仕立て。まるで絵の具のようなソースがアーティスティックで感動

予約 可
予算 L 2500円～ D 5000円～

予約 可
予算 L 2000円～ D 5000円～

↑高級感あふれる大理石のテーブル

←ランチメニューの日本橋御膳は松阪牛などの5種類の特選部位盛り合わせが豪華

「一頭買い」を極めた 至福の牛肉を提供する
東京焼肉 一頭や
とうきょうやきにく いっとうや

創業以来、生産者の顔の見える国産銘柄牛の一頭買いにこだわる平城苑が運営する新ブランド。上質の赤身肉の松阪牛や、ソムリエ厳選ワインのマリアージュを楽しめる。

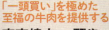

↑A5ランク雌牛の松阪牛は赤身と霜降りの絶妙なバランスが決め手

☎03-6225-2970 11:00～15:30 17:00～22:00（土・日曜、祝日は～20:00） COREDO 室町テラスに準ずる

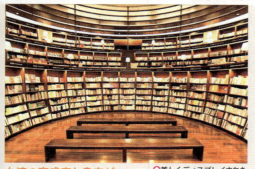

⇒ 美しくディスプレイされた書棚は圧巻の品揃え

台湾の高感度な書店が日本文化やカルチャーを提供

誠品生活日本橋
せいひんせいかつにほんばし

台湾で人気の書店が新業態となり日本初上陸。日本橋の歴史や人々の暮らしのなかで受け継がれてきた、書籍や雑貨を陳列する。

☎ 03-6225-2871　⏰ 11:00〜19:30
休 COREDO室町テラスに準ずる

⇒ 本はもちろん、日常を彩るカラフルな雑貨や食材も並ぶ

北海道の美瑛から届く豊かな自然を生かした洋菓子

フェルム ラ・テール 美瑛
フェルム ラ・テール びえい

体にやさしい洋菓子やパンを通じて、食のライフスタイルを提案する新ブランドが道外初出店。生産者がわかる美瑛産の小麦やジャージー牛乳などを使用した、店のこだわりは好評。

☎ 03-6265-1700　⏰ 11:00〜19:00
休 COREDO室町テラスに準ずる

⇒ 定番の北のごちそうバターチーズサンドは6種類を用意

⇒ 3種類のプレミアム食パン「麦と酩」は日本橋の開業を記念して開発した新商品

⇒ 温かみのある落ち着いた店内

江戸の情緒に親しみ巡る

COREDO 室町3
コレド むろまちスリー

日本橋 MAP 付録P.13 F-2

日本橋の歴史が宿る老舗や人気有名店、質の高いライフスタイルを提案するショップなどが集まる商業施設。質の高いレストランやバル、小物雑貨など、ワンランク上の逸品を集めている。

⇒ 生活雑貨が並ぶCOREDO 室町3

☎ 03-3242-0010　所 中央区日本橋室町2-2-1　⏰ 11:00〜22:00（土・日曜、祝日は〜21:00）※店舗により異なる　休 無休　交 地下鉄・三越前駅直結　P 290台

人形町継承する老舗の味

江戸随一の繁華街として賑わいをみせた歴史を持つ。老舗で代々受け継がれる自慢の味に舌鼓。

人形町今半 惣菜本店
にんぎょうちょういまはん そうざいほんてん

人形町 MAP 付録P.13 E-3

日本料理の老舗で黒毛和牛の惣菜に舌鼓

すき焼やしゃぶしゃぶなどの日本料理を味わえる老舗が展開する惣菜店。店頭販売している黒毛和牛のすき焼コロッケやすき焼肉まんが人気。

☎ 03-3666-1240　所 中央区日本橋人形町2-10-3　⏰ 10:00〜18:00　休 元日　交 地下鉄・人形町駅から徒歩1分　P なし

⇒ しっかりとした味わいのすき焼コロッケ

甘味処初音
かんみどころはつね

人形町 MAP 付録P.13 E-4

風情漂う空間で甘味をいただく

天保8年（1837）創業。店名は歌舞伎に登場する「初音の鼓」に由来。素材にこだわる人気のあんみつは、自然な風味でまろやかな味わい。

☎ 03-3666-3082　所 中央区日本橋人形町1-15-6　⏰ 12:00〜19:00(LO18:30)　土・日曜、祝日は〜18:00(LO17:30)　休 無休　料 650円〜　交 地下鉄・水天宮前駅からすぐ　P なし　※2021年1月現在、時短営業中

⇒ あんみつは求肥と寒天が濃厚な味わい

人形焼本舗 板倉屋
にんぎょうやきほんぽ いたくらや

人形町 MAP 付録P.13 E-3

創業百余年の人形焼の老舗

朝4時半から店主が丹精込めて作る人形焼は、十勝産小豆のなめらかなこし餡にふっくら生地、無添加のやさしい味わい。

☎ 03-3667-4818　所 中央区日本橋人形町2-4-2　⏰ 9:00〜売り切れ次第終了　休 不定休　交 地下鉄・人形町駅からすぐ　P なし

⇒ 人形焼七福神5個入り500円

築地まる武食堂 人形町店
つきじまるたけしょくどう にんぎょうちょうてん

人形町 MAP 付録P.13 E-3

大正創業の老舗が監修 粋な大人の大衆食堂

玉子焼専門店として約100年の歴史を持つ「つきじ丸武」監修の食事処。焼きたての丸武玉子焼や築地で厳選した鮮魚が楽しめる。

☎ 03-5843-6080　所 中央区日本橋人形町1-19-6　⏰ 11:30〜14:30（日曜は〜16:00）18:00〜23:00(LOは各30分前、日曜は昼営業のみ)　休 不定休　交 地下鉄・人形町駅から徒歩1分　P なし

⇒ 名物の丸武玉子焼を焼き立てのまま席で味わえるのが魅力

COREDO 室町テラス

47

時代を先取る！最先端の東京アートに感動

大都会のサプライズ 最新エンターテインメント

世界最先端の テクノロジーや VR技術に 挑戦する

東京で体験できる新しい芸術やエンタメは、見るだけではなく全身で作品を感じ取ることができる。展示との一体感や写真映えを楽しみたい。

特集●変貌する街

海抜251mで体験する 「遊べる」展望台

SKY CIRCUS サンシャイン60 展望台
スカイ サーカス サンシャインろくじゅう てんぼうだい

池袋 MAP 付録P.31 E-3

池袋から東京の街を見守ってきた展望台が、ここでしか体験できないオリジナルのVRコンテンツを展開するスポットに進化。4D技術やCGアニメーションで、よりリアルなサプライズ体験が可能に。日本の四季の移ろいを表現する映像や幾何学模様が映し出される無限スケープは、撮影スポットとして話題に。

☎03-3989-3457 ⌂豊島区東池袋3-1 サンシャインシティ サンシャイン60ビル60F ⏰10:00〜22:00（最終入場は1時間前）、VRは土・日曜、祝日のみ営業 ※時期により変動あり ❌無休 ¥1200円 🚃各線・池袋駅から徒歩8分 🅿あり

💡展望台の南東側には東京スカイツリーが見える

▶60個の輝く万華鏡を設置したカレイドスコープ60

▶ブランコ型コースターに乗ってスリリングな高さから池袋を滑空するスウィングコースター

無限スケープは巨大な万華鏡のような光と鏡のトンネル。360度が鏡と映像に包まれ、不思議な世界を楽しめる。フォトスポットとして大人気

48

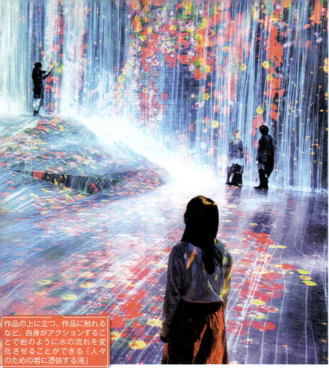

幻想的な世界が広がる 境界のないアート群

森ビル デジタルアート ミュージアム:
エプソン チームラボ ボーダレス

もりビル デジタルアートミュージアム：エプソン チームラボ ボーダレス

お台場 **MAP** 付録P.32 C-2

アートやサイエンス、テクノロジー、そして自然界を交差させ、境界のないアート群「地図のないミュージアム」を展示。部屋から出て移動し、別の作品と繋がり、影響を受け合いながら連続する1つの世界を表現。複雑ながらもカラフルで立体的な世界は、人気の写真映えスポット。

☎03-6368-4292 所江東区青海1-3-8 お台場パレットタウン2F 休WEBサイトを要確認 料3200円(子供1000円) 交ゆりかもめ・青海駅からすぐ Pなし

春の「かさねのいろめ」(表裏の色の組み合わせ)である桜色で統一された「呼応するランプの森 - ワンストローク、桜」
teamLab
Exhibition view of MORI Building DIGITAL ART MUSEUM: teamLab Borderless, 2018, Odaiba, Tokyo © teamLab
teamLab is represented by Pace Gallery

作品の上に立つ、作品に触れるなど、自身がアクションすることで岩のように水の流れを変化させることができる「人々のための岩に憑依する滝」

お酒を楽しみながら 最新鋭の夜空を旅する

コニカミノルタ プラネタリア TOKYO

コニカミノルタプラネタリア トウキョウ

銀座 **MAP** 付録P.16 C-2

昭和13年(1938)、東京初のプラネタリウムがオープンした有楽町に、80年の時を越えて最新プラネタリウムが誕生。最新投映機や、きめ細かな音像移動を表現する「SOUND DOME®」システムを導入。限りなくリアルな星空と、最新技術を駆使したドーム映像や演劇、音楽ライブなどが融合したコンテンツを楽しめる。

☎03-6269-9952 所千代田区有楽町2-5-1 有楽町マリオン9F 時10:30〜22:00 ※最終受付21:00 休無休 料1600円 ※プログラムにより異なる 交各線・有楽町駅から徒歩2分 Pあり

プラネタリウムドームシアターでは輝く星空を満喫できる。cafe Planetaria で販売している惑星をイメージしたカクテルや軽食も持ち込みできる

高級感あふれるエントランス。ギフトショップも併設している

銀河を表現した西陣織でできた「銀河シート」でくつろぐ

大都会のサプライズ 最新エンターテインメント

TOKYO花カレンダー
東京の桜と紅葉

郊外まで出かけなくても、
いたるところで咲き誇る桜が見られる。
並木道が色づく紅葉シーズンも見逃せない。

特集●変貌する街

桜
見頃 3月下旬〜4月上旬

神田明神（神田神社） ▶P.103
かんだみょうじん（かんだじんじゃ）
御茶ノ水 MAP 付録P.9 D-1
江戸時代から桜の名所として庶民に親しまれている

浜離宮恩賜庭園 ▶P.109
はまりきゅうおんしていえん
汐留 MAP 付録P.18 C-4
4月上旬にソメイヨシノ、中旬にはヤエザクラをはじめとするサトザクラなどが4月下旬まで咲き誇る

毛利庭園
もうりていえん
六本木 MAP 付録P.20 C-2
六本木ヒルズの開発前から根を張っている桜と、近代的なビル群が、都会ならではの美しい光景をつくり出す

新宿御苑 ▶P.108
しんじゅくぎょえん
新宿 MAP 付録P.29 F-4
約65種1000本の多様な桜が咲き誇る。ソメイヨシノやヤエザクラなどが次々に開花するので4月下旬まで楽しめる

千鳥ヶ淵公園
ちどりがふちこうえん
九段下 MAP 付録P.3 D-4
皇居のお濠を枝ぶりも見事なソメイヨシノやヤマザクラが彩る。水面に映る桜が美しい

上野恩賜公園 ▶P.94
うえのおんしこうえん
上野 MAP 付録P.8 B-1
吉野山から移植されたといわれる桜が約800本。江戸時代からの桜の名所

八重洲さくら通り
やえすさくらどおり
東京駅 MAP 付録P.15 D-2
東京駅八重洲口で約170本のソメイヨシノが花開く。夜間のライトアップが素敵

靖國神社
やすくにじんじゃ
九段下 MAP 付録P.2 C-3
東京の開花はここにある標本木によって判断される。奉納夜桜能などのイベントも賑やか

紅葉

見頃 11月中旬〜12月上旬

小石川後楽園 ▶P.109
こいしかわこうらくえん
水道橋 MAP 付録P.3 D-3
12月上旬まで、イロハモミジ、ハゼ、ケヤキ、イチョウなどが園内を彩る

向島百花園
むこうじまひゃっかえん
向島 MAP 本書P.3 E-2
四季折々に咲く花もきれいだが、モミジやイチョウが色づく秋も趣がある

六義園 ▶P.109
りくぎえん
駒込 MAP 付録P.3 D-1
カエデやモミジ、イチョウなど約560本が12月上旬まで鮮やかに色づく。夜のライトアップが幻想的

表参道
おもてさんどう
表参道 MAP 付録P.22 C-3
約1.1kmのケヤキ並木が黄色から赤へと徐々に色づいていくグラデーションが美しい

明治神宮外苑
めいじじんぐうがいえん
外苑前 MAP 付録P.23 E-1
青山通りから聖徳記念絵画館に続く道路の両側に約300m続くイチョウ並木は圧巻

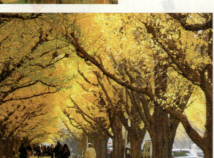

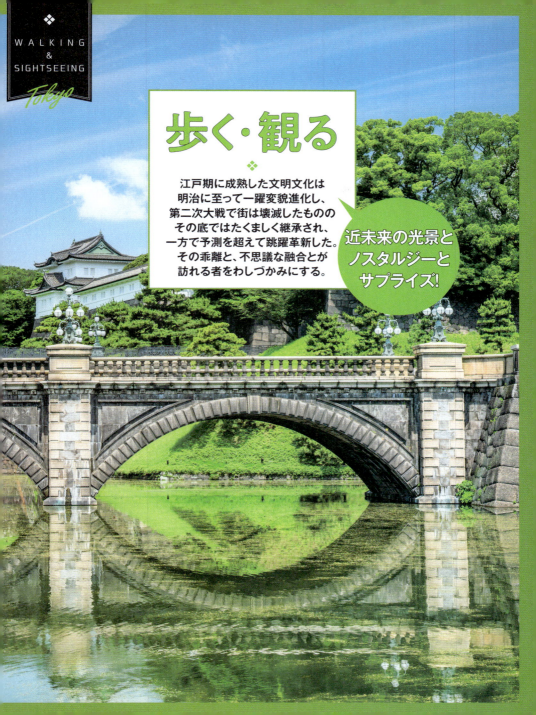

WALKING & SIGHTSEEING
Tokyo

歩く・観る

江戸期に成熟した文明文化は明治に至って一躍変貌進化し、第二次大戦で街は壊滅したもののその底ではたくましく継承され、一方で予測を超えて跳躍革新した。その乖離と、不思議な融合とが訪れる者をわしづかみにする。

近未来の光景とノスタルジーとサプライズ！

変貌してもなお艶やかな輝き

銀座(ぎんざ)

国際都市・東京の最も華やかなエリアが銀座。銀座を散歩する「銀ぶら」は、昔も今も、東京を楽しむのに欠かせない贅沢な時間だ。

街歩きのポイント
- ワンランク上の商品が揃う銀座のお店で、自分へのご褒美や大切な人へのおみやげを探す
- 話題の有名店や長年愛され続ける老舗など、銀座ならではな高級なお店でおいしい料理を堪能

歩く、観る 銀座

アクセス方法
羽田空港	東京駅
◎京急空港線／地下鉄都営浅草線(泉岳寺駅で乗り換え)31分	◎地下鉄丸ノ内線2分
東銀座駅	
◎徒歩5分	
→ 銀座駅

↑銀座4丁目交差点のランドマーク、和光

表通りを歩いたら、裏路地を気の向くままに

明治期に鹿鳴館や帝国ホテルなどが建てられ、西洋文化の玄関口だった銀座は今も東京随一の洗練された街。居並ぶ老舗店と最先端の商業ビルが不思議と調和するのは、銀座ならではの特性だ。GINZA SIXや東京ミッドタウン日比谷など新しいランドマークの登場で、さらに「銀ぶら」の楽しみも増えた。中央通りや晴海通りなどの散策のあとは、裏手の小道にも足を向けたい。昔ながらの喫茶店や食堂、和小物の店など、思わぬ発見が待っている。

新しい銀座のランドマーク
GINZA SIX ➡P.58
ギンザ シックス
MAP 付録P.16 C-3
中央通り沿いに2017年春に登場した最先端の商業施設。銀座らしいハイセンスな店が揃う。

日比谷公園からすぐの新施設
東京ミッドタウン日比谷 ➡P.59
とうきょうミッドタウンひびや
MAP 付録P.16 B-2
2018年春に誕生した大型複合施設。空中公園や都心最大級の映画館も備えている。

屋上テラスからは銀座を一望
東急プラザ銀座
とうきゅうプラザぎんざ
MAP 付録P.16 C-2
数寄屋橋交差点の一角に建つ、銀座最大級の地下2階〜地上11階の商業施設。8〜9階に免税店フロアを展開するほか、グルメ、ファッションなど約125店舗が集う。

所 中央区銀座5-2-1　交 地下鉄・銀座駅から徒歩1分　P あり

52

「食」が充実したラインナップ
有楽町イトシア
ゆうらくちょういとしあ
MAP 付録P.16 C-1

低層棟には映画館やレストランが並び、高層棟には有楽町マルイと食の専門店街がある。
所 千代田区有楽町2-7-1
交 各線・有楽町駅からすぐ　Pあり(有料)

暮らしの雑貨が勢揃い
マロニエゲート銀座1
まろにえげーとぎんざワン
MAP 付録P.17 D-1

地下1階から地上12階の商業施設。低層階はファッションや雑貨、上層階に飲食店が入る。
所 中央区銀座2-2-14　交 地下鉄・銀座一丁目駅から徒歩1分　Pあり(有料)

大人のライフスタイルを素敵に
KIRARITO GINZA
キラリトギンザ
MAP 付録P.17 E-1

ライフスタイルを彩る高品質のブランドやグルメが集う商業ビル。
所 中央区銀座1-8-9　交 地下鉄・銀座一丁目駅から徒歩1分　Pあり(有料)

センスの良い品揃え
ルミネ有楽町店
ルミネゆうらくちょうてん
MAP 付録P.16 C-1

2棟からなるビルに暮らしを楽しむためのハイセンスなお店が集合。特にファッションとコスメが充実。
所 千代田区有楽町2-5-1　交 各線・有楽町駅から徒歩1分　Pあり(有料)

カジュアルライフを提案
マロニエゲート銀座2&3
まろにえげーとぎんざツー&スリー
MAP 付録P.17 D-1

ユニクロの世界旗艦店「UNIQLO TOKYO」が入る商業施設。生活雑貨、スポーツ、イートインが充実。
所 中央区銀座3-2-1　交 各線・有楽町駅から徒歩4分/地下鉄・銀座駅から徒歩3分　Pあり(有料)

Street 外堀通り
そとぼりどおり
銀座の西端を走り、数寄屋橋の大交差点で晴海通りと交わる

Street 中央通り
ちゅうおうどおり
デパートや一流ブティックが並ぶ銀座一の目抜き通り

Street コリドー通り
こりどーどおり
フランス語で「回廊」街の意味。急速に発展し、粋な酒場やカジュアルな食事処が集まる

Street 並木通り
なみきどおり
海外の高級ブランドが並ぶ。ナイトスポットも多彩

Street 西五番街
にしごばんがい
国内外のこだわりの専門店が集まる

Street 昭和通り
しょうわどおり
銀座の東端を走る幹線道路。立体交差があり交通量が激しい

Street 晴海通り
はるみどおり
数寄屋橋交差点を中心にして日比谷と築地方面へ延びる。ブランド店も軒を連ねる

Street みゆき通り
みゆきどおり
気軽に入れるカフェやレストランなどが多い

銀座4丁目のランドマーク
和光
わこう
MAP 付録P.17 D-2

交差点の時計塔は銀座の象徴的存在。時計や宝飾品、服飾品などを扱う高級専門店。
所 中央区銀座4-5-11　交 地下鉄・銀座駅からすぐ　Pなし

高感度な店舗が集まる
銀座三越
ぎんざみつこし
MAP 付録P.17 D-2

「銀座のランドマークとして上質な日常を創造する」をコンセプトに、魅力あるモノ・コトを発信する老舗百貨店。
所 中央区銀座4-6-16　交 地下鉄・銀座駅からすぐ　Pあり(有料)

白壁が印象的な老舗デパート
松屋銀座
まつやぎんざ
MAP 付録P.17 D-2

伝統に裏付けされたステイタスは今も健在。充実した地下の食品売り場には限定商品も多数。
所 中央区銀座3-6-1　交 地下鉄・銀座駅からすぐ　Pあり(有料)

上質な品を探して優雅にショップ巡り
大人の銀ぶらを楽しむ

中央通り沿いには一流ブランドの店舗や、大型商業施設が並ぶ先端的な街並み。そんななかに古くから店を構える老舗が点在。

銀座の老舗。

大人のおしゃれを演出してくれる
古くから銀座を訪れる紳士の装いを支えてきた、老舗のていねいな仕事。

歩く・観る●銀座

創業から約150年
粋な足袋、手ぬぐい

銀座大野屋　5丁目
ぎんざおおのや

MAP 付録P.17 D-3

オリジナルの手ぬぐい約400種類。どれもすっきりとした江戸好みで目移りするかっこよさ。各サイズ4種類の足幅が揃う足袋もおすすめ。

☎03-3541-0975　所中央区銀座5-12-3　11:00〜16:00　休水・日曜　地下鉄・東銀座駅から徒歩すぐ

↑お店は東銀座の交差点に建つ風情ある一軒家

↑足袋は4枚こはぜ2640円〜、5枚こはぜが2860円〜

→手ぬぐい825円〜。シャープで鮮やかな色合いも素敵

世界で活躍する
エグゼクティブに選ばれたテーラー

銀座英國屋
銀座本店／銀座一丁目レンガ通り店／銀座三丁目並木通り店
ぎんざえいこくや　ぎんざほんてん　ぎんざいっちょうめレンガどおりてん　ぎんざさんちょうめなみきどおりてん

MAP 付録P.17 E-2／P.17 E-1／P.17 D-2

何万人ものエグゼクティブの好みと体型を知った、老舗の作るスーツは、最上級の着心地とシルエットを提供してくれる。

銀座本店　2丁目
☎03-3564-2941　所中央区銀座2-7-18 藤田ビル1F　10:00〜18:30　休無休　地下鉄・銀座駅から徒歩3分

銀座一丁目レンガ通り店　1丁目
☎03-5524-1971　所中央区銀座1-6-11 土志田ビル1・7F　10:00〜18:30　休無休　地下鉄・銀座一丁目駅から徒歩1分

銀座三丁目並木通り店　3丁目
☎03-3561-2941　所中央区銀座3-3-13 阪急阪神銀座ビル3F　10:00〜18:30　休無休　地下鉄・銀座駅から徒歩1分

晴海通り沿いにGUCCI、アルマーニ、ディオール、中央通り沿いにはシャネル、ブルガリ、ティファニーと、一流ブランドのビルが並ぶ

P.175 カガミクリスタ

JR有楽町駅とJR新橋駅の間に完成した日比谷OKUROJIは、明治時代から残るレンガアーチの下に飲食店が並ぶ

明治期創業の珈琲店、銀座カフェーパウリスタに行ってブラジルコーヒーを飲むことを、当時「銀ブラ」と呼んだともいわれている

紳士の装いを仕上げる
最上級帽子の老舗
銀座トラヤ帽子店
ぎんざトラヤぼうしてん

MAP 付録 P.17 E-1　2丁目

大正6年(1917)に神保町で創業、昭和5年(1930)に銀座に出店した老舗の帽子店。銀座店では特におしゃれな紳士用が勢揃い。
☎ 03-3535-5201　㊟ 中央区銀座2-6-5　⏰ 11:00〜19:00　㊡ 無休　🚇 地下鉄・銀座一丁目駅から徒歩すぐ

→ 銀座トラヤ帽子店オリジナルのパナマ帽。紳士の装いにはおしゃれな帽子が欠かせない

→ 東京で古くから愛され、常連客も多い

優れた素材やデザインを選べる
日本最古のオーダーワイシャツ店
大和屋シャツ店 銀座本店
やまとやシャツてんぎんざほんてん　6丁目

MAP 付録 P.16 C-3

明治天皇をはじめラフカディオ・ハーンやルーズベルト大統領のシャツを誂えたという老舗。生地やデザインを選ぶシャツは大人の男の証し。
☎ 03-3571-3482　㊟ 中央区銀座6-7-8　⏰ 11:00〜19:30(日曜、祝日は〜18:30)　㊡ 無休　🚇 地下鉄・銀座駅から徒歩3分

↑ 採寸、注文してから手元に届くまで約3週間ほど

→ シルクのような肌ざわりが魅力の上質の生地が揃う

大人の銀ぶらを楽しむ

品質にこだわり。
ホンモノのチョコレート

世界的に知られるチョコレートブランドが銀座に集結し、味と品質を競う。

ベルギーの天才ショコラティエ
ピエール マルコリーニ 銀座本店 **5丁目**
ぴえーる まるこりーにぎんざほんてん

MAP 付録P.16 C-3

ショコラティエが世界の農園に赴き、カカオ豆の選定からチョコレート作りまで自ら行う。カフェを併設しており、ケーキやチョコレートをその場で味わえる。

☎ 03-5537-0015　所 中央区銀座5-5-8　営 11:00～20:00（日曜、祝日は～19:00）、カフェは11:00～18:00（金・土曜は～19:00）LOは各30分前　休 無休　交 地下鉄・銀座駅から徒歩3分

⇒ デコレーションがかわいい、マルコリーニ エクレア各756円

⇒ アソートボックス8個入り2970円※アソート内容、パッケージは変更の可能性あり

⇒ カフェのランチタイムにはカレーも用意している

銀座の「和光」らしい品と風格
和光アネックス ケーキ&チョコレートショップ **4丁目**
わこうアネックス ケーキ&チョコレートショップ

MAP 付録P.17 D-2

街のシンボル、和光の食品の館。生チョコレートはもちろんケーキも美味。

☎ 03-3562-5010　所 中央区銀座4-4-8 和光アネックス1F　営 10:30～19:30（日曜、祝日は～19:00）　休 無休　交 地下鉄・銀座駅からすぐ

⇒ ショコラ・フレ 10個入り3240円

⇒ ケーキとチョコレートがワンフロアに大集合

大きめサイズの贅沢ショコラ
デルレイ銀座 **5丁目**
デルレイぎんざ

MAP 付録P.17 D-3

ベルギー・アントワープのショコラトリー。ダイヤ形のショコラが代名詞のチョコレートショップ。

☎ 03-3571-5200　所 中央区銀座5-9-19 銀座MCビル1F　営 11:00～19:00　休 無休　交 地下鉄・銀座駅から徒歩3分

⇒ ショコラセレクション9個入り4536円

⇒ 想像力にあふれた数多くのチョコレートが並ぶ

喜ばれます。
銀座ならではのおいしいおみやげ

ここでしか買えない、ここでしか味わえない、銀座だからこその付加価値。

7・8階には工房を併設 ニッポンの名物パン
銀座木村家 **4丁目**
ぎんざきむらや

MAP 付録P.17 D-2

150年の歴史を持つ老舗の本店。1階では明治天皇に献上した桜あんぱんをはじめ、約130種類のパンを販売する。また、2階はカフェ、3階は洋食とともに焼きたてパンが食べ放題。4階はカジュアルフレンチを提供。

☎ 03-3561-0091　所 中央区銀座4-5-7　営 1Fベーカリー・2Fカフェ10:00～21:00（LO20:30）　休 無休　交 地下鉄・銀座駅からすぐ

⇒ 桜あんぱんと小倉あんぱん(各170円)が人気

⇒ 1階のあんぱんコーナー。各種あんぱんが木製のケースに入って販売されている。そのほか食パンや調理パンなども豊富

甘さとなめらかさが身上 つぶ餡もなか
空也 **6丁目**
くうや

MAP 付録P.16 C-3

空也餅や上生菓子などどれも美味だが、通年購入できる人気商品がもなか。手作りのため数に限りがある。1週間前には予約したい。

☎ 03-3571-3304　所 中央区銀座6-7-19　営 10:00～17:00（土曜は～16:00）　休 日曜、祝日　交 地下鉄・銀座駅から徒歩3分

⇒ 10個、化粧箱入り1200円、自宅用の箱なら1100円

⇒ 一日中ひっきりなしにお客が出入りする

> 由緒ある逸品。

時代とともに伝統を育てる

400年以上前から銀座の地で大切に継承する手仕事や文具、お香などを探してタイムトリップ。

雅な和の香りを堪能する
香十 銀座本店 `4丁目`
こうじゅうぎんざほんてん

MAP 付録P.17 E-3

安土桃山時代に創業し、宮中や豊臣秀吉、徳川家康とのゆかりも深いお香の老舗。伝統のお香から新しい華やかなシリーズまで、種類豊富。香道の体験会も開催している(要予約)。

☎03-6264-2450 所中央区銀座4-9-1 B1 営11:00〜19:00 休無休 交地下鉄・銀座駅から徒歩3分

→和花と香木をモチーフにしたお香シリーズ「いろは」990円/「春の声桜の花」(左上)、「朝日に輝く薔薇のアーチ」(右上)、「雪の中の水仙花」(左下)、「あの曲がり角の金木犀」(右下)

→御用御用を務めた香司名跡で品揃えも豊富

暮らしを豊かにする美しい箸
銀座夏野 本店 `6丁目`
ぎんざなつの ほんてん

MAP 付録P.16 C-3

人と人、神と人を結ぶ縁起物である箸の専門店。2500種類の箸と、1000種類以上の箸置きを取り揃える。長く愛用できる上質な箸はプレゼントとしても人気。

☎03-3569-0952 所中央区銀座6-7-4 銀座タカハシビル1F 営10:00〜20:00(日曜、祝日は〜19:00) 休無休 交地下鉄・銀座駅から徒歩3分

→日本人に最も身近な漆器である箸。有料で名入れも行っている

和紙小物も多く気軽に立ち寄れる
東京鳩居堂 銀座本店 `5丁目`
とうきょうきゅうきょどう ぎんざほんてん

MAP 付録P.17 D-3

寛文3年(1663)に京都で創業。お香や書画用品のほか、のし袋や便箋、はがきなどを取り扱う専門店。日本の伝統文化を伝える品に出会える。

☎03-3571-4429 所中央区銀座5-7-4 営11:00〜19:00 休年中無休あり 交地下鉄・銀座駅A2出口からすぐ

→現代の日本人の生活に合わせ伝統の和文具を改良しつづける

趣味人に愛される老舗画材店
月光荘画材店 `8丁目`
げっこうそうがざいてん

MAP 付録P.16 B-4

店の名付け親は与謝野鉄幹、晶子夫妻。筆や絵の具などのほか、バッグやカードなど、ホルンマークのオリジナル製品が並ぶお店。

☎03-3572-5605 所中央区銀座8-7-2 永寿ビルB1-1F 営11:00〜19:00 休無休 交地下鉄・銀座駅から徒歩7分

→日々の生活が楽しくなるような雑貨が集まる

銀座で1000円台プレミアムランチ

からく `寿司`
MAP 付録P.16 C-2
美食家の通う銀座の名店だが、お昼は丼が格安で食べられるとあって行列必至。
江戸前丼1760円/握り寿司3300円〜

カフェーパウリスタ `喫茶店`
MAP 付録P.16 C-4
明治44年(1911)に開店。芥川龍之介、谷崎潤一郎などの文豪や、ジョン・レノン、オノ・ヨーコ夫妻も通った。
森のコーヒー680円/パウリスタオールド680円/チーズホットドック550円/アメリカンクラブサンド1180円/ザッハトルテ630円

喫茶YOU `喫茶店`
MAP 付録P.17 E-3
創業45年を超す老舗。歌舞伎座に近く役者さんたちにも愛されている。持ち帰りも可。
ランチのオムライスセット(ドリンク付)1300円(持ち帰りは1000円)/オムレツサンドイッチセット(ドリンク付)1200円(持ち帰りは800円)

銀座オザミデヴァン本店 `フレンチ`
MAP 付録P.17 D-1
1997年に銀座の地にオープン。店名どおり昼も夜もワインの充実するフランス料理店。
前菜、主菜、コーヒーまたは紅茶の平日限定ランチ1320円

アーンドラ・ダイニング 銀座本店 `インド料理`
MAP 付録P.17 E-1
ナンやチャパティも本場仕込みの、本格的南インド料理が味わえる。
ランチ・ミールス1290円/ドーサセット(日替りカリーから1品、ミニ・ドーサ、チャトニー、バスマティライス、サンバル、サラダ)1190円

天厨菜館 銀座店 `中国料理`
MAP 付録P.17 D-2
エビチリ、角煮、酢豚など、素材にこだわった伝統の北京料理を提供する。
料理2品に点心、スープなどが付くプリフィクスランチ1750円

大人の銀ぶらを楽しむ

新鮮な風格のランドマーク
GINZA SIX
ギンザ シックス

約240の世界ブランドが集結
銀座最大級の複合商業施設

銀座の中心エリアである中央通りと三原通りに面した、銀座を代表する新たなショッピングスポット。1階から5階には、ファッションやライフスタイルを中心とした有名ブランドが店を構える。6階と13階は、アート・ブック・グルメのフロア。さらに地下1階のビューティと地下2階のフロアにも名店が集合し、約240店舗が軒を連ねる。季節ごとに発売される限定品も話題を集めている。銀座の街並みになじむ、洗練された外観と上質な空間デザインも見事。

MAP 付録P.16 C-3
☎ 03-6891-3390（GINZA SIX総合インフォメーション） ⏰ ショップ10:30～20:30、レストラン11:00～23:00※一部店舗により異なる 休 不定休 ⌂ 中央区銀座6-10-1 🚇 地下鉄・銀座駅から徒歩2分／東銀座駅から徒歩3分 🅿 445台

1. GINZA SIXの外観。建物の基本設計は、日本を代表する建築家・谷口吉生氏 2. 屋上庭園は約4000㎡もの広さ 3. 館内には能楽最大流派「観世流」の能楽堂もあり、日本の伝統文化を発信する

6F カフェやギャラリーも併設
アートのある暮らしを提案

銀座 蔦屋書店
ぎんざ つたやしょてん

世界中から集められた7万冊のアート関連書籍が揃う書店。書籍フロア、蒔絵万年筆や工芸品が並ぶ文具コーナー、国内外のアート作品がキュレーションされたギャラリーTHE CLUBがある。
☎ 03-3575-7755 ⏰ 10:00～22:30 休 不定休

→ 世界のアートブックに出会える、書籍フロア

2F 丁寧な暮らしのなかで
甘美な時間を楽しむ

FRANCK MULLER PÂTISSERIE
フランク ミュラー パティスリー

高級時計ブランド「フランク ミュラー」から、世界初のパティスリーが登場。スイーツやお酒など幅広く展開し、甘く優雅な時間を提案している。
☎ 03-3569-0663 ⏰ 10:30～20:30 休 不定休

→ 時計ブティックの隣に併設
→ 一番人気のマロングラッセ。素材を生かした贅沢な味わい

B2F 北海道の魅力を伝える
手みやげにおすすめの菓子

ISHIYA GINZA
イシヤ ギンザ

「白い恋人」でおなじみの菓子メーカーISHIYAによる北海道外ブランド。銀座ならではの洗練されたスイーツのラインナップを誇り、多様なみやげを購入することができる。
☎ 03-3572-8148 ⏰ 10:30～20:30 休 不定休

→ 北海道外での直営1号店
→ 北海道産素材にこだわった「Saqu（サク）」。6種のチョコレートをラング・ド・シャでサンド

6F 多彩なグルメが楽しめる
ダイニングゾーン

銀座 かつら
ぎんざかつら

四季の恵みを尊重した彩り豊かな京料理。修業を積んだ料理長をはじめとする熟練の職人が、その時期にいちばんおいしい旬な素材を使って目の前で調理してくれる。
☎ 03-6274-6378 ⏰ 11:00～14:00 17:00～21:30（LO 21:00）土・日曜、祝日11:00～15:00 17:00～22:00 休 不定休

→ こだわりのタレでふっくらと焼き上げた鰻

鮨処 順
すしどころ じゅん

吟味したネタを極上の味に仕上げた寿司が好評。一品料理や刺身、季節の料理なども味わえる。
☎ 03-6264-5068 ⏰ 11:30～21:00（LO 20:30）休 不定休

→ つまみから握り盛り合わせまで揃う

クリエイティブ気分のモール
東京ミッドタウン日比谷
とうきょう ミッドタウン ひびや

日比谷公園を望む複合施設に個性豊かな約60店が立ち並ぶ

地上35階、地下4階からなる大規模複合施設。地下1階から7階が商業フロアで、ショップやレストランなど約60店舗を展開している。なかでもグルメスポットは、和食から洋食、エスニック、カフェ、ベーカリーまで幅広くカバーする充実ぶり。6階には見晴らしの良いパークビューガーデンがあり、夜景も素晴らしい。

MAP 付録P.16 B-2
☎ 03-5157-1251(11:00〜20:00) 所 千代田区有楽町1-1-2 営 ショップ11:00〜20:00、レストラン11:00〜22:00 ※店舗により異なる 休 1月1日 交 地下鉄・日比谷駅直結 P 約200台

1. 優雅な1階のアトリウム。商業エリアは日比谷にふさわしい劇場空間をコンセプトにデザイン
2. 日比谷ステップ広場はスペイン広場を思わせる造り
3. 緑豊かな6階のパークビューガーデン

3F どこか懐かしい雰囲気漂う都会のなかの不思議空間
HIBIYA CENTRAL MARKET
ヒビヤ セントラル マーケット

クリエイティブディレクターの南貴之氏と老舗書店の有隣堂がコラボレーションし、237坪のフロアに小さな町を表現。食事処、居酒屋、本屋、ファッションショップなどが並ぶ。

☎ 店舗により異なる
営 11:00〜21:00(飲食は〜23:00) 休 無休

→ 雑貨や家具と本が、大人の空間を演出する

2F 生活を豊かにしてくれる上質なファブリック製品
TENERITA
テネリータ

国際認証を取得したオーガニックコットン製の今治産タオルやナイトウェア、ベビーアイテムを取り揃える。どの製品もやわらかい肌ざわりで、品質の良さが実感できる。

☎ 03-6257-1008
営 11:00〜21:00 休 無休

→ 数多く並ぶ質の良いアイテムは、男女問わず好評

2F スタイリッシュなデザイン機能性にも優れた文房具
Smith
スミス

日本発のステーショナリーブランド「デルフォニックス」の直営店。オリジナルアイテムのほか、国内外から幅広い文具をセレクト。そのすべてが実用性とデザイン性を両立させている。

☎ 03-6550-8343 営 11:00〜21:00 休 無休

→ Hibiyaの文字をあしらった限定アイテム。メモ帳500円、A4ホルダー400円、チケットホルダー280円(いずれも税別)

B1F カジュアルに利用したい8ジャンルのレストラン
HIBIYA FOOD HALL
ヒビヤ フード ホール

地下1階のグルメエリア。ベーカリー&カフェ、スパニッシュバル、ベトナムレストランなど8店が軒を連ねる。どの店も気取らない雰囲気で入りやすい。

☎ 店舗により異なる 営 施設に準ずる

→ ブランチからディナーまで都市型フードホールが生み出すバラエティ豊かな食事を楽しめる

BOSTON OYSTER&CRAB
ボストン オイスター&クラブ

日本各地、世界各国から取り寄せた新鮮なカキを多彩なレシピで提供。
☎ 03-3519-7870

→ 産地ごとに味が異なるカキを食べ比べるのもおすすめ

BROOKLYN CITY GRILL
ブルックリン シティ グリル

店内で焼き上げるジューシーな肉と、NYさながらの空間を楽しんで。
☎ 03-3500-3470

→ じっくり焼き上げた肉。豪快でスパイスの香りも絶妙

Mr.FARMER
ミスターファーマー

野菜をふんだんに使ったヘルシーメニューが並ぶ。テイクアウトも可。
☎ 03-3519-3066

→ 動物性のものを一切使わないヴィーガンメニューも豊富

GINZA SIX / 東京ミッドタウン日比谷

揺るぎない伝統の下町風情
浅草・押上

あさくさ・おしあげ

浅草寺を中心に栄えた門前町。浅草寺や仲見世通り、東京スカイツリータウンなど、江戸の粋な文化や雰囲気を楽しめる。

街歩きのポイント
- 駐車場はないので、公共交通機関を利用して訪れること
- ほおずき市、羽子板市など季節の行事を数多く開催
- 夜間はライトアップを実施。本堂には入れないが参拝可

↑浅草寺の本堂は昭和33年(1958)に再建されたもの

年間3000万人が訪れる浅草のシンボル

浅草寺
せんそうじ

「浅草の観音様」と慕われる東京都最古の寺院

推古天皇36年(628)、現在の隅田川で漁をしていた漁師の兄弟が見つけた聖観音像に、土地の知識人が深く帰依し、自宅を寺に改めたのが始まり。大化元年(645)、勝海上人という僧が観音像を秘仏とするようにという夢のお告げを得、そこから現在に至るまで観音像は非公開とされている。その後、徳川家康が浅草寺を祈願所として定めるなど、歴史の要人たちに重用され、日本屈指の観音霊場、観光地として国内外から多くの参詣者を集めるようになった。

浅草 **MAP** 付録P.11 D-1
☎03-3842-0181 ⑰台東区浅草2-3-1
⊕6:00(10〜3月6:30)〜17:00 ㊡無休 ㊷無料 ⊕各線・浅草駅から徒歩5分 ⓟなし

雷門
かみなりもん

正式名称は風雷神門。現在の雷門は松下電器産業創設者・松下幸之助の寄進によるもの。

提灯を真下から見上げると、力強い龍の彫刻が! 龍神は浅草寺の守り神とされ、境内のあちこちに由来のものがある。

江戸時代から続く門前通り

仲見世通り
なかみせどおり

MAP 付録P.11 D-2

雷門から宝蔵門までの表参道のことで、80店以上の雑貨店や菓子店が立ち並んでいる。

本堂 ほんどう
昭和20年(1945)の東京大空襲で焼失し、再建された。秘仏本尊と、裏側の観音像(通称「裏観音」さま)が鎮座する

六角堂 ろっかくどう
室町時代に建立されたもので、境内で最古の建物。日限地蔵尊が祀られている。

浅草神社 あさくさじんじゃ
三社権現と称される。社殿は徳川家光の寄進により慶安2年(1649)に建立された。

常香炉 じょうこうろ
ここで焚かれた線香の煙で体の悪いところをさすると治りがよくなるとされている。

→東くめ作詞、滝廉太郎作曲の童謡『鳩ポッポ』の歌碑

弁天堂 べんてんどう
「老女弁財天」といわれる白髪の弁財天が祀られている。関東三弁天のひとつ。

宝蔵門 ほうぞうもん
左に阿形像、右に吽形像の仁王像が安置されている。上層部分には寺宝が収蔵されている。

長さ4.5mの巨大な仁王様の大わらじ。魔除けと健脚のご利益があるという。

五重塔 ごじゅうのとう
本堂と同じく、昭和20年(1945)の東京大空襲で焼失し、再建されたもの。高さは48m。

写真提供:浅草寺

観光 information

アクセス

東京駅	羽田空港
○JR中央線/山手線で2分	○羽田空港第1・第2ターミナル駅から京急空港線快特で36分
神田駅	
○地下鉄銀座線で10分	

浅草駅

参拝の手順
山門(浅草寺の場合は雷門)で一礼し、お水舎へ。口と手を清める。常香炉に線香を供え、その煙で心身を清める。線香を供える際、ほかの線香から火をもらうことは、その線香をあげた人の業をもらうことになるのでタブー。本堂に参り、一礼したあと、お賽銭を入れて合掌し祈願する。祈願し終わったら再度一礼。山門から出る際に本堂に向かって一礼する。

お水舎でのお清め手順
お水舎に置いてある柄杓で左手、右手、口の順番に水をかけ、身を清める。口を清めるときは、直接柄杓に口をつけるのではなく、柄杓から左手に水をためて、そこに口をつけるようにする。最後に、柄杓を立てるようにして残った水で柄の部分を洗い、柄杓を元の場所に戻す。

浅草寺と浅草神社
浅草寺の本堂右隣にある浅草神社では、浅草寺の由来である聖観音像を見つけた漁師兄弟と観音像を奉安した土地の知識人を祀る。このことから浅草神社は「三社様」と呼ばれ、神仏習合の考えから長らく浅草寺の「三社権現社」とされていた。明治に入り、神仏分離令が発せられたのを機に、浅草寺とは別法人となり、明治6年(1873)に浅草神社と現在の名前になった。

観音霊場としての浅草寺
観音菩薩信仰に基づく巡礼として、札所として定められた寺院を巡る「観音霊場巡り」がある。これの元祖といえる「西国三十三所」にならう形で、鎌倉幕府3代将軍である源実朝が制定したといわれる「坂東三十三観音」があり、浅草寺は13番札所にあたる。札所が7都県にまたがる坂東三十三観音に対し、東京都内の寺院のみを札所とした「江戸三十三観音」もあるが、こちらでも1番札所とされており、観音菩薩信仰において浅草寺が重要な役割を担ってきたことがうかがい知れる。

夜間のライトアップ
江戸開府四百年事業として「輝く21世紀の浅草」のスローガンのもと、2003年から本堂、五重塔、宝蔵門、雷門のライトアップを実施している。毎日日没から23時頃まで点灯。夜間本堂の扉は閉められているが、参拝できるようになっている。

浅草・押上/浅草寺

門前で老舗の粋に出会う
浅草寺の参道
仲見世通り

狭い通りに商店が軒を連ねる仲見世通りは、一年中縁日のような賑わいをみせる。創業は江戸時代という店も多い、日本最古の商店街。

みやげ物店が軒を連ねる参道は雷門から宝蔵門まで約250m

時は江戸、家康の時代に入ると、江戸の人口が増加した。それに伴い、浅草寺の参拝客も増え、当時寺周辺の掃除を担っていた人々に、参道への出店の許可が与えられた。それが仲見世の始まりで、以降、昭和20年（1945）に戦災で全焼するが、すぐに復興。現在約90あるお店がひしめきあう通りは、お祭りムード満点で、散策にはうってつけ。外国人観光客もひっきりなしに訪れる、東京の代表的な観光名所になっている。

伝法院通り
でんぼういんどおり

江戸切子や団子など職人の技を駆使したお店が連なる通りは、伝法院を中心に左右に200m続く。

えびす屋 雷門
えびすや かみなりもん

下町散策に便利なのがこの人力車。話術に長けた車夫との会話が旅を盛り上げてくれる。

揚げたてのおかきを食べて下町のそぞろ歩きを堪能

仲見世 杵屋
なかみせ きねや

揚げたてを口に含めば、ふわふわ食感がやみつきに。原材料は宮城県産の良質のもち米、みやこがねもちを使用。紅花油入り特上オイルも香ばしさの秘密。種類豊富なせんべいはおみやげに最適だ。

MAP 付録P.11 D-3
☎03-3844-4550
所 台東区浅草1-30-1
営 9:00～18:30
休 無休

揚げおかき 各350円
目の前で揚げてくれるおかきは、さっくさくの軽い食感が大人気。気軽なおみやげにも

↑米の旨みを引き出すため、わざと割って2度醤油に漬けた割煎もおすすめ

やさしい甘さが口に広がる素朴な味わいここにあり

舟和 仲見世2号店
ふなわ なかみせにごうてん

芋問屋をやっていた創業者が、当時高価だった煉り羊羹の代わりに庶民的なサツマイモを使って作ったのが芋ようかん。着色料や保存料など添加物は一切使用していないため日持ちは購入した翌日まで。

MAP 付録P.11 D-3
☎03-3844-2782
所 台東区浅草1-30-1
営 9:30～19:00（土・日曜、祝日は～19:30）
休 無休

**芋ようかん
5本詰め648円**
おみやげとして手ごろな5本詰め。冬場はオーブンで焼いて香ばしさを引き出せばまた違った味わいに

浅草寺の参道 仲見世通り

4つの形に込められた下町、浅草の歴史と伝統

木村家本店
きむらやほんてん

創業は慶応4年(1868)、浅草に数ある人形焼店のうち最も長く営む店が位置するのは、観音様にいちばん近い仲見世通り奥。五重塔、雷様、提灯、鳩の4つの形は初代の主人が考案。以来、変わらぬスタイルを頑固に守り続けている。

MAP 付録P.11 D-2
- ☎03-3841-7055
- 所 台東区浅草2-3-1
- 営 10:00～18:00
- 休 不定休

↑人形焼という名称は日本橋人形町が発祥の地だからといわれている

あん入り人形焼 4個入り 500円
風情あるかわいらしいパッケージにファンも多い、小さなおみやげ用セット

ユニークな店主が担うのは江戸の粋を伝えていくこと

江戸趣味小玩具仲見世 助六
えどしゅみこがんぐなかみせ すけろく

著書やテレビ出演の経験があるご主人は、江戸小玩具について語らせれば言葉が止まらない文化人。唯一無二の店にというポリシーどおり、棚には江戸職人魂が刻まれた精巧な豆おもちゃがずらりと並ぶ。

MAP 付録P.11 D-2
- ☎03-3844-0577
- 所 台東区浅草2-3-1
- 営 10:00～18:00
- 休 無休

とんだりはねたり 各3500円
竹と糸で人形がぴょんと飛び跳ねる仕組み。江戸時代の動くおもちゃの代表格だ

↑愛嬌満載の豆おもちゃから目を見張る小さなサイズのものまで。完成度の高さはため息もの

↑表情がひとつとして同じものはないまねき猫。思わず集めたくなる

皮の原料は国産もち米100% 小腹満足のお手軽スイーツ

浅草ちょうちんもなか
あさくさちょうちんもなか

修学旅行生たちが列をなすお店は、東京で唯一のアイスもなか専門店。パリッパリの皮とクリーミーなアイスが絶妙なハーモニー。抹茶や紅芋などの定番のほかに、エスプレッソなどの季節限定商品もある。

MAP 付録P.11 D-2
- ☎03-3842-5060
- 所 台東区浅草2-3-1
- 営 10:00～17:30
- 休 不定休

アイスもなか 330円
香ばしい手作りもなかにその場でアイスをサンド。きな粉、抹茶、黒ごまなど全8種類

↑おみやげには、甘さ控えめあんこがぎっしり詰まったもなかがおすすめ。あんこもなか1個250円

地図 / 店舗リスト

↑浅草寺本堂

宝蔵門

- 木村家本店
- 江戸趣味小玩具 仲見世 助六
- 浅草九重
- 青木物産
- 鼈甲・珊瑚の店
- 仲見世 スズヤ
- かもひだ民具店
- ミノノヤ
- わらびや
- 平尾商店
- ヒラノヤ
- ハトのマークの木村家人形焼本舗
- コマチヘア浅草第3店
- れんがや
- 金龍山
- 浅草ちょうちんもなか
- 三花
- 前田商店

伝法院

伝法院通り

浅草柳通り

- 浅草仲見世 ヨロヅヤ
- マサモト
- オカダヤ岡田商店
- 仲見世 なかつか
- 三美堂
- 三鳩堂
- はなや
- 中富商店
- トヨダヤ
- 小山商店
- 和洋傘・ショール仲見世 もりた
- 浅草たけや
- 川崎家
- 瓢たん屋
- 安立屋
- 銀花堂
- かもめや
- 荒井文扇堂
- **仲見世 杵屋**
- 小池商店
- しみづや鎗印
- **舟和 仲見世2号店**
- 新仲見世
- 舟和 仲見世3号店
- 舟和 仲見世1号店
- むさしや人形店
- スミレ
- いせ勘
- 海老屋總本舗
- マキノ玉森堂
- 帯のみやした
- 浅草きびだんごあづま
- バニー
- さんえす
- 本家 梅林堂
- こいけ
- 豆腐梅林堂

- トイステラオ
- 中山商店
- やつめ
- 和泉屋
- バッグのマツウラ
- 寿々免堂
- カワチヤ
- 亀屋
- 松ヶ枝屋
- 壱番屋
- 羽木正 飯田屋
- 静岡屋
- コマチヘア浅草2店
- 浅草中屋
- 踊り衣裳 富士屋
- 松寿堂
- かづさや支店
- 岩座 浅草仲見世店
- モリタ分店
- 松崎屋
- かづさや小間物店
- アオキカメラ
- タカイシ
- フジヤ
- バッグショップヨシマ
- 喜久場
- モリタ
- たかしまや
- 酒井好古堂 山藤
- いなば
- かづさや
- 大海若昆布海藻
- 福光屋

→東武スカイツリーライン浅草駅

→東武スカイツリーライン浅草駅

↓地下鉄銀座線浅草駅

雷門

雷門通り

N

下町の活気のなかへ
浅草の立ち寄りスポット

江戸の面影を偲ぶ

歴史が育んだ観光スポットや、地元民から愛される老舗店がひしめく浅草。下町情緒を体感する街歩き。

江戸時代から繁華街として栄え新旧のスポットが共存する

浅草寺の門前町として古くから栄えてきた浅草は、江戸時代に米蔵が設置されたことにより、人と金が行き交う場所としてさらに発展した。明治時代には演芸場や日本初の映画館ができるなど、東京の文化を担う場所として知られるように。その後、東京スカイツリーの開業を契機に、そのお膝元として新しい商業施設などがオープン。下町の魅力を発信し続けている。

浅草西参道商店街
あさくさにしさんどうしょうてんがい

MAP 付録P.10 C-1

歌舞伎座風のアーケードがかかる商店街で、お祭り用品や和装用品など浅草らしい店が立ち並ぶ。

浅草六区
あさくさろっく

MAP 付録P.10 B-2

明治、大正時代に日本初の映画館や演劇場などの施設が立ち並び、歓楽街として賑わった。

かっぱ橋道具街通り
かっぱばしどうぐがいどおり

MAP 付録P.10 A-2

食に関するあらゆる道具を扱う問屋街。土・日曜は休んでいる店が多いので、平日に行くのがおすすめ。

浅草花やしき
あさくさはなやしき

MAP 付録P.10 C-1

嘉永6年(1853)開園、日本最古の遊園地として有名。日本現存最古のローラーコースターをはじめ、長い歴史を物語るレトロなアトラクションや縁日コーナー、飲食店舗などが所狭しと立ち並ぶ。屋上からは、浅草寺本堂など、浅草の街並みを一望できる。

📞 乗り物料金は入園料別途
☎ 03-3842-8780
浅草2-28-1
⏰ 10:00～18:00（最終入園17:30）
休 メンテナンス日（公式HPを確認）
¥ 入園料1000円
📍 浅草駅から徒歩5分
🅿 各線・浅草駅から徒歩5分
🅿 なし

⬆ 人気の「ローラーコースター」。最高速度はたったの時速42㎞。還暦を過ぎても元気に活躍中！

浅草演芸ホール
あさくさえんげいホール → P.141

MAP 付録P.10 B-2

落語を中心に、漫才、手品などを上演する寄席。萩本欽一やビートたけしなど数々の大物芸人を輩出してきた。

⬆ ホール内は笑いであふれている

浅草木馬館大衆劇場
あさくさもくばかんたいしゅうげきじょう

MAP 付録P.10 C-2

最初は昆虫館、次いで安来節定席として営業したのち、昭和52年(1977)から大衆演劇用の劇場として開館。

浅草EKIMISE
あさくさエキミセ

MAP 付録P.11 D-2

浅草・松屋が昭和6年(1931)当時の外観を再現してリニューアルした商業施設。

浅草文化観光センター
あさくさぶんかかんこうセンター

MAP 付録P.11 D-3

地下1階地上8階の観光案内所で、案内カウンター、観光情報コーナー、展望テラスなどを擁する。

懐かしい時代劇世界に一瞬のタイムスリップ
駒形どぜう
こまかたどじょう

MAP 付録P.10 C-4

重厚な造りの店は創業200年をゆうに超える老舗。暖簾をくぐればそこは江戸。現代から隔絶された空間に割り下の香りがたちこめ、鉄鍋で温められるどじょうを眺めていれば、時が過ぎるのも忘れてしまう。

☎03-3842-4001
台東区駒形1-7-12
11:00～21:00(LO)
無休
各線・浅草駅から徒歩2～5分(都営浅草線・浅草駅から徒歩2分) Pなし

予約 可
予算 L 2000円～ / D 4000円～

↑神棚が設けられた趣たっぷりの入れ込み座敷。かな板のテーブルが個性的

↑江戸の代表的な商家造り。大名行列を見下ろさぬよう2階には窓がない

どぜうなべ 1850円(税別)
独自の下ごしらえをしたどじょうを職人が一枚一枚浅い鉄鍋に並べるこだわりの一品

180年余りの味を守る雷門すぐ横の江戸前店
雷門 三定
かみなりもん さんさだ

MAP 付録P.11 D-3

観光客がひっきりなしに訪れる風格たっぷりの店は、創業天保8年(1837)。以来代々の味を守り続け今にいたる。上質のゴマ油で揚げてあるため、風味が豊かで衣が軽いのが特徴。店内は昔ながらの座敷があり、風情を感じられる。

☎03-3841-3400
台東区浅草1-2-2
11:00～20:00(金～日曜は～21:00) LOは各30分前
不定休
各線・浅草駅から徒歩1～3分 Pなし

↑店舗が広く300席あるため団体観光客も頻繁に訪れる

↑↑座敷は希望すれば個室の利用も可(要予約)。テーブル席も用意されている

予約 可(要問合せ)
予算 L D 1560円～

旬の天ぷら盛り合わせ 3300円
ボリューム感たっぷりの季節の具材入り盛り合わせは熟年世代に人気。天丼1560円もおすすめ

ヴィンテージなバーではおしゃれな夜を楽しんで
神谷バー
かみやバー

MAP 付録P.11 D-3

日本で最初のバーで、下町のハイカラ族の社交場となってきた。明治15年(1882)に発売されたアルコール度数40のカクテル"デンキブラン"は、浅草の社交場の顔として、現在も文化人ほか多くの人に愛されている。

☎03-3841-5400
台東区浅草1-1-1
11:30～21:00(LO20:30)
火曜
各線・浅草駅から徒歩2分 Pなし

予約 可
予算 L 1000円～ / D 2000円～

↑歴史を感じさせる店には文化人の常連も多い

↑大正10年(1921)建造のビルは有形文化財に指定されている

電気ブラン はボトル売りも可 1本(720ml)1170円

デンキブラン 300円
電気がまだ珍しかった時代性と高いアルコール度数を表現し、この商品名が生まれた

浅草の立ち寄りスポット

東京の空を突き抜ける高さ634mの絶景

東京スカイツリータウン®
とうきょうスカイツリータウン

21世紀に誕生した東京を代表する新たな観光名所

東京の街を一望できる東京スカイツリー®を中心に広がるエリア。展望台からの刻々と移りゆく美しい景色や、ロマンティックな夜景など、大都会東京に包まれる最高の時間を過ごせる。足元には300店舗以上が集まる東京ソラマチ®があり、話題のレストランやショップ、エンターテインメント施設が集まる。

街歩きのポイント
- 東京スカイツリーの入場券は日時指定券がお得！
- 東京ソラマチには限定アイテムが多数あり、おみやげに◎
- 日没頃からはタワーのライティングが楽しめる

歩く・観る●浅草・押上

きらめく大都会を一望する

東京スカイツリー®
とうきょうスカイツリー

2012年5月、世界で一番高いタワーとして誕生した自立式電波塔。高さ634mのその数字は、タワーが建つエリアの旧国名「武蔵（むさし）」の語呂合わせからきている。最先端の技術が駆使された展望台からは、東京の街並みが一望できる。夜景はもちろん、快晴時の富士山、夏の隅田川の花火大会などさまざまなシーンを彩る。

66

634 高さは634m。旧国名「武蔵（むさし）」にちなんだ語呂合わせ

いちばんの絶景は最高到達点の「ソラカラポイント」で堪能

天望回廊
てんぼうかいろう

450m〜445m

ガラス張りの回廊はスロープ状になっていて、451.2mの最高到達点に歩いて上るようになっている。

天望デッキ
てんぼうデッキ

350m / 345m / 340m

3層に分かれた構造で、ショップやレストランも。ガラス床になっている場所があり、スリル満点！

©TOKYO-SKYTREE

THE SKYTREE SHOP
ザ・スカイツリー ショップ

東京スカイツリーのオフィシャルショップ。ここでしか買えない限定商品が揃っているのでお見逃しなく。

SKYTREE CAFE
スカイツリー カフェ

フロア340と350にあるカフェ。展望を楽しみながらひと息つきたい人におすすめ。ドリンク以外にも軽食やオリジナルスイーツを扱っている。

Sky Restaurant 634（musashi） ➡ P.168
スカイ レストラン ムサシ

江戸の粋とフランス料理の雅さを融合したコース料理を提供。地上345mから眺める絶景を多彩な料理とともに楽しめる。

（写真はイメージ）

チケットカウンター（4階）

展望台の当日入場券を購入できる。日時指定券（Web販売、セブンイレブンでの発券）を購入した場合もチケットカウンターで発券後に入場できる。

SKYTREE GALLERY（1階）
スカイツリー ギャラリー

東京スカイツリーの構造や特徴を学べるギャラリー。建設当時の貴重な写真や、スカイツリーの最頂部634mにある避雷針を実寸大で再現した展示も。無料で見学できるので立ち寄りたい。

©TOKYO-SKYTREE

観光 information

アクセス

東京駅	羽田空港
◯地下鉄丸ノ内線で1分 / JR総武線快速で8分	◯羽田空港第1・第2ターミナル駅から京急空港線快特で42分
大手町駅	錦糸町駅
◯地下鉄半蔵門線で15分	◯地下鉄半蔵門線で2分

押上（スカイツリー前）駅

※**スカイツリーシャトル®**
上野駅、羽田空港などと、東京スカイツリータウンを結ぶ直行バス、スカイツリーシャトルも便利。上野駅からは約30分、羽田空港からは約60分。

チケット

天望デッキと天望回廊はそれぞれチケットが必要。当日券よりもお得でスムーズに入場できる日時指定券がおすすめ。東京スカイツリー®の公式HPかセブン-イレブンのマルチコピー機で天望デッキのチケットや天望デッキと天望回廊のセット券などが日時を指定して購入できる。また、当日券を販売するチケットカウンターは4階に、天望回廊のチケットカウンターは天望デッキフロア350にある。
※払い戻しや返金は条件により異なるので公式HPを要確認

		大人	中・高校生	小学生
天望デッキ	当日券	2100	1550	950
	事前日時指定券	1800	1400	850
	事前日時指定券（＋天望回廊とのセット券）	2700	2150	1300
天望回廊当日券		1000	800	500

※上記はすべて平日料金。土・日曜、祝日などは料金が異なるため詳しくは公式HPを要確認。5歳以下は無料。

観光の順路

●**4階チケットカウンター** 公式HPから事前日時指定券を購入した場合は、予約完了後に発行されるQRコードが必要。QRコードの表示が可能な端末またはプリントアウトしたQRコードを持参し、発券してもらう。当日券の場合は4階チケットカウンターで購入する。いずれも発券後そのまま天望シャトル（エレベーター）に乗り、天望デッキへ。

●**天望デッキ** 4階からの天望シャトルは天望デッキ フロア350に到着。ここで天望回廊のチケットを買って天望回廊 フロア445へ。フロア340から5階出口フロアへ。

●**天望回廊** 下りの天望シャトルはフロア450から天望デッキ フロア345へ。

押上 MAP 付録P.9 E-4

☎0570-55-0634（東京スカイツリーコールセンター） 墨田区押上1-1-2 9:00〜21:00（展望台入場は〜20:00）※変更になる場合あり 東武スカイツリーライン・とうきょうスカイツリー駅／各線・押上（スカイツリー前）駅からすぐ Pあり（有料）

東京スカイツリータウン® 東京スカイツリー®

新しい下町を体感する

東京ソラマチ
とうきょうソラマチ

個性あふれる300店舗以上が集結する商業施設。下町の賑やかさを表現した「ソラマチ商店街」や生鮮食料品等が揃う「フードマルシェ」など、各フロアでテーマごとに分けられたレストランやショップが並ぶ。東京ソラマチ®限定のグルメやスイーツ、みやげなどが豊富で、東京の老舗から流行最先端のショップまで、誰もが楽しめるのが魅力。

↑東京スカイツリー®の足元にあり、バラエティ豊かな店舗が揃う

押上 MAP 付録P.9 F-4
☎0570-55-0102(東京ソラマチコールセンター) 営10:00〜21:00、6〜7F・30〜31Fレストランフロア11:00〜23:00(一部店舗により異なる) ※変更になる場合あり 休不定休

タワーヤード/ウエストヤード・2階
フードマルシェ

生鮮食品やお惣菜など地域密着を意識した食品類をはじめ、和洋のスイーツ、ここにしかない限定品や名物品が盛りだくさん。新鮮な食材は地元のファミリー層にも大人気。

↑果物や野菜なども販売している

ファームガーデン
「農の風景」をテーマに、ミカンなどの果樹植物が植えられている。緑あふれる癒やしスポット。

ドームガーデン
プラネタリウムのドームがシンボルの庭園。見上げベンチに寝転べば迫力あるスカイツリーが堪能できる。

ウエストヤード・3階
ソラマチ タベテラス

2階のフードマルシェの吹き抜けを大きく取り囲むように客席を配したフードコート。和洋中、エスニックなど多彩な料理が並び、気軽にランチや軽食が味わえる。

↑有名店が数多く集まるフードコート

©TOKYO-SKYTREETOWN

			31F	ソラマチダイニング
			30F	スカイツリービュー
			11F-29F	オフィス
			9F	ライフ&カルチャー郵政博物館千葉工業大学東京スカイツリータウン®キャンパス
			8F	
	すみだ水族館	5F	タワー出口フロア	7F	ソラマチダイニング
東武スカイツリーライン とうきょうスカイツリー駅	レストラン TVキャラクター	4F	タワー入口フロア	6F	ジャパンエクスペリエンスゾーン
	ソラマチ タベテラス	3F			ジャパンスーベニア
	フードマルシェ	2F			ファッション/雑貨
	St.ストリート	1F	タワー団体フロア		レディスファッション/雑貨
	パーキング	B1			ソラマチ商店街
	ウエストヤード		タワーヤード		イーストヤード

イーストヤード・1階
ソラマチ商店街
ソラマチしょうてんがい

全長約120mの通路にさまざまな店舗が並ぶ商店街。切妻屋根や江戸切子を使った看板など、賑やかでどこか懐かしい雰囲気。

↑食品、雑貨、カフェ、みやげなどが揃う

イーストヤード・6-7階
ソラマチダイニング

多彩なレストラン、カフェが集まるメインダイニングゾーン。特に7階には親子丼の老舗店やもんじゃの有名店など東京らしい店が多い。

↑気軽に入れるカジュアルダイニング

イーストヤード・30-31階
ソラマチダイニング スカイツリービュー

高さ約150mからの景色を一望しながら食事が楽しめるフロア。焼き肉、和食、フランス料理などが味わえる。

↑シックなフロアで落ち着きがある

日本最大！約33万種の切手展示 イーストヤード9階

郵政博物館
ゆうせいはくぶつかん

「心ヲツナグ 世界ヲツナグ」をコンセプトに、郵便にまつわる歴史や資料を紹介する。スカイツリーを模したポストが設置されているので、手紙を投函すれば思い出にも。

押上 MAP 付録P.9 F-4
☎03-6240-4311 営10:00～17:30（入館は～17:00）※状況により変動あり
休不定休 料300円

最先端技術を体感する イーストヤード8階

千葉工業大学 東京スカイツリータウン® キャンパス
ちばこうぎょうだいがくとうきょうスカイツリータウン キャンパス

千葉工業大学による、最先端技術を応用した体感型アトラクションスペース。「はやぶさ2」実物大模型や災害対応ロボットを展示。

押上 MAP 付録P.9 F-4
☎03-6658-5888 営10:30～18:00
休不定休 料無料

大人も楽しめる幻想的な作品を上映 イーストヤード7階

コニカミノルタプラネタリウム"天空"in 東京スカイツリータウン®
コニカミノルタプラネタリウム "てんくう" インとうきょうスカイツリータウン

映像、音楽、アロマを組み合わせ、より臨場感のある作品を上映する新感覚プラネタリウム。座席は階段状で、星空に包まれる気分に。

押上 MAP 付録P.9 F-4
☎03-5610-3043 営11:00の回～21:00の回 土・日曜、祝日10:00の回～21:00の回 休不定休 料プラネタリウム作品1500円、ヒーリングプラネタリウム作品1700円、サウンド・ドーム対応作品1700円

巨大な新クラゲ水槽で神秘的な没入体験を

すみだ水族館 ウエストヤード5階6階
すみだすいぞくかん

「近づくと、もっと好きになる」をコンセプトに掲げた水族館。2020年7月に誕生した、約500匹のクラゲを上から直接見られる新体感水槽「ビッグシャーレ」は必見。

押上 MAP 付録P.9 E-4
☎03-5619-1821 営10:00～20:00（休祝日9:00～21:00）休無休 料2300円、年間パスポート4600円

東京ソラマチ®

> 街を見晴らしながら！

東京ソラマチ®で食べる・買う

お腹がすいたら迷わず東京ソラマチ®へ！下町情緒のある店から眺め抜群の店、個性派、よりどりみどり。

イーストヤード ●31階
目前の絶景を楽しめる素材重視のイタリアン
LA SORA SEED FOOD RELATION RESTAURANT
ラソラシド フード リレーション レストラン

予約 可
予算 L 2800円～ / D 8250円～

山形県屈指の自然派レストランがプロデュースする店で、一日に必要な野菜30品目の素材の味をそのまま生かしたメニューが主。生産者から直接届く食材へのシェフの思いやりが皿の上にぎゅっと詰まっている。

押上 MAP 付録P.9 F-4
☎03-5809-7284
🕐11:00～23:00(LO21:00)
休 不定休

→ 目線は東京タワー展望台と同じ高さなのだとか

ディナーコース 1万1000円
"伊勢海老と白花豆のフォンデュータ"は上品な味わいが特徴。メニューは一例。内容は季節により異なる

↑ モダンでスタイリッシュな店内空間は雰囲気抜群

イーストヤード ●31階
ムーディなソファでロマンティックな極上の夜
天空ラウンジ TOP of TREE
てんくうラウンジ トップ オブ ツリー

予約 可
予算 L 2500円～ / D 5000円～

スタイリッシュな空間を照らし出すあでやかなライティング。全席からスカイツリーを見晴らす店は、ちょっと背伸びしたい時間にぴったり。開業当初から提供しているアミューズタワーは不動の人気メニューだ。

押上 MAP 付録P.9 F-4
☎03-5809-7377
🕐11:00～23:00(LO22:00)
休 不定休

アミューズタワー 2800円
旬の食材を使ったかわいい前菜が8品盛り付けられたアミューズタワーとシャンパンがあれば、会話も弾む

↑ 夏は隅田川の花火大会をソファでくつろぎながら観覧することも可

イーストヤード ●31階
美しい皿たちの競演と隅田川の眺望を楽しむ
銀座アスター 昴 SUBARU
ぎんざアスター すばる

予約 可
予算 L 3000円～ / D 6000円～

老舗中国料理店がプロデュースする店では、眺望を楽しみながらスタイリッシュ＆カジュアルな中華がいただける。素材の味を生かした上品な味は年配世代にも好評。季節ごとのコースがおすすめ。

押上 MAP 付録P.9 F-4
☎03-5610-3056
🕐11:00～23:00(フードLO22:00、ドリンクLO22:30) 休 不定休

↑ シェフのおまかせ前菜の盛合せ(6種)は1980円

北京ダック1切れ 660円
蟹焼売(3個660円)や、蜜に漬けて焼くチャーシューが人気。

イーストヤード●7階
初代の味を継承し続け
椀に風格を映し出す
たまひでいちの

人形町の創業250年余の老舗軍鶏専門店"玉ひで"。その8代目主人と娘さんが手がける店では、とろとろ半熟卵と弾力ある鶏肉、そして濃厚な割り下の絶妙なハーモニーが楽しめる。

押上 MAP 付録P.9 F-4
☎03-5809-7228 ⊗11:00(土・日曜、祝日10:30)～23:00(LO21:30) ⊗不定休

予約 夜コースは可
予算 L1200円～ / D1200円～

◆情緒あふれる店内はカウンターのみだが、ゆったり食事ができる

季節の
フルーツタルト
1ピース 902円
なめらかなカスタードとフルーツの相性抜群の人気No.1タルト ※フルーツは季節により異なります

赤いフルーツのタルト
1ピース 759円
まろやかな酸味とコクのあるクリームのタルトにシナモンをふり、6種のベリーを飾った甘酸っぱいタルト

三昧親子丼 2200円
最高品質の軍鶏を使用し、低温調理した銘柄鶏と烏骨鶏鶏卵をのせた贅沢な親子丼

イーストヤード●2階
輝くフルーツが飾られた
ケーキを選ぶ幸せ
キル フェ ボン
東京スカイツリータウン・ソラマチ店
キル フェ ボン とうきょうスカイツリータウン・ソラマチてん

イチゴや洋梨、マンゴーなどさまざまな季節に収穫される旬のフルーツをたっぷり使った華やかなタルトを提供。店内で優雅なティータイムを過ごすのはもちろん、贈り物としてなど持ち帰りでも人気。

押上 MAP 付録P.9 F-4
☎03-5610-5061 ⊗10:00～21:00 (カフェLO20:30) ⊗不定休

予約 不可
予算 L D 1500円～

◆上品な店内で甘いひとときを

東京ソラマチ®の限定みやげを探す

イーストヤード●4階
金沢老舗
金箔屋生まれのコスメ
まかないこすめ

老舗金箔屋で働く女性たちの知恵から生まれた自然由来成分の和コスメブランド。人気のハンドクリームはおみやげにもおすすめ

押上 MAP 付録P.9 F-4
☎03-6456-1552 ⊗10:00～21:00 ⊗不定休

絶妙レシピのハンドクリーム
(634mの景観がもっと晴れやかになるような香り)
30g 各1760円
しっとり潤い、べたつかない生クリームのようにやわらかい使用感を実感したスキンケアクオリティのハンドクリーム。ミニサイズもある

ボディがうなずく和紙タオル 1650円
和紙と綿を編みこんだ浴用タオル。肌にやさしく泡立ちもよく、余分な油分をさっと洗い流せる

イーストヤード●3階
初心者でも簡単に作れる
オリジナルのアクセサリー
貴和製作所
きわせいさくじょ

ハンドメイドのアクセサリーパーツを販売する専門店。東京スカイツリー®限定のチャームがあり、店内の製作スペースを利用して仕上げることができる。

押上 MAP 付録P.9 F-4
☎03-5809-7204 ⊗10:00～21:00 ⊗不定休

スカイツリーチャーム(左) 600円
ソラマチ店限定。シルバーでずっしりとした存在感のあるチャーム

スカイツリーステッチストラップ(右) 2400円
青空を背景にスカイツリーがデザインされている。別売りのバックチャーム450円と組み合わせるのもおすすめ

イーストヤード●4階
新旧の魅力が共存する
日本みやげを再発見
日本市
にっぽんいち

奈良に始まる創業300年の店。その土地ならではの工芸やモチーフにこだわった「日本の土産もの」を豊富に揃える。

押上 MAP 付録P.9 F-4
☎03-5610-5420 ⊗10:00～21:00 ⊗不定休

ミニトート 3850円
2大タワーをあしらったトートバッグは東京みやげにぴったり

手ぬぐい 各1650円
注染で染めた東京スカイツリータウン手ぬぐいは限定商品

©TOKYO-SKYTREETOWN

東京ソラマチ®で食べる 買う

東京駅・丸の内

巨大なモールに変貌!

とうきょうえき・まるのうち

創建時の赤レンガ駅舎が復元された東京駅、郵便局舎を再生したKITTEをはじめ、大人の遊び心をくすぐるスポットが集まる。

街歩きのポイント
- 丸の内駅舎の名建築に、人気グルメやアンテナショップなど立ち寄りたいスポットが目白押し
- おしゃれなレストランやショップが入ったバラエティ豊かな商業ビルに出かけてみよう

↑歴史と風格が感じられる東京駅丸の内駅舎

歩く・観る ●東京駅・丸の内

アクセス方法

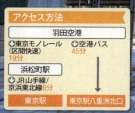

羽田空港
- ◆東京モノレール(区間快速)19分
- ◆空港バス 45分

浜松町駅
- ◆JR山手線/京浜東北線 6分

↓
東京駅 / 東京駅八重洲北口

ドーム屋根の駅舎と最先端のオフィス街

もともと日本のビジネスの中心だった丸の内エリアは、2010年代、さらにパワフルに変貌。2012年に大正期の姿を復元した東京駅丸の内駅舎を中心に、KITTE、丸ビル、新丸ビルなどの複合商業施設やオフィスビルが立ち並び、個性的なショップや美食スポットが綺羅星のごとく集まる。多彩な店が並ぶ丸の内仲通りを歩けば、素敵な時間を過ごせること間違いなし。磨かれた大人の五感を刺激する新スポットを遊び尽くそう。

新旧が融合した建築美に注目
丸の内 MY PLAZA
まるのうち マイプラザ

MAP 付録P.14 A-3

明治安田生命ビルと国の重要文化財である「明治生命館」からなる複合施設。

所 千代田区丸の内2-1-1 明治安田生命ビル 交 各線・東京駅から徒歩5分 P あり(有料)

個性あふれる飲食店が便利
東京ビル TOKIA
とうきょうビル トキア

MAP 付録P.14 B-3

吹き抜けが多い開放的な建物。東京らしいバラエティ豊かな飲食店が並ぶ。

所 千代田区丸の内2-7-3 交 各線・東京駅からすぐ P あり(丸の内パークイン、有料)

オフィス街で安らぎを感じる
丸の内ブリックスクエア
まるのうちブリックスクエア

MAP 付録P.14 B-3

"丸の内コンフォート"をコンセプトとする複合施設。敷地内には緑豊かな広場や、三菱一号館美術館がある。

所 千代田区丸の内2-6-1 交 各線・東京駅から徒歩5分 P あり(丸の内パークイン、有料)

日本各地の美食や逸品探し
KITTE
キッテ

MAP 付録P.14 B-3

旧東京中央郵便局舎を一部保存・再生し建築した商業施設。職人の手仕事による人気の雑貨店などが入居。

所 千代田区丸の内2-7-2 交 各線・東京駅から徒歩1分 P あり(有料)

丸の内のランドマーク的存在
丸ビル
まるビル

MAP 付録P.14 B-2

丸の内の大規模複合ビル。地下1階から地上6階と35・36階にショップや飲食店が揃う。

所 千代田区丸の内2-4-1　交 各線・東京駅からすぐ　P あり(丸の内パークイン、有料)

高感度な大人が集まる
新丸ビル
しんまるビル

MAP 付録P.14 B-2

個性豊かな店舗が集まる大規模複合ビル。地下1階から7階に約150店も入る。

所 千代田区丸の内1-5-1　交 各線・東京駅からすぐ　P あり(丸の内パークイン、有料)

洗練されたトレンドを発信
丸の内オアゾ
まるのうちオアゾ

MAP 付録P.14 C-2

カフェから上質なレストランまで揃う知的なオアシス街。丸善の丸の内本店がある。

所 千代田区丸の内1-6-4　交 各線・東京駅からすぐ　P あり(丸の内パークイン、有料)

移動の合間に立ち寄れる
グランルーフ

MAP 付録P.14 C-3

八重洲口側に建ち、文字どおり「大きな屋根」を持つ。和洋中の飲食店が充実。

所 千代田区丸の内1-9-1　交 各線・東京駅からすぐ　P なし

ブランドから食品まで充実
大丸東京店
だいまるとうきょうてん

MAP 付録P.15 D-2

東京駅の"顔"といえるデパート。食品フロアと、名店が入るレストラン街が豊富。

所 千代田区丸の内1-9-1　交 各線・東京駅からすぐ　P なし

ビジネスマンも多く利用する
サピアタワー

MAP 付録P.14 C-2

地上35階の複合ビル。ホテルメトロポリタン丸の内や企業、軽食店などが入る。

所 千代田区丸の内1-7-12　交 各線・東京駅から徒歩2分　P あり(有料)

駅ナカも駅ソトも、驚くほど楽しめる！
東京ステーションシティ
とうきょうステーションシティ

MAP 付録P.14 C-2

東京の交通網のヘソ、東京駅は駅自体が巨大な街だ。東京ステーションシティは駅とその周辺の商業施設の総称。グルメやグッズの宝庫だ！

駅ナカ

話題の有名店が続々進出
グランスタ東京
グランスタとうきょう

東京駅地下1階から1階に広がり、既存の「グランスタ」とあわせて153店舗の巨大商業エリアとして2020年夏に開業した。

多様な店舗がマルチに活躍
エキュート東京
エキュートとうきょう

丸の内口側のエキナカ商業施設。スイーツ、デリ、ベーカリー、カフェのほか、小物店などもある。

↑吹き抜けのある待合空間「スクエア ゼロ」も誕生

↑手みやげや夕食のお惣菜などまでデパ地下のような充実の品揃えだ

乗り換え途中に買い物
京葉ストリート
けいようストリート

京葉線に続くコンコースにあるエキナカ商業施設。スイーツや惣菜、限定パッケージの商品が揃う。

↑京葉線ホームに行く前に立ち寄り

365日毎日が楽しい駅弁祭り！
駅弁屋 祭
えきべんやまつり

日本各地の有名駅弁のほか、オリジナル駅弁や期間限定駅弁など、毎日200種類以上の駅弁を5:30から23:00まで販売している。

←東京弁当1850円
→東京の老舗の味が楽しめる東京駅限定の品

30品目バランス弁当 950円
↑肉・魚・野菜をバランスよく取り入れたお弁当はヘルシー志向の人に

↑丸の内北口も創建当時の姿を取り戻した

B1
動輪の広場
丸の内地下南口　丸の内地下中央口
P.77 Ura
P.77 ザ・メープルマニア
丸の内地下北口
P.76 mango tree kitchen "GAPAO"
地下中央通路
グランスタ東京
P.76 築地寿司清
スクエア ゼロ
カファレル P.77
P.77 まめぐい
コロンバン P.77
P.76 Fairycake Fair
銀の鈴
とらや P.77
P.77 喫茶店に恋して。
銀の鈴広場
マイキャプテンチーズ TOKYO P.77
八重洲地下中央口
東京ラーメンストリート　東京おかしランド　東京キャラクターストリート
東京駅一番街

REATALY MARUNOUCHI P.75
グランスタ丸の内
グランスタ地下北口
自北地下自由通路
黒塀横

駅ナカ（ピンク）
駅ソト（黄）

駅ソト

多彩な飲食店が揃う
GranAge
グランアージュ

駅と直結しているため雨の日でも濡れることなく移動できる。レストラン街は和洋中すべて揃っているため食事に困らない。

↑ほっとひと息つける場所を提供している

駅の見どころ

駅舎南北ドーム

丸の内駅舎の復原工事により、建築家・辰野金吾設計の大正期の丸ドームも復活。干支のレリーフなど和の意匠が見どころだ。

東京ステーションギャラリー

近現代芸術などをテーマに年間5回ほど企画展を行う。レンガ造りの展示空間の雰囲気もよく、駅の歴史と文化が楽しめる。

動輪の広場

この動輪はかつて東海道線を走っていたC62-15型蒸気機関車のもの。丸の内地下南口の広場にあり、待ち合わせ場所にも最適。

東京ステーションシティ

[1F 館内マップ]

手軽に王道グルメが楽しめる
キッチンストリート

八重洲北口改札外の1階。天ぷら、寿司、イタリアンなどこだわりの専門店が約20店並ぶ。

▶居酒屋やチェーン店も

落ち着きのあるダイニングでくつろぐ
黒塀横丁
くろべいよこちょう

黒塀に囲まれたシックなゾーンに和食や居酒屋、バーなどが並ぶ。大人向きの店が多い。

▶雰囲気のよい店が並ぶ

トレンドカフェや食事処へ
グランスタ丸の内
グランスタまるのうち

東京駅最大級のグルメゾーン。総席数約230席ものレストランやカフェ、毎日に彩りを加える楽しくなる雑貨やコスメショップも。

▶通りを見て歩くだけでも楽しい

EATALY MARUNOUCHI
イータリー マルノウチ

本格的なイタリア料理、イタリアメイドの食材や商品が選べる東京駅構内の広大なスペース。

▶さまざまな店が並ぶ

東京駅の実力はただごとではない!
駅ナカ グルメ＆ショッピング

東京駅構内 グランスタ東京

駅の改札口を出なくても、食事したりお茶したり、買い物したり、店選びに困らない本格揃い。さすが東京駅なのだ。

> 電車の待ち時間に。

食事したり、お茶したり 移動前の時間にいいもの探し

空き時間を有効に使って、一流の味を堪能すればなんだかちょっと得した気分。

ベイクドZOO 1600円
愛らしい動物デコレーションで5種類の味わい。プレゼントに最適

歩く・観る ● 東京駅・丸の内

旬の食材を多種にわたって提供してくれる本格的な寿司店
築地寿司清
つきじすしせい

東京駅 MAP 付録P.14 C-2

豊洲市場の厳選した素材で、130年余の歴史で培ってきた「本物の江戸前寿司」をより多くの方に気軽に召し上がって欲しいという信条で江戸前の味と安心の味を追求している。季節の料理やセットも豊富。

☎ 03-5220-6865
所 東京駅構内B1 グランスタ東京
営 7:00～22:30(日曜、連休最終日の祝日は～21:30) 休 無休

● 落ち着いた雰囲気のカウンターで極上の気分と食事を味わえる

極にぎり 3000円
大トロなどマグロが贅沢に味わえる握り寿司のセット

アジアンな香草の香りが食欲をそそるタイ料理店
mango tree kitchen "GAPAO"
マンゴ ツリー キッチン "ガパオ"

東京駅 MAP 付録P.14 C-2

バンコクの中心部にあるタイ料理の名店が本場の味を提供するカジュアルな店。バジルの一種であるガパオを豚肉や魚介と一緒に炒めてご飯にのせたものが「ガパオ（ライス）」で、この店の名物。テイクアウトもできる。

☎ 03-3287-8111
所 東京駅構内B1 グランスタ東京
営 7:00～22:30(日曜、連休最終日の祝日は～21:30) 休 無休

● 本格的なタイ料理が駅ナカで気軽に味わえる。テイクアウトのお弁当も充実している

豚のガパオ 930円
ハーブが効いた人気メニューガパオ。目玉焼きのトッピング付き

味も本格派な、思わず笑顔になるかわいいカップケーキ
Fairycake Fair
フェアリーケーキ フェア

東京駅 MAP 付録P.14 C-2

菓子研究家いがらし ろみ氏がプロデュースするカップケーキとビスケットの専門店。季節のフルーツと吟味された良質な材料を使用し、店内工房で丁寧に手作りされたカップケーキは手みやげとしても幅広い層に人気。

☎ 03-3211-0055
所 東京駅構内B1 グランスタ東京
営 8:00～22:00(日曜、連休最終日の祝日は～21:00) 休 無休

● コーヒーやミルクティーと一緒にイートインでいただきたい

苺のショートケーキ 460円
自家製イチゴジャムがとろっと入った定番の人気商品

東京駅オリジナル。

どれも最新鋭のおみやげです。

駅舎デザインのパッケージや特別仕様のお菓子、話題の有名店など、おみやげに最適の限定品。

まめぐいSuicaのペンギン660円(左) Suicaのペンギンボーロ648円(右)
飴やお茶などを東京駅限定柄の「まめぐい」で包む。かわいいデザインのボーロを包むのもおすすめ
まめぐい ●グランスタ東京

@Chiharu Sakazaki/JR東日本/DENTSU
Suica by JR東日本 SuicaはJR東日本の登録商標です

TORAYA TOKYO 小形羊羹『夜の梅』1620円
とらやを代表する小倉羊羹『夜の梅』は、切り口の小豆を夜の闇に咲く梅に見立てて名付けられた
とらや ●グランスタ東京

チョコスチームケーキ (8個入り)1650円
「ぎゅっとなめらかな口どけ」を追求したチョコレートケーキ。常温で生チョコのようななめらかさ、冷やしてガトーショコラのようなしっとり感が楽しめる
Ura ●グランスタ東京

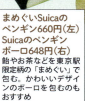

東京ジャンドゥーヤチョコパイ648円(4個入り)
ヘーゼルナッツの風味が豊かな「ジャンドゥーヤチョコレート」のクリームがたっぷり入ったサクサク食感のチョコパイ
カファレル ●グランスタ東京

メープルバタークッキー 3370円(32枚入り)
メープルシュガーと発酵バターを生地に練りこんだクッキーにバターチョコをサンド
ザ・メープルマニア ●グランスタ東京

銀の鈴サンドパンケーキ苺 297円
ふんわり食感のパンケーキで、まるごとのイチゴとクリームをサンドしている
コロンバン ●グランスタ東京

マイキャプテンチーズセット500円
チーズ好きにはたまらないおいしさで大人気の全種セット
マイキャプテンチーズTOKYO ●グランスタ東京

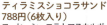

ティラミスショコラサンド 788円(6枚入り)
コーヒーショコラとマスカルポーネショコラをふんわりしぼってティラミスのおいしさを表現
喫茶店に恋して。 ●グランスタ東京

駅ナカ グルメ&ショッピング

東京駅活用術

待ち合わせ場所
駅ナカ地下1階グランスタ東京の八重洲地下中央口近くにある「銀の鈴」、駅ソト地下1階の丸の内地下南口近くの「動輪の広場」などが便利。

手荷物の一時預かり
駅ナカではグランスタ東京内のクロークサービスがあり(有料、8:30〜21:00)、駅ソトは東京駅一番街に佐川急便の手荷物預かり所がある。ともに当日引き取りのみ受け付け。

東京駅舎のホテルに泊まる
大正時代から続く名門、東京ステーションホテル。赤レンガ駅舎の中にあり、観光には絶好の立地。150ある客室は洗練されたモダンな雰囲気。

77

文化の彩りが増して楽しく進化した

六本木 ろっぽんぎ

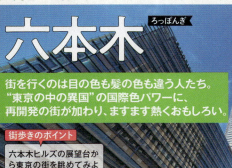

街を行くのは目の色も髪の色も違う人たち。"東京の中の異国"の国際色パワーに、再開発の街が加わり、ますます熱くおもしろい。

街歩きのポイント

六本木ヒルズの展望台から東京の街を眺めてみよう。食事なら世界各国のグルメを味わいたい

国立新美術館などアートを気軽に楽しめるスポットを巡りながら、優雅なひとときを過ごす

↑アートスポットが点在する東京ミッドタウン

アクセス方法

東京駅	羽田空港
地下鉄丸ノ内線 5分	京急空港線(直通)/地下鉄都営浅草線 24分
霞ケ関駅	大門駅
地下鉄日比谷線 5分	地下鉄都営大江戸線 6分

六本木駅

グルメと美術館巡りが楽しい大人の舞台

六本木交差点を中心とするエリアは、東京で暮らす外国人向けのレストランやバーが多い国際タウン。世界中のあらゆるジャンルの飲食店が味のレベルを競いながら並び立ち、グルメ三昧が思いのままだ。21世紀の再開発で誕生した六本木ヒルズ、東京ミッドタウン、国立新美術館の3スポットは、東京観光でぜひ訪れたい場所。日本最大級の美術館や企業美術館があり、"アートの街"としての六本木の新たな魅力が楽しめる。

アートセンターとして機能する
国立新美術館 ➡P.119
こくりつしんびじゅつかん

MAP 付録P.20 B-1

美術に関する情報や資料を収集し、さまざまな展覧会をはじめ、シンポジウムや講演会を開催して、新しい文化の創造を牽引する。

ハイエンドな街並みが広がる
六本木ヒルズ
ろっぽんぎヒルズ

MAP 付録P.20 B-2

約12haもの敷地に文化・商業施設を備えたオフィスビル、集合住宅、高級ホテルなどが揃う。中心をなす森タワーの低層階は各種ショップや飲食店が集結。上層階には美術館と展望台がある。

所 港区六本木6-10-1 交 地下鉄・六本木駅直結 P あり(有料)

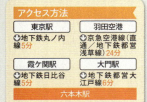

緑とアートの複合都市
東京ミッドタウン
とうきょうミッドタウン

MAP 付録P.20 C-1

商業店舗、オフィス、ホテル、住居などが集まり、サントリー美術館(➡P.118)と21_21 DESIGN SIGHT(➡P.124)が入るなど、アートとデザインの発信の場でもある。

所 港区赤坂9-7-1 交 地下鉄・六本木駅直結 P あり(有料)

洗練されたオシャレな気配は健在

恵比寿・代官山
えびす・だいかんやま

ハイセンスなスポットが点在する大人のエリア。ショップやカフェ巡りで一日いても飽きない街だ。

街歩きのポイント
- 恵比寿ではガーデンプレイスを中心に、ショッピングやグルメ、美術館巡りを楽しみたい
- 代官山には落ち着いた雰囲気のカフェやショップが多い。お気に入りの一軒を見つけよう

歩く・観る● 恵比寿・代官山

↑冬の恵比寿ガーデンプレイスではフォトジェニックなイルミネーションが話題

ガーデンプレイスから代官山へ
閑静な街並みを歩いて散策

　恵比寿周辺はかつて、庶民的な界隈だった。それを一変させたのが、工場跡地を再開発した恵比寿ガーデンプレイスの登場。それから20年以上が過ぎ、今の恵比寿は東京を代表するオシャレな街に変貌した。そこから近い、ゆるやかな坂が続く街・代官山には洗練されたショップ、カフェやレストランが集まる。銀座や六本木と違い、自然体で楽しめるスポットが多いのが魅力。地元っ子のように、のんびりと散策したい。

アクセス方法

東京駅	羽田空港
◎JR山手線23分	◎京急空港線16分
	品川駅
	◎JR山手線9分

→ **恵比寿駅**

東京駅	羽田空港
◎JR山手線26分	◎京急空港線16分
	品川駅
	◎JR山手線12分

→ 渋谷駅
◎東急東横線3分
→ **代官山駅**

美しい建築に魅了される
ヒルサイドテラス

MAP 付録P.26 B-2

昭和44年(1969)から1998年まで30年をかけて建造された複合施設。ブティック、レストラン、ギャラリーなどが入る。

所 渋谷区猿楽町29-18　交東急線・代官山駅から徒歩3分　Pあり(有料)

良質なセレクト品が揃う
代官山アドレス・ディセ
だいかんやまアドレス・ディセ

MAP 付録P.26 C-2

ファッション、雑貨、カフェなど都市型ライフスタイルを楽しむための店舗が集まった代官山らしい洗練されたショッピングゾーン。
渋谷区代官山町17-6 ❍東急線・代官山駅からすぐ Ⓟあり(有料)

書店を中心とする"小さな街"
代官山T-SITE
だいかんやまティーサイト

MAP 付録P.26 B-2

緑豊かな生活提案型商業施設。代官山蔦屋書店を中心に、レストラン、輸入玩具店、ペットショップなどが点在する。
渋谷区猿楽町16-15 ❍東急線・代官山駅から徒歩5分 Ⓟあり(有料)

緑の散歩道が続く憩いの場
LOG ROAD DAIKANYAMA
ログロード ダイカンヤマ

MAP 付録P.26 C-2

東横線の線路跡地に建つ商業施設で、日本初上陸のスニーカーショップやカフェ、ブルワリーが入る。
渋谷区代官山町13-1 ❍東急線・代官山駅から徒歩4分 Ⓟなし

丘をイメージした新しい複合施設
KASHIYAMA DAIKANYAMA
カシヤマ ダイカンヤマ

MAP 付録P.26 C-2

大小異なる大きさの箱が重なったようなデザインのガラス張りの建物に、ファッションやグルメ、アートなどの店が集まる。上質を知る大人のためのレストラン&バーなど、ハイセンスなセレクトが光る。
渋谷区代官山町14-18 ❍東急線・代官山駅から徒歩5分 Ⓟあり(有料)

Street 旧山手通り きゅうやまてどおり
官山の目抜き通り。業ビルや大使館が立ち並ぶ

Street 駒沢通り こまざわどおり
恵比寿駅と代官山エリアを結ぶ大通り

Street 八幡通り はちまんどおり
者向けのショップが多く、素敵なオープンカフェもある

Street キャッスルストリート
お城のようなマンションがある。しゃれた店も多い

ヨーロッパのような街並みが広がるスポット
恵比寿ガーデンプレイス
えびすガーデンプレイス

MAP 付録P.27 E-4

サッポロビールの工場跡地を再開発して1994年に開業。8ha以上の広大なオープンスペースには四季折々の植栽が植えられ、自然豊かな環境のなか、のんびりお散歩も楽しめる。約50店舗のレストラン、ホテル、美術館に映画館、オフィスなどが揃う複合商業施設。エビスビール記念館もある。
渋谷区恵比寿4-20 ❍各線・恵比寿駅から徒歩5分 Ⓟあり(有料)

恵比寿・代官山

アミューズメント施設が集結するベイエリア

お台場 おだいば

東京湾からの心地よい潮風、広々とした景観が楽しめるベイエリアは、流行のショップやレストランが集まる東京屈指の定番観光スポット。

街歩きのポイント
- 観光スポットが多いので、事前にまわる場所の選定を
- 開放的で道幅も広いので散策やジョギングもおすすめ
- ディナー時に夜景を楽しみたい場合は、予約がベター

↑東京湾に囲まれたお台場は観光スポットが凝縮された爽やかなベイエリア

歩く・観る ● お台場

アクセス方法

東京駅
○ JR山手線3分
新橋駅
○ ゆりかもめ14分
↓
台場駅

羽田空港
○ 東京モノレール19分
浜松町駅
○ JR山手線2分
新橋駅
○ ゆりかもめ14分

海と空に包まれた 都心から行けるリゾート

　嘉永6年(1853)のペリー来航により、黒船に脅威を覚えた江戸幕府が海上砲台「台場」を築造したことからお台場の歴史は始まった。その後再開発され、多数の大型施設を抱えながらも、開放的な空間が広がるベイエリアとして生まれ変わった。流行の最先端として注目される店はもちろん、東京湾や海沿いに広がる公園など、リゾート的魅力を同時に味わえる場所として人気だ。

大観覧車がシンボル
パレットタウン

MAP 付録P.32 C-2

大観覧車、デジタルアートミュージアム、ショッピングモールなどが集まる大型商業施設。
所 江東区青海1-3-15　交 ゆりかもめ・青海駅から直結／りんかい線・東京テレポート駅から徒歩3分　P あり(有料)

VenusFort

中世ヨーロッパの街並みを模した館内に約170のショップ、レストランが軒を連ねるモール。3階はアウトレットショップが充実。

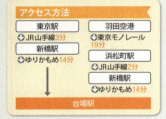

森ビル デジタルアートミュージアム：エプソン チームラボ ボーダレス

世界に類を見ないまったく新しい感覚のデジタルアートミュージアム。

MEGA WEB

"見て、乗って、感じる"モビリティの体験型テーマパーク。トヨタ最新車や燃料電池自動車などの次世代技術を解説。

パレットタウン大観覧車

東京の景色を16分間楽しめる大観覧車。64台のうち4台は360度見渡せるシースルーゴンドラ。

レインボーブリッジが目の前に
アクアシティお台場
あくあしてぃおだいば

MAP 付録P.32 A-2

「東京リゾー島(とう)」をテーマにした大型複合ショッピングセンター。7階には神社もある。

所 港区台場1-7-1 交 ゆりかもめ・お台場海浜公園駅から徒歩1分／りんかい線・東京テレポート駅から徒歩6分 P あり(有料)

エンタメ系のコンテンツも充実
ダイバーシティ東京 プラザ
だいばーしてぃとうきょうぷらざ

MAP 付録P.32 B-2

国内外の160店舗以上が出店する複合型商業施設。フェスティバル広場には実物大ユニコーンガンダム立像があり、撮影スポットにもなっている。

所 江東区青海1-1-10 交 ゆりかもめ・台場駅から徒歩5分／りんかい線・東京テレポート駅から徒歩3分 P あり(有料)

- 女神のテラスは海に向かってレインボーブリッジと自由の女神を望む撮影スポットとして人気
- お台場海浜公園には静かなビーチがあり、都会の喧騒を忘れてしまうほど。レインボーブリッジが眺められる
- 美しいレインボーブリッジのライトアップ

エンタメスポットが集結
デックス東京ビーチ
でっくすとうきょうびーち

MAP 付録P.32 B-1

「マダム・タッソー東京」(→P.84)などのエンタメスポットを数多く抱えるショッピングモール。

所 港区台場1-6-1 交 ゆりかもめ・お台場海浜公園駅から徒歩2分／りんかい線・東京テレポート駅から徒歩5分 P あり(有料)

レゴランド・ディスカバリー・センター東京
レゴ®ブロックの世界観を表したアトラクションで遊べる施設。東京の街並みを再現した「ミニランド」は必見だ。

東京トリックアート迷宮館
錯覚を体験したり、写真を撮って遊ぶ"トリックアート"が楽しめる美術館。

東京ジョイポリス
絶叫コースターなど20種類以上のアトラクションを持つ、国内最大級の屋内型テーマパーク。

お台場たこ焼きミュージアム
たこ焼の本場・大阪の名店5店舗が集まり、食べ比べが楽しめる。ショップにはたこ焼関連のグッズが多数並ぶ。

一日では遊び切れない！
お台場のアミューズメントスポット

博物館や科学館、一風変わったミュージアムなどが点在。知的好奇心が満たされるはず。

⇧シンボル展示のGeo-Cosmos

7つの海を1つに結ぶ
船の科学館
ふねのかがくかん

MAP 付録P.32 A-3

海と船の文化をテーマにした海洋博物館。屋外展示には日本初の南極観測船"宗谷"をはじめ、現存する日本最古の木造灯台の安乗埼灯台、大型スクリュープロペラなどが並ぶ。南極観測船"宗谷"は船内見学が可能で、現役時代の活躍の様子をうかがい知ることができる。

☎03-5500-1111
所品川区東八潮3-1 開10:00～17:00（宗谷への乗船は～16:45) 休月曜（祝日の場合は翌日休) 料無料 交ゆりかもめ・東京国際クルーズターミナル駅からすぐ／りんかい線・東京テレポート駅から徒歩12分 Pあり（有料）

⇧太平洋戦争中は特務艦として測量や輸送任務に従事し、昭和31年(1956)からは日本初の南極観測船として活躍した"宗谷"

⇧屋外展示に設置されている直径6m重量15.3tの巨大プロペラ。5万tクラスの大型船に使われる

最先端技術を体感する
日本科学未来館
にっぽんかがくみらいかん

MAP 付録P.32 B-3

「地球とつながる」「世界をさぐる」「未来をつくる」の3テーマからなる常設展では、宇宙、地球環境、生命など多彩な分野における最先端技術を紹介。トークイベントやワークショップなど、科学コミュニケーターとの対話をとおして、子どもから大人まで科学を身近に体感できる。有機ELパネルを使用した地球ディスプレイ「Geo-Cosmos（ジオ・コスモス）」は宇宙から見た地球の姿をリアルに再現しており必見だ。

☎03-3570-9151 所江東区青海2-3-6 開10:00～17:00（入館は～16:30) 休火曜（祝日の場合は開館) 料630円 交ゆりかもめ・テレコムセンター駅から徒歩4分 Pあり（有料）

⇧ヒューマノイドロボット「ASIMO」の実演

⇧「スーパーカミオカンデ」の1/10サイズ模型。素粒子の一種であるニュートリノをとらえる様子を体感

世界の有名人に会える!?
マダム・タッソー東京
マダムタッソーとうきょう　**デックス東京ビーチ3階**

MAP 付録P.32 B-1

世界的に有名なロンドン発アトラクション。施設内には70体以上の等身大フィギュアを展示。1体につき制作費は2000万円以上というフィギュアは今にも動きだしそうなリアルさ！ さわったり、自由に写真撮影ができたりするので、セレブの仲間入りをしたような気分が味わえる。

☎0800-100-5346 所港区台場1-6-1 開11:00（土・日曜、祝日10:00）～20:00（最終入場19:00) 休不定休 料2300円 交ゆりかもめ・お台場海浜公園駅から徒歩2分／りんかい線・東京テレポート駅から徒歩5分 Pあり

⇧羽生結弦など世界的に活躍している著名人がたくさん！

カジノ未経験でも楽しめる
カジノヴィーナス
ヴィーナスフォート3階

MAP 付録P.32 C-2

海外の定番カジノゲームが疑似体験できる。初心者向けのコースでは、最初の40分間はチップがなくなっても無料で追加のチップを出してくれ、ルールもていねいに説明してもらえるので未経験者でも安心して遊べる。カジノチップの金銭、景品との交換はしていない。
⇩華やかなカジノの世界を体験

⇧海外の本場カジノの予行練習にも使える

☎03-5530-7577 所江東区青海1-3-15 開14:00～22:00 休不定休 料レクチャーコース40分3300円～ 交ゆりかもめ・青海駅直結／りんかい線・東京テレポート駅から3分 Pあり（有料）

歩く・観る●お台場

⇧菅田将暉と一緒に写真が撮れる。思い思いのポーズで記念撮影をしよう

多彩なアイテムに感激!
VenusFortでアウトレットショッピング

VenusFortの3階がアウトレットのフロア。
掘り出しモノを探しに、いざ。

VenusFort ヴィーナスフォート

18世紀ヨーロッパの街並みを再現したおしゃれな内観のヴィーナスフォート。3階にはアウトレットフロア"Venus OUTLET"があり、50を超える魅力的なショップやレストランが並ぶ。1階は家族やペット向けフロア、2階はアパレルやライフスタイル雑貨など約70店舗が並ぶ。

MAP 付録P.32 C-2
🏠江東区青海1-3-15 ☎ショップ11:00〜21:00、レストラン11:00〜23:00 ※店舗、期間により異なる 休不定休 交ゆりかもめ・青海駅直結／りんかい線・東京テレポート駅から徒歩3分 Pあり(有料)

Roomy's OUTLET
ルーミーズ アウトレット

**さまざまなテイストをミックス
大人のコーディネートを提案**

人気ブランド「ROYAL PARTY」「MIIA」「Roomy's」の複合ストアならではの手ごろな価格でワンランク上のスタイリングを提案。さらに、新作商品もアウトレット限定価格になっているため、ぜひチェックしたい。
☎ 03-5579-6230 🕐11:00〜21:00 休不定休

◉次々と新しいアイテムが入荷するので、いつ行っても新鮮

Accent RABOKIGOSHI
アクセント ラボキゴシ

**本革と日本製にこだわりを持つ
浅草発祥の婦人靴**

国産の本革にこだわったレディスシューズの製造、販売を行う。靴のファッションを追求し続け、オーセンティックな志向の女性にぴったりのデザインシューズを提供。イタリア製のバッグなどの取り扱いもある。
☎ 03-3599-5321
🕐11:00〜21:00
休不定休

◉ひとつひとつこだわった質のいい商品が勢揃いしている

Francfranc BAZAR
フランフラン バザー

**運がよければお目当てが!
デザイン抜群の雑貨たち**

広々としたFrancfrancのアウトレット店は、品揃えが豊富。入れ替え商品などは驚くほどの割安価格で買えることもあり、お目当てのアイテムがあればたいへんお得。手が出せなかったアイテムを、宝探し感覚で探してみたい。
☎ 03-3599-5511 🕐11:00〜21:00 休不定休

接触冷感
ネムネムクール 抱き枕 2600円
内側にクール生地を使用しているためひんやり気持ちいい
※販売数には限りがあります

ハンディ ビア サーバー 3278円
缶ビールでビアホールの生ビールのような泡が作れるスグレモノ。自宅はもちろん、アウトドアにも最適

買い物のあとはフードコートでランチ

FOOD COURT VENUSFORT KITCHEN
フードコート ヴィーナスフォート キッチン

2018年3月に全面リニューアル。全国初出店の店を含むこだわりのレストランとカフェが6店舗入っている。買い物の合間に気軽に立ち寄りたい。

あぶりどりの親子丼 丼米
あぶりどりのおやこどん どんまい

ヴィーナスフォート唯一の鶏料理専門店。強火で香ばしく炙った「あぶりどりの親子丼」は絶品だ。

築地魚河岸 鮪どんや つきじうおがし まぐろどんや

築地市場で仲卸業を営む「鈴富」の直営店。上質なマグロを中心とした、海鮮どんぶりをいただける。

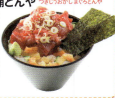

85

風と緑、きらめく夜景と味わう極上時間
絶景ごはんでリゾート気分

ロケーションも楽しめる食事処が多いのがお台場の醍醐味。
おいしい食事をさらにおいしく。

→ デックス東京ビーチの3階

ベイエリアを一望できる
眺望抜群なカフェレストラン
アンカーズ
デックス東京ビーチ店
アンカーズ デックスとうきょうビーチてん

MAP 付録P.32 B-1　デックス東京ビーチ3階

↓ 34席ある広々としたテラス席はペット連れもOK。冬にはストーブも用意

テラス席からはもちろん、ガラス張りの店内からも景色が堪能できる。料理はパスタ、ピザ、ステーキなどのモダンアメリカン料理が中心で、デザートは季節ごとに変わる。アルコールを含めてドリンクも種類豊富なので、時間帯を問わずに楽しめる。

☎03-3599-6611
所 港区台場1-6-1　11:00～22:00(LO21:30)　無休　ゆりかもめ・お台場海浜公園駅から徒歩2分／りんかい線・東京テレポート駅から徒歩5分　P あり(有料)

予約 可
予算 L 1100円～
　　 D 2000円～

ペスカトーレ
アンカーズ風 1540円
エビ、アサリ、ムール貝などの魚介の旨みたっぷりのトマトクリームパスタ

→ 自家製グレイビーソースが美味なサーロインステーキ 2200円

彩り豊かなグリル料理を
きらめく景色とともに楽しむ
The Grill on 30th
ザ グリル オン サーティース

MAP 付録P.32 A-2

旬の味わいを五感で堪能するグリル料理を取り揃えるレストラン。東京湾に架かるレインボーブリッジをはじめ、東京の美しい景色を眺めながら食事ができる。世界各国から東京に集まる厳選された食材と、豊富な種類のワインを満喫して優雅な時間を過ごしたい。

☎03-5500-4550
所 港区台場2-6-1 グランドニッコー東京 台場30F　11:30～14:30(LO) 17:30～21:00(LO)　月～水曜　ゆりかもめ・台場駅直結／りんかい線・東京テレポート駅から徒歩6分　P あり(有料)

予約 可
予算 LD 1万円～

シェフズセレクション
1万8000円～
旬の食材を取り入れた本格フルコースディナー。お肉などのグリル料理を上品かつ彩り豊かに盛り付け

→ 数多くのワインが並ぶワインセラーもある(右)

→ 夜景を眺めながらいただく上質な料理は至福の時間

歩く・観る・お台場

細やかな演出が光るテーマ・
レストランで気分は海賊王！

KING OF THE PIRATES
キング オブ ザ パイレーツ

MAP 付録P.32 A-2　アクアシティお台場 5階

伝説をつくった海賊王の船をイメージしたコンセプトレストラン。特に人気なのが、窓際席や夏にはBBQも楽しめるテラス席。お台場の美しい風景が広がり、より非日常的な空間での食事が堪能できる。

☎03-3599-1225
港区台場1-7-1　11:00～15:00(LO14:30) 17:00～23:00(LO22:00) 土・日曜、祝日は11:00～23:00(LO22:00)　不定休(施設に準ずる)　ゆりかもめ・台場駅から徒歩1分　Pあり(有料)

予約 望ましい
予算 L1280円～　D3800円～

↑レインボーブリッジ、東京タワーを望む美しいお台場の夜景が目の前に

↑天井を見上げれば宝の地図が。ほかにも海賊船らしい意匠がたくさん

↑クアトロフォルマッジPIZZAやアンガス牛ステーキが楽しめる「極上大海賊の宴」など各種パーティープランも豊富

キャプテンサーベルグリル～ラム酒と炎のオリエンタルソース～ 1980円(税抜)
サーベルに突き刺した肉と野菜をラム酒で豪快にフランベしている

絶景ごはんでリゾート気分

東京湾のパノラマビューと
数あるメニューを堪能する

シースケープ
テラス・ダイニング

MAP 付録P.32 A-2

海と陽光の中に香り立つ、高級感あふれるオールデイダイニング。バラエティ豊かな料理をビュッフェスタイルで提供しており、美しい海景色とともにいただける。ゆっくり過ごせるテラス席は、まさに特等席！

☎03-5500-5500
港区台場1-9-1 ヒルトン東京お台場2F　ランチ11:00～14:15 ディナー18:30～22:00(状況により変更の可能性あり)　無休　ゆりかもめ・台場駅直結／りんかい線・東京テレポート駅から徒歩10分　Pあり

↑目の前に広がる東京湾とレインボーブリッジ

↑天井が高く広々とした店内で過ごしやすい(左)。開放感のあるテラス席が素敵(右)※春～秋に期間限定オープン

ランチ&ディナー
ビュッフェ
4972円～
季節ごとに変わる豊富なメニューの中から好きなだけ楽しむことができる

東京―ファッショナブルな街
青山・表参道・原宿

あおやま・おもてさんどう・はらじゅく

洗練された商業ビルやブランドショップ、個性的な美術館など大人心をくすぐるスポットが多数。特に路地巡りが楽しい。

街歩きのポイント

青山・表参道は洗練されたファッションやアートが集う。歩くだけでもおしゃれ気分が楽しめる

メディアで紹介されるお店も多い原宿。話題のスイーツやファッションアイテムは見逃せない

Street 竹下通
たけしたどお

若者が集まる原宿のメッカ。ファッション雑貨、流行最先端、写真映えグルメなど

↑2020年で開通100周年を迎える表参道は青山通りと明治通りを結ぶ大通り

歩く・観る ● 青山・表参道・原宿

街路樹が美しい大通りと昔ながらの路地裏

青山通りや表参道の道幅は、東京中心部でも有数の広さ。青山通りが現在の姿に整備されたのは、昭和39年(1964)の東京オリンピックがきっかけだった。一方、表参道は文字どおり、明治神宮の参道であったため、ケヤキ並木のある幅広の通りとなった。これらの大通りにはファッションビルや高級ブランド店、オープンカフェなどが並び華やかな雰囲気。そこから路地を一歩入ると、センスあふれる大人のための店や昔ながらの酒場が混在し、多様な表情を見せる。根津美術館や岡本太郎記念館などのギャラリー巡りも外せない。

流行最先端のショップが集結
ラフォーレ原宿
らフォーレはらじゅく

MAP 付録P.22 B-2

原宿のランドマークであるファッションビル。若者向けウェアなど約130店が入る。ギフトなどの期間限定ショップも。

所 渋谷区神宮前1-11-6　交 地下鉄・明治神宮前(原宿)駅から徒歩1分　P あり(有料)

街と調和するトレンドの拠点
表参道ヒルズ
おもてさんどうヒルズ

MAP 付録P.22 C-3

旧同潤会青山アパートの跡地に建てられた。設計は安藤忠雄氏が担当し、本館内部の6層分の吹き抜けが見事。ファッション、アクセサリー、グルメなど約100店舗が集う。

所 渋谷区神宮前4-12-10　交 地下鉄・表参道駅から徒歩2分　P あり(有料)

アクセス方法

東京駅	羽田空港
◯ JR山手線26分	◯ 京急空港線16分
	品川駅
	◯ JR山手線15分
原宿駅	JR山手線 12分
東京駅	
◯ 地下鉄丸ノ内線8分	渋谷駅
赤坂見附駅	◯ 地下鉄銀座線2分
◯ 地下鉄銀座線5分	
表参道駅	

賑わう交差点に建つ憩いの場
東急プラザ表参道原宿
とうきゅうプラザおもてさんどうはらじゅく

MAP 付録P.22 B-2

神宮前交差点に面するショッピングセンター。アパレルや雑貨、コスメが充実し、屋上テラスには憩いの場も。

渋谷区神宮前4-30-3　地下鉄・明治神宮前(原宿)駅から徒歩1分　あり(有料)

青山・表参道・原宿

高級ブランド店が並ぶ
GYRE
ジャイル

MAP 付録P.22 B-3

"SHOP&THINK"をコンセプトとした厳選ショップやレストランなどが揃う複合的ファッションビル。

渋谷区神宮前5-10-1　地下鉄・明治神宮前(原宿)駅から徒歩3分　あり(有料)

2020年6月誕生の新施設
WITH HARAJUKU → P.24
ウィズ ハラジュク

MAP 付録P.22 A-2

JR原宿駅の目の前にオープンした複合施設。"文化と創造力を世界に発信"がコンセプト。

万華鏡のような多面的シティ

新宿 しんじゅく

デパート街、超高層ビル街、歓楽街など、新宿の顔は多種多様。濃密なエネルギーに疲れたら、新宿御苑でのんびり憩おう。

街歩きのポイント

昔ながらの寄席、ナイトショー、お笑いステージなど多彩なエンタメを満喫できる

格式高い老舗やトレンドを発信するショップを巡って、好みの品々を持ち帰りたい

歩く・観る●新宿

アクセス方法

東京駅	羽田空港
JR中央線快速 14分	京急空港線 16分
	品川駅
	JR山手線 19分

→ 新宿駅

Street
中央通り
ちゅうおうどおり

新宿西口広場から高層ビル群を貫く。ホームレスのメッカだったが現在は一掃された

⊕新宿駅西口は都内の代表的なオフィス街

オフィスと商業施設が点在 街全体がアミューズメントパーク

江戸時代の元禄年間(1688～1704)、甲州街道の新しい宿場町となったことから「新宿」の名がついた。昭和初期には伊勢丹百貨店が開業し、昭和半ばに新宿コマ劇場が完成する。これらの歴史は今の新宿の特徴にぴたりと合う。新宿駅を起点に、西に行けば一流ホテルが立ち並ぶ高層ビル街、東にデパートやファッションビル街、北に歌舞伎町の歓楽街、南にはデパートと文化施設が並ぶ。新宿の街は常に多面体。巨大都市・東京の顔そのものだ。

東京都政を司る中心部を訪れる

東京都庁
とうきょうとちょう

MAP 付録P.28 A-3

2つのタワーの上層階にある展望室で、東京の360度の大パノラマが無料で楽しめる。特に夜景の美しさは息をのむほど。

所 新宿区西新宿2-8-1
交 地下鉄・都庁前駅からすぐ Pあり(有料、8:00～22:00)

西口の高層ビル群には各々飲食街があり、上層階には眺めのいいレストランがたくさん!

東京都庁
★東京都庁展望室
P.104

90

歌舞伎町の新たなシンボル
新宿東宝ビル
しんじゅくとうほうビル

MAP 付録P.29 D-1

新宿コマ劇場の跡地に建つ複合施設。地下1階・地上31階建てで、映画館、ホテル、飲食店などが入り、一日中賑わう。

新宿区歌舞伎町1-19-1 各線・新宿駅から3～5分 あり(有料)

TM&©TOHO CO., LTD.

老舗デパートで上質な品を
伊勢丹新宿店
いせたんしんじゅくてん

MAP 付録P.29 E-2

明治19年(1886)創業の新宿を代表するデパート。ファッションを中心とする旬のモードが集まる。近くにメンズ館も。

新宿区新宿3-14-1 地下鉄・新宿三丁目駅から徒歩1～3分 あり(有料)

一日中楽しめる大型商業施設
新宿髙島屋
しんじゅくたかしまや

MAP 付録P.29 D-4

新宿駅南口側にある「タカシマヤタイムズスクエア」。本館は新宿髙島屋、東急ハンズ、ユニクロ、専門店など、南館はニトリが入る。

渋谷区千駄ヶ谷5-24-2 各線・新宿駅から徒歩1～5分 あり(有料)

落ち着きと猥雑さとを併せ持つ

池袋
いけぶくろ

賑やかなデパートや華やかな劇場もあれば、24時間営業の居酒屋やエスニック街もある。聖と俗が混じる雑多な街へ。

街歩きのポイント

グルメやショッピングはもちろん水族館やテーマパークなどアミューズメントも充実している

ポップカルチャーやデパ地下巡りなど楽しみ方は多様。ディープな世界がのぞけるお店も

西口の路地裏には大衆酒場やエスニック料理店などが点在。池袋らしい豪快な店が多数

アクセス方法

東京駅	羽田空港
○JR山手線26分/地下鉄丸ノ内線16分	○京急空港線16分
	品川駅
	○JR山手線29分

池袋駅

↑池袋西口公園のグローバルリングシアターは演劇に対応した野外劇場

人混みと喧騒が渦巻く一大ターミナル

JRに加え、東京西部や埼玉からの私鉄が乗り入れる池袋駅。乗降客の多さに比例して、西口に東武百貨店、東口に西武百貨店やパルコなど大型デパートが並ぶ。西口から要町周辺は、昭和期に画家たちが暮らした芸術家村があったところ。今はその方面に東京芸術劇場が建つ。一方、東口をさらに東に進むと、東京拘置所跡地にサンシャインシティがそびえる。全エリアの路地裏には酒場がひしめき、昼も夜も熱い街だ。

東京を代表する芸術文化施設

東京芸術劇場 ➡P.142
とうきょうげいじゅつげきじょう

MAP 付録P.30 A-3

1990年開場、2012年にリニューアル。コンサートホールと3つの劇場を中心に、コンサート、演劇、舞踊など多彩なジャンルの公演を行う。

池袋駅の玄関口に上質さを
Esola池袋
エソラいけぶくろ

MAP 付録P.30 B-3

2009年に誕生した商業ビル。ファッションや雑貨、レストランなど高感度な店が揃い、落ち着きのある空間は大人にぴったり。

豊島区西池袋1-12-1　各線・池袋駅からすぐ　あり(有料)

賑やかなファッションビル
ルミネ池袋
ルミネいけぶくろ

MAP 付録P.30 B-3

地下1階・地上10階の商業ビル。女性へ向けたファッション、コスメティック、生活雑貨、フードなどを提案。

豊島区西池袋1-11-1　各線・池袋駅からすぐ　あり(有料)

池袋を代表するランドマーク
サンシャインシティ

MAP 付録P.31 E-3

昭和53年(1978)に完成した地下4階・地上60階の日本初の大型複合施設。ファッションなどの専門店街、水族館、プラネタリウム、テーマパーク、ホテルなどが入る。58・59階に眺めの良いレストラン8店があり、60階には展望台を配置。

豊島区東池袋3-1　各線・池袋駅から徒歩8分　あり(有料)

美術館、博物館のある巨大ターミナルタウン

上野 うえの

東京駅と並ぶ巨大ステーション、上野駅を中心に広がる街は、東西で異なる顔を持つ。西は芸術の森、東と南は庶民パワー炸裂の下町だ。

街歩きのポイント

- 動物やアート、科学などさまざまなジャンルの貴重な展示品にふれられる施設がたくさんある
- ありとあらゆる品物が所狭しと並び、活気あふれるアメ横。お店の人とのやりとりも楽しみ

歩く、観る・上野

アクセス方法

東京駅	羽田空港
◎JR上野東京ライン5分／JR京浜東北線8分／JR山手線7分	◎東京モノレール19分
	浜松町駅
	◎JR京浜東北線快速11分／JR山手線14分
上野駅	

美術館巡りとアメ横歩き、老舗グルメを満喫

　幕末、旧幕府軍の最後の砦となったのが上野の寛永寺。新政府軍の猛攻によって寺は焼け落ち、その跡地に上野恩賜公園が整備された。今は広大な緑地に美術館や博物館、動物園、劇場が立ち並び、東京屈指の芸術と文化の森となっている。上野駅の東側と南側は昭和さながらの下町風情が残るエリア。アメ横商店街を散策して活気にふれたら、そばやとんかつなどの老舗料理店で、本家ならではの味に舌鼓を打ちたい。

日本が誇る最古の都市公園

上野恩賜公園

うえのおんしこうえん

MAP 付録P.8 B-1

上野の高台に広がる広大な公園。春の桜、秋のイチョウなど、四季の自然が美しく、不忍池も風情がある。東京国立博物館、国立西洋美術館、国立科学博物館など日本を代表する文化施設が集結する。

所 台東区上野公園・池之端3　交 各線・上野駅から徒歩2分　P あり(有料)

活気と人情にあふれたストリート
アメ横商店街
あめよこしょうてんがい

MAP 付録P.8 C-4

JR上野駅からJR御徒町駅を結ぶ高架下500mとアメ横通りを挟む西側の商店街で、通称アメ横と呼ばれる。400店ほどの店が並び、魚介類や乾物などの食料品や雑貨などを販売。

所 台東区上野6-10-7 アメ横プラザ内 交 各線・上野駅/JR御徒町駅からすぐ P なし

下町散歩 ①

・庶民の人情と下町の活気が残る
谷中・根津・千駄木
やなか・ねづ・せんだぎ

東京中心部で最も下町風情が残るのがこのエリア。
昭和の面影が濃い商店街や路地、江戸時代の寺町などを気ままに巡ろう。

歩く・観る●下町散歩

江戸から昭和を訪ねるタイムトリップを楽しむ

　地元の人たちに「谷根千」と親しまれる下町。江戸時代の寛永年間（1624～44）に寺が多く建てられて寺町ができ、第二次世界大戦の戦渦が少なかったため、戦前の東京の姿が残る。庶民の暮らしが匂う商店街、猫が昼寝する静かな路地、江戸の名残が香る寺の境内など、どこを歩いても最高に楽しい。老舗の甘味処や飲食店も豊富。夕方の風情もしっとりと心地よい。

夕やけだんだん
ゆうやけだんだん
MAP 付録P.6 C-1

谷中銀座商店街の入口にあるゆるやかな階段。オレンジ色の温かな夕焼けが彩る。

谷中銀座商店街
やなかぎんざしょうてんがい
MAP 付録P.6 C-1

「谷根千」の名物商店街。約170mの細い通りに、食品や衣料雑貨など70軒ほどが並ぶ。

com so koya
コム ソー コヤ
MAP 付録P.6 B-2

古民家で竹を通して交流を図る文化施設。尺八作りのワークショップなども行っている。

全生庵
ぜんしょうあん
MAP 付録P.6 C-2

幕末から明治の政治家・山岡鉄舟が明治維新に殉じた人々を弔うために建立。初代・三遊亭圓朝の墓もある。

谷中霊園
やなかれいえん
MAP 付録P.7 D-2

19世紀後半に整備された公共墓地。約10haもの敷地に7000基ほどの墓がある。渋沢栄一、横山大観など著名人の墓も多い。

根津神社
ねづじんじゃ
➡P.103
MAP 付録P.6 A-4

5代将軍徳川綱吉の時代、宝永3年（1706）に建立された権現造りの社殿がすべて現存。国の重要文化財に指定されている。

SCAI THE BATHHOUSE
スカイ ザ バスハウス
MAP 付録P.7 D-3

築200年の銭湯を改築して誕生した現代美術ギャラリー。日本の最新&気鋭のアーティストや海外の芸術家の作品を展示紹介。

寛永寺の墓地とは別に徳川慶喜の墓所もある

96

谷中・根津・千駄木

根津のたいやき
ねづのたいやき
MAP 付録P.6A-4
開店と同時に行列になる人気店
人気のたいやきは、極薄でパリッとした食感の皮に、北海道産の特選小豆を使った餡が尾の先までたっぷり。
☎03-3823-6277（混雑時応答不可）　⌂文京区根津1-23-9-104　◷10:00～餡がなくなるまで（12:30～14:00頃）　休土・日曜、祝日　交地下鉄・根津駅から徒歩5分　Pなし

羽二重団子駅前店
はぶたえだんごえきまえてん
MAP 付録P.7 E-1
漱石や子規も愛した名店
文政2年(1819)創業。日暮里駅前にあり、多くの文豪が愛したという、昔ながらの味わい深い団子がいただける。本店は2019年にリニューアル。
☎03-5850-3451　⌂荒川区東日暮里6-60-6　◷10:30～18:00　休無休　交JR日暮里駅から徒歩1分　Pなし

カヤバ珈琲
カヤバこーひー
MAP 付録P.7 D-3
地元で長く愛される喫茶店
大正時代そのままの建物は、ノスタルジックな存在感を放つ。名物はルシアンとたまごサンド。

☎03-5832-9896　⌂台東区谷中6-1-29　◷8:00～18:00（土・日曜、祝日は～19:00）　休月曜（祝日の場合は翌日休）　交JR日暮里駅から徒歩10分　Pなし

いせ辰
いせたつ
MAP 付録P.6 B-2
木版手摺りの江戸千代紙
元治元年(1864)から続く、伝統手法「木版摺り」による江戸千代紙の老舗。江戸みやげで愛された千代紙の細工は、年月を重ねるほどに深みを増す。

☎03-3823-1453　⌂台東区谷中2-18-9　◷10:00～18:00　休無休　交地下鉄・千駄木駅から徒歩5分　Pなし

下町散歩 ②

懐かしさと都会の上品さが交差する街
麻布十番
あざぶじゅうばん

六本木や麻布などハイソな街に近いが、麻布十番はいたって庶民派ムード。雑居ビルや小さな商店が並び、流れる時も穏やか。

セレブの街に親しみあり
大都市の下町をのんびり散策

麻布十番界隈には、江戸時代から商人や職人が暮らし、今の下町風情の街が形成されてきた。平成初期では交通の便が悪く、長らく「陸の孤島」であったのも、庶民の雰囲気が生き続けてきた理由だろう。この街の楽しみ方は街歩きに尽きる。

麻布十番商店街、雑式通り、網代通り、パティオ通りをゆったり散策しながら、老舗飲食店や菓子店の味を楽しみたい。

麻布十番商店街
あざぶじゅうばんしょうてんがい
MAP 付録P.21 D-4
街いちばんの目抜き通り。グルメとフードが特に充実し、江戸前そばや和食の名店が多い。

豆源
まめげん
MAP 付録P.21 D-3
約80種ものお菓子がズラリと並ぶ
慶応元年(1865)創業の豆菓子屋。食感、味わい多彩な豆菓子に加え、おかきや蒸し饅頭など約80種の商品が並ぶ。
☎03-3583-0962 所港区麻布十番1-8-12
営10:00～19:00、18:30 休不定休 交地下鉄・麻布十番駅から徒歩2分

浪花家総本店
なにわやそうほんてん
MAP 付録P.21 D-3
元祖・たいやき専門店
明治42年(1909)創業。初代が鯛型焼きを考案したといわれる。2階には喫茶室があり、軽食もとれる。
☎03-3583-4975 所港区麻布十番1-8-14
営11:00～19:00 休火曜(祝日の場合は翌日休)、第3水曜 料1000円～ 交地下鉄・麻布十番駅から徒歩2分 Pなし

nicoドーナツ
ニコドーナツ
MAP 付録P.21 D-3
湯布院生まれの自然派ドーナツ
湯布院にある人気ドーナツのテイクアウト専門店。雑穀パウダーや大豆をまるごとペーストするなど、豊かな風味が特徴。
☎03-5414-2525 所港区麻布十番1-7-9
営10:30～19:00※売り切れ次第終了 休不定休 交地下鉄・麻布十番駅から徒歩2分 Pなし

↑夜になっても人通りが絶えないメインストリートの麻布十番商店街

『およげ！たいやきくん』のモデルとしても知られる

素材にこだわったカラフルなドーナツ

暗闇坂
くらやみざか
かつては深い森で昼でも暗いことから名付けられた。坂の上に一本松が立つ。

大黒坂
だいこくざか
周辺にはいくつかの寺院が点在。名前は大黒天を祀る大法寺があったことに由来。

パティオ通り
パティオどおり
ケヤキの木が6本立つパティオ十番がある通り。赤い靴の女の子きみちゃんの像も目印。

麻布山 善福寺
あざぶさん ぜんぷくじ
MAP 付録P.20 C-4
9世紀に空海が開いたと伝えられる浄土真宗本願寺派の寺。福沢諭吉など著名人の墓がある。

氷川神社
ひかわじんじゃ
MAP 付録P.20 C-4
10世紀創建の神社。麻布一帯の総鎮守であり、「港区七福神めぐり」の毘沙門天を祀る。

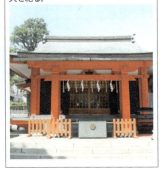

グリル満天星 麻布十番本店
グリルまんてんぼし あざぶじゅうばんほんてん
MAP 付録P.21 D-3
親子3代で楽しめる洋食店
看板は仔牛の骨や香味野菜を1週間煮込んだ特製ドゥミグラスのオムレツライス。代々受け継がれる洋食の原点となるソースは、どこか懐かしく味わい深い。

03-3582-4324　港区麻布十番1-3-1 アポリアビルB1　11:30〜15:30 17:30〜22:00 土・日曜、祝日11:30〜22:00　月曜(祝日の場合は翌日休)　L1500円〜 D3000円〜　地下鉄・麻布十番駅からすぐ　Pなし

99

下町散歩 3

花街の粋が残る狭い小路と坂の街
神楽坂
かぐらざか

狭い路地裏の情緒あふれる雰囲気は花街の名残

和の情緒とヨーロッパの薫りが混在する大人の街。表通りを歩いたら、迷路のような路地へ。石畳に灯りが揺れる夜の風情も趣深い。

歩く・観る ● 下町散歩

閑静な大人時間を過ごす街
表通りから石畳の路地を巡る

明治期に文豪や芸術家が暮らし、大正期に花街として栄えた神楽坂には、艶っぽい風情がそこかしこに残る。和食やそばなどの名店に加え、フランスの文化機関があることから、おいしいフレンチや素敵なカフェが多いのも魅力だ。最近はスペイン料理店やバルも増えた。まずは、表通りの早稲田通りにある毘沙門天にお参りし、路地に点在する小粋な店を訪ねたい。

兵庫横丁
ひょうごよこちょう
MAP 付録P.35 F-1
鎌倉時代からある神楽坂で最も古い道。名前は「兵庫庫」にちなむ。格式高い料亭が並ぶ。

芸者新道
げいしゃしんどう
MAP 付録P.35 F-2
ゆるやかな階段状の坂道。芸者衆が料亭を行き来していた情緒あふれる通り道。

↑目抜き通りの神楽坂には老舗から高級レストランまで多くの飲食店が並ぶ

毘沙門天(善国寺)
びしゃもんてん(ぜんこくじ)
MAP 付録P.35 E-2
日蓮宗の寺で街のシンボル的存在。開運・厄除けのご利益で有名。朱色の門が目印。

神楽坂の門番である石虎

神楽坂
かぐらざか
MAP 付録P.35 E-1
神楽坂エリアのメインストリートとなる坂。土・日曜、祝日は歩行者天国になるため特に活気がある。

牛込総鎮守 赤城神社
うしごめそうちんじゅ あかぎじんじゃ
MAP 付録P.35 D-1
2010年、建築家・隈研吾氏によりデザインされた、現代的な造りが魅力の神社。学問芸術にご利益があり、境内には「あかぎカフェ」も併設。

アンスティチュ・フランセ東京
アンスティチュ・フランセとうきょう
MAP 付録P.35 E-2
2012年設立のフランス政府の公式機関。フランス文化の発信やフランス語講座などを運営。

Le Bretagne
ル ブルターニュ
MAP 付録P.35 E-1
本場フランスの味に出会う
日本初のガレット専門店として1996年にオープン。定番コンプレットでそば粉の風味を堪能しよう。神楽坂のフランス人からもお墨付きの味だ。
☎03-3235-3001 所新宿区神楽坂4-2
営11:30〜22:00 休無休 L1580円〜 D2980円〜 交地下鉄・飯田橋駅から徒歩6分 Pなし

La Ronde d'Argile
ラ ロンダジル
MAP 付録P.35 E-2
日々の暮らしを華やかに彩る
作家の器を中心に、暮らしに寄り添う手工芸品を扱う。美しいだけでなく、普段使いにも重宝しそうな逸品は、どれもオーナー平盛さんのセレクト。
☎03-3260-6801 所新宿区若宮町11 麻耶ビル1F 営11:30〜18:30(祝日は〜18:00) 休日・月曜 交地下鉄・飯田橋駅から徒歩7分 Pなし

紀の善
きのぜん
MAP 付録P.35 F-2
昭和23年(1948)創業の甘味処
丹波の特選大納言本来の風味を生かすため、餡には水飴を使用しないなど素材、製法にこだわる。名物の抹茶ババロアをぜひ味わってみたい。
☎03-3269-2920 所新宿区神楽坂1-12 紀の善ビル 営11:00〜19:00 日曜、祝日11:30〜17:00 休月曜 料800円〜 交地下鉄・飯田橋駅から徒歩2分 Pなし

清謐な空気に包まれた東京の聖地
TOKYOパワースポット

凛とした空気に触れるだけで
力が湧いてくるような気がする。
幸せのご利益がありますように。

↑初詣には300万人以上の参拝者が訪れる。2020年には、鎮座100年の節目を迎えた

**明治天皇と昭憲皇太后を祀り
初詣日本一の参拝者数を誇る**

明治神宮
めいじじんぐう

代々木 MAP 付録P.4A-1

大正9年(1920)に創建。内苑と外苑に分かれ、国民からの献木約10万本によって造成された70万㎡の広大な森は国民の祈りの場で、本殿のほか、神楽殿、明治神宮ミュージアム、武道場至誠館などが建つ。

☎03-3379-5511 ⬛渋谷区代々木神園町1-1 ⬛日の出から日没まで(月により異なる) ⬛無休 ⬛御苑維持協力金500円 ⬛JR原宿駅／地下鉄・明治神宮前(原宿)駅から徒歩1分 ⬛あり

↑御社殿(本殿)は戦時中に空襲で焼失したが、昭和33年(1958)に再建された

↑シンボルともいえる大鳥居。木造の明神鳥居としては日本一の大きさを誇る。高さ12m、幅17.1m

←心願成就のみのり守。御神木で作られた木札に願いを書いて身につける

←勝守。勝負事はもとより己に克つことを祈念したお守り

明治神宮ミュージアム
めいじじんぐうミュージアム

明治神宮の新たなシンボル。宝物展示室では明治天皇や昭憲皇太后の御宝物を展示している。特別展や企画展も定期的に開催。

江戸の総鎮守
商売繁昌・厄除けの神様
神田明神（神田神社）
かんだみょうじん（かんだじんじゃ）

御茶ノ水 MAP 付録P.9 D-1

天平2年(730)に出雲氏族の真神田臣により創建。江戸城の表鬼門を守る神社として大手町より現在の場所神田に遷座。大己貴命、少彦名命、平将門命の3柱を祀る。江戸三大祭りで日本三大祭りにも数えられる「神田祭」が有名。

☎03-3254-0753 住千代田区外神田2-16-2 営参拝自由(お守りの授与9:00～16:30、ご祈祷9:00～16:00) 休無休 料無料 交各線・御茶ノ水駅から徒歩5分 Pあり

↑権現造りの御神殿は国の登録有形文化財。現在も神田、日本橋、秋葉原、青果市場、魚市場など108町会の総氏神

↑高さ6.6m、重さ約30tで石造りとしては日本一のだいこく像として建立された(左)。海の彼方にある常世から来訪されたというえびす様は二ノ宮の祭神少彦名命のこと(右)

↑2018年12月オープンの文化交流館。1階には新札授与所、休憩所やみやげ物屋が入り、2階にはホールも備わる

「東京のお伊勢さま」と親しまれ
良縁を願う人々で賑わう神社
東京大神宮
とうきょうだいじんぐう

飯田橋 MAP 付録P.3 D-3

伊勢神宮のご祭神である天照皇大神と豊受大神を祀り、東京における伊勢神宮の遥拝殿として明治13年(1880)に創建。日本で初めて神前結婚式を行った神社で、縁結びのご利益があるといわれている。

☎03-3262-3566 住千代田区富士見2-4-1 営6:00～21:00(お守りの授与8:00～19:00) 休無休 料無料 交各線・飯田橋駅から徒歩5分 Pなし

↑昭和3年(1928)に日比谷から現在地に移り、格式高い東京五社のひとつに数えられている

湯島天神の名で親しまれている
学問の神様、菅原道真公を祀る
湯島天満宮
ゆしまてんまんぐう

湯島 MAP 付録P.8 A-4

雄略天皇2年(458)、勅命により天之手力雄命を祀って創建され、南北朝時代の正平10年(1355)に菅原道真公を勧請して合祀。徳川家康をはじめ、多くの学者や文人からも崇敬されてきた。梅園も有名で観梅者も多い。

☎03-3836-0753 住文京区湯島3-30-1 営6:00～20:00(お守りの授与8:30～19:30) 休無休 料無料 交地下鉄・湯島駅から徒歩2分 Pあり(有料)

↑亀戸天神社、谷保天満宮とともに関東三天神とされ、梅まつりには大勢の参詣客が訪れる

東京十社の一社に数えられ
ツツジの名所としても有名
根津神社
ねづじんじゃ

根津 MAP 付録P.6 A-4

日本武尊が1900年余り前に千駄木に創祀し、文明年間(1469～87)に太田道灌が社殿を奉建したと伝わる。現在の社殿は宝永3年(1706)の創建で、5代将軍綱吉により遷座された。主祭神は須佐之男命、大山咋命、誉田別命。

☎03-3822-0753 住文京区根津1-28-9 営6:00～17:00 休無休 料無料 交地下鉄・根津駅/千駄木駅から徒歩5分 Pなし

↑本殿、幣殿、拝殿、唐門、西門、透塀、楼門は国の重要文化財

東京タワー メインデッキ
とうきょうタワーメインデッキ

芝公園 **MAP** 付録P.21 F-3

東京を一望できる
高さ150mのメインデッキ

メインデッキではカフェや、床がガラスでできた「スカイウォークウィンドウ」を楽しめる。時間予約制の「トップデッキツアー」では高さ250mの展望台を中心に多彩な体験ができる。

☎03-3433-5111 所港区芝公園4-2-8 営9:00〜23:00(入場は〜22:30) 休無休 料メインデッキ1200円、トップデッキツアー3000円 交地下鉄・赤羽橋駅から徒歩5分 Pあり(有料)

ゴージャスな光の洪水が眼下に見える

歩く・観る

↑メインデッキからは360度、東京の街を見渡すことができる

東京の街を見渡す展望スポット

東京都庁展望室
とうきょうとちょうてんぼうしつ

新宿 **MAP** 付録P.28 A-3

360度の眺望が楽しめる
無料スポットとして人気

高さ243m、48階建ての都庁の第1本庁舎の45階、地上202mにある北展望室と南展望室は、東京タワーや東京スカイツリー、富士山などが望め、大パノラマ&夜景が楽しめる。

☎03-5320-7890(平日10:00〜17:00) 所新宿区西新宿2-8-1 営9:30〜23:00(北展望室は〜17:30) ※変更になる場合あり。詳細は公式HPまで 休北展望室第2・4月曜、南展望室第1・3火曜(祝日と重なる場合は翌日休)、都庁舎点検日 料無気 交地下鉄・都庁前駅からすぐ Pあり(有料、8:00〜22:00)

↑空気の澄んだ冬は富士士山が見えることも

写真：東京都

↑南西方面は、間近に見える新宿パークタワーや東京オペラシティなどのダイナミックな夜景が楽しめる

六本木ヒルズ展望台 東京シティビュー
ろっぽんぎヒルズてんぼうだい とうきょうシティビュー

六本木 MAP 付録P.20 B-2

東京の中心部に位置する展望台からの風景は圧巻

六本木ヒルズ森タワー52階は、海抜250mから東京をパノラマで眺めることができる人気のデートスポット。海抜270mのオープンエア形式の屋上からは、360度のパノラマが楽しめる。

☎03-6406-6652 所港区六本木6-10-1六本木ヒルズ 森タワー52F 営月〜木・日曜、休日10:00〜23:00(入館は〜22:30)金・土曜、休前日10:00〜翌1:00(入館は〜24:00)※スカイデッキは11:00〜20:00(入場は〜19:30) 休不定休 料1800円(スカイデッキは別途500円) 交地下鉄・六本木駅直結 Pあり(有料)

→東京タワーを望む人気のビュースポット

▲展望台からは、東京タワー・お台場方面から、羽田、横浜、富士山、新宿・渋谷方面まで一望できる

高層ビルが林立している東京には、眺め自慢のスポットが目白押し。なかでも特に美しい夜景が見える穴場をご紹介。

テレコムセンター展望台
テレコムセンター てんぼうだい

お台場 MAP 付録P.32 C-4

日本夜景遺産に認定 ベイエリアの展望スポット

テレコムセンタービル21階、地上99mにある展望台で、レインボーブリッジや東京タワー、お台場をはじめ臨海副都心の街並みが一望でき、特に夜景スポットでは穴場としておすすめ。

☎03-5500-0086 所江東区青海2-5-10 営15:00(土・日曜、祝日11:00)〜21:30(入場は〜21:00) 休無休 料500円、子供300円 交ゆりかもめ・テレコムセンター駅からすぐ Pあり(有料)

→凱旋門のような外観の情報文化発信・通信情報網の拠点ビル

▲北側からはレインボーブリッジとフジテレビ、東京タワー、そして晴れた日には富士山や秩父山地、高尾山を望む

東京の街を見渡す展望スポット

歴史

世界でも類を見ない大都市「江戸」の文化を知る

徳川家が築いた江戸の街

巨大な天守がそびえ、渦巻き状に広がる堀に沿うように譜代大名、外様大名、旗本・御家人の屋敷が絶妙に配置され、下町には町人が住む。武家とその御用を務める商人・職人の街、江戸が誕生する。

江戸の始まり　徳川家康が取り組んだ大事業
築城と城下町の造成

家康・秀忠・家光の徳川幕府3代にわたる江戸城普請。天守閣は3度も建て替えられた

　長禄元年(1457)、江戸氏の館跡に太田道灌が最初の江戸城を築く。家康が関東に入封したのは天正18年(1590)だが、当時の江戸城は土豪の館程度のものだったため、幕府は慶長9年(1604)に江戸城の天下普請計画を発表、本格的な築城工事と城下町の造成を始める。慶長12年(1607)には最初の天守が完成、整備事業は2代秀忠を経て、3代家光による江戸城外郭修築の大工事まで続く。

↑江戸図屏風に描かれた江戸城天守閣は、元和天守か寛永天守か説が分かれている〈『江戸図屏風』国立歴史民俗博物館蔵〉

江戸城天守閣
江戸城天守閣は徳川家康(慶長期)、秀忠(元和期)、家光(寛永期)によって3度、将軍の権力の象徴として建築されたが、その後明暦の大火によって焼失。加賀藩主前田綱紀が手伝普請によって新たな天守台を築いたものの、財政的な事情から以後天守閣が再建されることはなかった。現在、寛永天守閣の再現を目指して認定NPO法人による江戸城再建プロジェクトが進行中。

江戸の街造り　家康の斬新な江戸都市計画
新しい街、江戸の誕生

史上最大の巨大城郭を渦巻き状に囲む江戸の城下町は武家地と町人地とが明確に区分された

　日比谷入江の埋め立てや道三堀の開削、地形の測量の実施など、家康は大規模な土木工事によって江戸に新しい城郭と城下町を造成していく。渦巻形の堀と放射状に延びる街道筋を利用して、天守のある中心地には親藩や御三家を居住させ、城の周りに譜代・外様大名の屋敷、旗本・御家人の屋敷、寺社地、町人地を巧妙に配置した。

明暦の大火　江戸の大半をなめ尽くす

　明暦3年(1657)1月18日、午後2時頃に本郷の本妙寺から出火。北風にあおられて駿河台あたりにまで延焼。夕刻には日本橋方面で出火。翌日10時頃、今度は小石川で火の手が上がり、江戸城天守や本丸なども焼き尽くす。この2日間にわたる、俗にいう「振袖火事」の犠牲者は10万人を超え、市街の6割が焼失した。犠牲者供養のために本所に回向院が建てられた。

↑1万4700人もの犠牲者を出した明和9年(1772)の目黒行人坂の火事(明和の大火)は江戸三大大火のひとつ〈『目黒行人阪火事絵巻』国立国会図書館蔵〉

江戸城跡（現在の皇居）

天守台 てんしゅだい
3代将軍家光の時代に大修復を終えた天守閣は、高さ58mもある大きなもので、江戸幕府の権威を象徴する建物だった。その後、明暦の大火により全焼

富士見櫓 ふじみやぐら
倉庫や防御のために造られた建物だが、明暦の大火で焼失した天守閣の代用としても使われた三重櫓。将軍はここから両国の花火や品川の海を眺めたといわれる

百人番所 ひゃくにんばんしょ
本丸に入るときの、江戸城最大の検問所で、百人組と呼ばれる精鋭集団が警護していた

中の門 なかのもん
中の門の石垣は江戸城のなかでも最大となる約36tの巨石で築かれている

同心番所 どうしんばんしょ
警護の詰所で、江戸時代後期のものと思われる建物が復元されている

正門石橋 せいもんいしばし
明治宮殿竣工の翌年、明治22年（1889）に完成した石造りのアーチ橋。照明灯や高欄などに西洋建築のデザインが施されている

徳川家が築いた江戸の街

江戸の大名　参勤交代がもたらしたもの

諸大名の江戸勤務

参勤交代は莫大な財政的負担だが、江戸詰めの藩士たちは江戸生活をそれなりにエンジョイ

寛永12年（1635）、3代家光が武家諸法度の3度目の大改定を公布、大名の参勤交代が改めて制度化された。これにより、関八州の譜代大名は半年、その他の大名は1年交替での在府が義務となったが、大名にとっては財政的に大きな負担となった。行列は大藩の場合5000人規模にもなり、加えて江戸での出費も莫大だった。しかし、江戸勤番家臣の勤務はヒマだったらしく、名所見物や食べ歩き、釣りなどを楽しんでいたようだ。彼らの消費が江戸繁栄の原動力の一部を担っているともいえるだろう。

地方武士の江戸見物　単身赴任の楽しみ

江戸詰めの藩士は、いわばお上りさんで、江戸の街は憧れの観光都市でもあった。川柳に「銭のない非番は窓へ顔を出し」とあるように、勤番は総じて忙しくはなく、しばしば名所に出かけ、出張ともなれば接待の場で酒と珍しい料理で騒いだりもしている。花見に足を運び、芝居は武士席から楽しみ、浅草寺などの寺社では見世物小屋や屋台でも遊んだ。

幸運にも生き延びた、世界史上でも稀な江戸庭園文化の粋に出会う

大名庭園

全国の大名が江戸藩邸を舞台に繰り広げた美の競演が残した、大都会にありながら
喧騒とは無縁の静謐の世界。個々の庭が持つ独自の表情を読み取り、数奇な経歴に思いを馳せる。

江戸時代という平和な時代にあって、各大名は広大な屋敷に競うように庭園を設けたが、規模や趣向はさまざまだった。しかし大名庭園と呼ばれるそうした庭の大半は明治政府によって接収され、取りつぶされてしまう。ただ、財閥や皇室らが管理・運営したいくつかの庭園だけが今に残された。日本庭園のすべての作庭技術をつぎこんだ「作品」は、細部ももらさずに鑑賞したい。

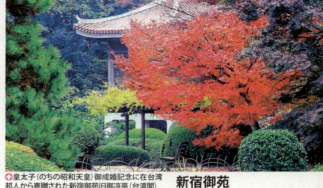

↑皇太子(のちの昭和天皇)御成婚記念に在台湾邦人から寄贈された新宿御苑旧御涼亭(台湾閣)

有栖川宮記念公園
ありすがわのみやきねんこうえん
広尾 MAP 付録P.4 C-2

江戸時代は盛岡藩の下屋敷があったが、のちに有栖川宮の御用地となり、同宮家が廃絶すると高松宮が継ぎ、昭和9年(1934)、有栖川宮の命日にちなんで公園として東京市に下賜された。麻布台地の起伏に富んだ地形を生かした日本庭園が広がり、野鳥のさえずりや渓流のせせらぎ、四季折々の花木が訪れる人々を楽しませている。敷地内には都立中央図書館も併設。「新聞少年の像」などもある。

☎03-3441-9642 所港区南麻布5-7-29
休見学自由
交地下鉄・広尾駅から徒歩3分 Pなし

↑公園のシンボルともいえる「有栖川宮熾仁親王騎馬像」

新宿御苑
しんじゅくぎょえん
新宿 MAP 付録P.29 F-4

江戸時代は高遠藩内藤家の下屋敷があったが、現在は環境省直轄の都会のオアシス的庭園となっている。約58haの園内にに日本庭園、風景式庭園、整形式庭園があり、春は花見の人気スポットとしても有名。皇室庭園時代にはゴルフコースがあり、昭和天皇も楽しんだことがある。なお敷地の南部は渋谷区に属する。

☎03-3350-0151 所新宿区内藤町11
時9:00〜16:30(入園は〜16:00) ※季節により変動あり 休月曜(祝日の場合は翌平日休) 料500円※ 各種割引あり 交地下鉄・新宿御苑前駅/新宿三丁目駅から徒歩5分 Pあり(有料)
※禁止事項:酒類の持ち込み、遊具類の使用(こども広場を除く)

↑起伏に富んだ日本庭園には滝からの水が流れ込む池があり、石灯籠や中島も配されている

↑↑四季それぞれの風情が楽しめる。ソメイヨシノは3月下旬から開花
©環境省
新宿御苑管理事務所

六義園
りくぎえん

駒込 MAP 付録P.3 D-1

国指定の特別名勝。元禄8年(1695)に5代将軍綱吉の側用人・柳澤吉保が自ら設計し7年の歳月をかけ築園した、和歌の趣味を基調とする「回遊式築山泉水」の

↑昭和28年(1953)に国の特別名勝に指定

大名庭園。六義園のシンボル的存在のしだれ桜(高さ約15m、幅20m)の開花期や紅葉期にはライトアップされ、その幻想的で幽玄な世界は圧巻。

☎03-3941-2222 所文京区本駒込6 時9:00〜17:00(入園は〜16:30) 休無休 料300円
交JR／地下鉄・駒込駅から徒歩7分 Pなし

清澄庭園
きよすみていえん

清澄白河 MAP 付録P.3 F-4

一説には豪商・紀伊国屋文左衛門の屋敷跡と伝えられている土地で、享保年間(1716〜36)に下総国関宿藩主・久世家の下屋敷となった。明治11年(1878)、三菱財閥の創業者・岩崎彌太郎より3代をかけ、隅田川の水を引いて大泉水を造り、さらに全国から名石を集めて配するなどして回遊式林泉様式の名園を完成させていく。関東大震災後に東京市に寄付、公開された。

☎03-3641-5892 所江東区清澄3-3-9 時9:00〜17:00(入園は〜16:30) 休無休 料150円 交地下鉄・清澄白河駅から徒歩3分 Pなし

↑↑数寄屋造りの「涼亭」は震災と戦禍を生き抜いたが、昭和60年(1985)に全面改築された。飛び石の「磯渡り」から見える景色は歩くほどに変わっていく

小石川後楽園
こいしかわこうらくえん

水道橋 MAP 付録P.3 D-3

都内に現存する大名庭園のなかで最も古く、江戸期の庭園として典型的な回遊式庭園。寛永6年(1629)に水戸徳川家初代藩主の頼房が造成し、2代藩主・光圀(水戸黄門)の代に完成した。「海・山・川・田園」に見立てた起伏に富んだ景観のなかに、和漢の景勝地が巧みに配されている。国の特別史跡・特別名勝に指定されている。

☎03-3811-3015 所文京区後楽1-6-6 時9:00〜17:00(入園は〜16:30) 休無休 料300円
交JR／地下鉄・飯田橋駅から徒歩3〜8分 Pなし

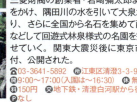

↑↑「円月橋」(上)と呼ばれる石橋は明の儒学者・朱舜水が設計したとされる(渡橋不可)。「大堰川」は京都・嵐山の大堰川にちなむ。左は上流に架かる通天橋

↑「中島の御茶屋」へは「お伝い橋」を渡る

浜離宮恩賜庭園
はまりきゅうおんしていえん

汐留 MAP 付録P.18 C-4

この地に最初に屋敷を設けたのは甲府藩主・松平綱重。承応3年(1654)のことだがその後、将軍家の別邸とされ浜御殿と呼ばれた。11代将軍家斉のときにほぼ、現在のような姿になったといわれている。明治3年(1870)には皇室の離宮となるが、昭和20年(1945)に東京都に下賜された。海水を取り入れた「潮入の池」や2つの鴨場が特徴。特別名勝、特別史跡に指定されている。

☎03-3541-0200 所中央区浜離宮庭園1-1 時9:00〜17:00(入園は〜16:30) 休無休
料300円 交各線・汐留駅から徒歩5〜7分 Pなし

旧芝離宮恩賜庭園
きゅうしばりきゅうおんしていえん

浜松町 MAP 付録P.5 D-2

海を埋め立てた土地を、幕府の老中・大久保忠朝が4代将軍家綱から延宝6年(1678)に拝領、屋敷を構え、作庭したもの。幕末期には紀州徳川家の別邸「芝御屋敷」となった。大正13年(1924)、時の皇太子(昭和天皇)成婚を記念して東京市に下賜され、庭園として整備を施して一般公開された。築山や枯滝の石組が目を引く回遊式泉水庭園だが、池はかつて「潮入り」だった。

☎03-3434-4029 所港区海岸1-4-1 時9:00〜17:00(入園は〜16:30) 休無休 料150円
交各線・浜松町駅から徒歩1分 Pなし

↑春は桜、初夏にはカキツバタなどが咲き誇る

徳川家が築いた江戸の街

109

| 江戸の街 | 活気あふれる庶民の暮らし

庶民の日常の娯楽

両国橋と東西の橋詰めは江戸いちばんの賑わい
夏の盛りはこぞって納涼におでかけ

　明暦の大火（1657年）を教訓にして避難路として架けられた両国橋の橋詰めには、火除地として広小路が設けられ、吉宗の時代には江戸随一の盛り場となった。なかでも西詰の賑わいは半端ではなく、見世物小屋や芝居小屋、水茶屋が並び、往来には大道芸人や物売り、さらにはそばや天ぷらなどの屋台がひしめきあった。特に「両国の川開き」の時期の人出は凄まじく、隅田川には屋形船をはじめ、酒などを売るたくさんの舟が行き交い、橋上には人があふれ、橋梁がたわむほどだったという。

↑両国橋西詰の両国広小路は江戸三大広小路のひとつとされ、川開きの期間になると格別の賑わいをみせた（東京都江戸東京博物館）

| 江戸の楽しみ | 庶民の憧れは力士と役者

江戸のエンターテインメント

相撲力士は「一年を二十日で暮らすいい男」
最先端のモードを発信する人気の千両役者

　江戸時代の相撲は、寺社建立の資金集めを目的とする勧進相撲として寛永元年（1624）に始まったが、一時禁止となったこともある。寛政の相撲黄金時代を築いた谷風、小野川、雷電の人気は凄まじく、江戸っ子たちが憧れる大スターだった。歌舞伎は相撲と並ぶ江戸娯楽の花形で、初代市川団十郎が創出した『暫』や『勧進帳』などの新しい「荒事」は熱狂的に迎えられた。相撲力士や歌舞伎役者はいわば人気の芸能人で、力士を描いた「相撲絵」や歌舞伎の「役者絵」は現在のブロマイドやポスターといえる。

↑年2回の江戸の相撲興行は、深川八幡や芝神明社、神田明神、浅草寺などで行われていたが、天保4年（1833）からは本所回向院の境内が定場所となった。女性は観戦不可《勧進大相撲土俵入之図》歌川国芳（都立中央図書館特別文庫室所蔵）

両国国技館
りょうごくこくぎかん
両国 MAP 付録P.3 F-3

現在の施設は2代目。大相撲本場所のほかプロレスや「国技館5000人の第九コンサート」などの会場としても使われる。重さ6.25tの吊り屋根は神明造り。構内には相撲博物館なども併設されている。地階の焼き鳥工場が提供する「国技館やきとり」は観戦のつまみとして人気。

☎03-3623-5111（日本相撲協会） ㊙墨田区横網1-3-28 ㊗見学自由 ㊟JR両国駅から徒歩2分 Ｐなし

↑3代豊国が描いた歌舞伎狂言『菅原伝授手習鑑』の「車引き」の場面。女歌舞伎や若衆歌舞伎を禁止した幕府だったが、承応2年（1653）に野郎歌舞伎の興行を許可した。見物客の楽しそうな様子がリアルに伝わる《大芝居繁栄之図》歌川豊国（都立中央図書館特別文庫室所蔵）

歌舞伎座 ▶P.138
かぶきざ
銀座 MAP 付録P.17 E-3

現在の歌舞伎座は5代目のもの。

↑江戸には旧暦7月26日に逆三日月を待つ月見の風習があった。道端にはさまざまな屋台が並び、見番に向かう芸者も見える〈歌川広重『東都名所 高輪廿六夜待遊興之図』(神奈川県立歴史博物館蔵)〉

江戸の軽食
屋台料理だった寿司や天ぷら
江戸のファストフード

かつて江戸の街には飲食店はなかったが、やがて安上がりで便利な外食に目覚めていく

江戸時代初期まで日本には外食という習慣はなく、したがって飲食店はなかったが、明暦の大火(1657年)後、延焼防止のために設けられた広小路などのスペースで手軽な屋台や葭簀張りの茶店などができ始め、また、天秤棒を担いで売り歩く「棒手振り」という形態もあり、江戸の外食文化が広まっていく。この背景には、火を扱う自炊には火事の危険性があり、燃料費が高価だったこともあるようだ。屋台では、「江戸食べ物四天王」といわれたそば・寿司・天ぷら・ウナギをはじめ、いか焼き、団子、おしるこ、おでん、甘酒、冷や水などさまざまなファストフードが楽しめた。

江戸の外食
ツウが通う高級料亭も登場
外食産業の多様化

喫茶店「水茶屋」から飲食店「一膳飯屋」さらに文人や豪商が遊ぶ「料理茶屋」まで

食事をまかなう「居見世」(飲食店)は、17世紀中頃に浅草寺門前に奈良茶飯や煮しめなどを出す「一膳飯屋」がそのルーツとされる。18世紀後半になると、本格的な料理や山海の珍味を出し、器や調度、内装にも贅を凝らした「料理茶屋」と呼ばれる高級料亭が誕生する。明和年間(1764〜72)に創業した深川洲崎の「升屋」がその最初だが、その後、江戸第一の料理屋とされた山谷の八百善、黒船の乗組員ももてなしたという根岸の百川など、数々の名店が生まれ、文化人のサロンともなっていく。

魚河岸　「一日千両」が動いた魚市場

江戸の魚市場は、江戸に誘致された摂津国佃村(現在の大阪市西淀川区)の漁民が、幕府に御用魚を上納した残りを日本橋あたりの往来で売りだしたことに始まる。日本橋魚河岸は現在の室町1丁目と本町1丁目の日本橋側北岸周辺に広がっていて、ここに近海からの魚介類を運搬する舟が横付けされ、取引が成立すると店先に並べられた。17世紀初期になると、幕府は魚会所を開設して魚問屋から御用魚を買い上げるシステムを確立していく。本小田原町組や本船町組らの四組魚問屋がこの仕組みの中心となって機能した。

↑日本橋魚河岸の賑わい。天秤棒をかついで売り歩く「棒手振り」の姿も見える〈歌川国安『日本橋魚市繁栄図』国立国会図書館蔵〉

↑大田南畝(蜀山人)や谷文晁らが通ったという浅草山谷の高級料理茶屋・八百善は、文政5年(1822)に料理本『江戸流行料理通』も刊行〈歌川広重『江戸高名会亭尽「山谷」』国立国会図書館蔵〉

徳川家が築いた江戸の街

江戸の職人街
職種の名が町名となって残る
職人が暮らした街

職種ごとに集住する職人町。町名を見れば どんな仕事の街かは、ほぼ見当がつく

　家康が江戸を本拠と定めた当時、江戸にプロの職人はいなかった。しかし築城や城下町の造成には職人の技術が不可欠だったので、幕府は三河や駿府、京都、近江などの諸都市から優秀な指導者として職人を江戸に招き入れ、新たに埋め立てられてできた神田や日本橋の土地に居住させた。この職種ごとに整備された職人町の職人は、城の建造や都市拡張に伴う工事に無償で従事するなど、幕府に奉仕(国役)する義務があり、その保障として拝領屋敷地の授与や税金の免除があった。やがて公儀ばかりではなく、武士たちの需要にも応じる職人も登場してくる。しかし、奉仕する代わりに、代役銭と呼ばれる金銭で納めることも多くなり、さらに大火などの災害による職人町からの脱出や、外部からの職人の流入も増えて、職人町というシステムは壊れていくことになる。

日本橋　大店が軒を連ねるショッピング街

　家康が江戸入りした当時、江戸城の東側一帯は砂州からなる湿地帯だったが、埋め立てや堀割の掘削工事によって、やがて日本橋という土地が生まれた。開府で人口が増え、多種多様なモノへの需要が増大するが、それに応じるように家康の誘致もあって、近江や京都などから次々と商人や職人が集まり、日本橋は一大商業地となる。江戸の住民はここで最高・最先端の商品に出会うことができた。

↑菱形の模様は広重の「ヒロ」をデザインしたもの〈歌川広重『名所江戸百景 神田紺屋町』国立国会図書館蔵〉

雛人形店　十軒店 じっけんだな
季節ごとの人形や玩具を売る店が並んだ

薬種問屋　式亭三馬 しきていさんば
滑稽本で知られる式亭三馬が営んだ店

呉服問屋　越後屋 えちごや
新商法で大繁盛した現在の三越の前身

書物問屋　須原屋 すはらや
『江戸切絵図』などの版元として有名

塗物問屋　伊勢屋 いせや
手堅い商売で知られる伊勢商人の店

外国人専用宿　長崎屋 ながさきや
オランダ人らが定宿として利用した宿

打物問屋　木屋 きや
漆器店から暖簾分けでできた刃物の店

呉服問屋　白木屋 しろきや
小さな小間物店から呉服店、百貨店へ

和紙　榛原 はいばら
雁皮紙や千代紙、うちわなどで評判となる

日本茶　山本山 やまもとやま
元禄時代に京都から江戸に出店した名店

神田の職人町

連雀職人　連雀町 れんじゃくちょう
連尺という背負子(しょいこ)を作る職人が多くいたので連尺町といわれ、やがて連雀の字があてられた。

青物商　多町 たちょう
慶長11年(1606)に成立した江戸古町のひとつ。古くは田町とも。青物市で知られ、幕府御用市場にもなった。

銀細工職人　新銀町 しんしろがねちょう
銀細工職人が住んだ町。隣接した雉子町には『江戸名所図会』で知られる斎藤月岑がいた。

ろうそく職人　蝋燭町 ろうそくちょう
ろうそく作り職人が多く住んでいた。その後、武家屋敷のない商人と職人の町として栄えた。

鍛冶職人　鍛冶町 かじちょう
幕府御用の鍛冶方棟梁・高井飛騨がこのあたりに屋敷を拝領。多くの鍛冶職人らが集まった。

左官　白壁町 しらかべちょう
土蔵などの白壁を塗る左官職人が多かった。平賀源内も一時期ここに借家住まいだった。

藍染職人　紺屋町 こんやちょう
藍染めの浴衣や手ぬぐいの染物屋が多く並んだ。ここ以外で染めたものは「場違い」と呼ばれた。

漆工芸職人　塗師町 ぬしちょう
塗師とは漆器製造の職人。江戸漆器は家康が京都の優秀な漆工を招いたのが始まりとされる。

大工　大工町 だいくちょう
幕府御用を請け負った大工が多く居住。江戸で唯一の纏を作る鳶治郎右衛門の店もあった。

東京に点在する、いつ見ても新しい「名建築」に出会う

明治〜大正の近代建築

多くの近代建築の傑作が震災や戦禍、建て替えなどによって失われてきたが、それでも東京にはまだ見るべきいくつかの建物が奇跡的に残る。その凛としたたたずまいが郷愁を誘う。

鎖国時の出島や開国後の居留地に洋風建築が見られたが、明治初期の日本の建築はその多くがお雇い外国人の手によるもので、たとえば明治初期に建築された銀座煉瓦街は英国人ウォートルスによる。丸の内にはコンドルらによってオフィス街「一丁倫敦」が建造され、コンドルの弟子、辰野金吾や曾禰達蔵らは多くの近代建築の名作を生み出し、アメリカの建築家フランク・ロイド・ライトは帝国ホテルや明日館などを残した。目にできないものもあるが、幸運にも残った作品はぜひ見ておきたい。

迎賓館赤坂離宮
げいひんかんあかさかりきゅう
赤坂 MAP 付録 P.12 A-2　　築造 1909年

明治期に活躍した片山東熊による設計で建てられた、日本で唯一のネオ・バロック様式の建築物。国宝に指定されている。
03-5728-7788　港区元赤坂2-1-1　10:00〜17:00（入場は〜16:00）　水曜　特別展、コースにより異なる　各線・四ツ谷駅から徒歩7分　なし

写真：日本銀行

日本銀行本店本館
にっぽんぎんこうほんてんほんかん
日本橋 MAP 付録 P.13 E-1　　築造 1896年

日本人建築家（辰野金吾）が設計した最初の国家的近代建築。国の重要文化財に指定されている。
03-3277-2815（見学受付）　中央区日本橋本石町2-1-1　見学は事前予約制（ネット予約）1日4回、各1時間　土・日曜、祝日　無料　地下鉄・三越前駅から徒歩1分　なし

朝倉彫塑館
あさくらちょうそかん
谷中 MAP 付録 P.6 C-1　　築造 1935年

彫刻家・朝倉文夫が自ら設計したコンクリート造のアトリエと数寄屋造の住居。
※入館時靴下着用
03-3821-4549　台東区谷中7-18-10　9:30〜16:30（入館は〜16:00）　月・木曜（祝・休日の場合は翌平日休）　500円　JR日暮里駅から徒歩5分　なし

法務省赤れんが棟
ほうむしょうあかれんがとう
霞が関 MAP 付録 P.5 D-1　　築造 1895年

ドイツネオバロック様式の建物で、エンデらのドイツ人建築家が設計した。
03-3592-7911（法務史料展示室係）　千代田区霞が関1-1-1　10:00〜18:00（入館は〜17:30）　土・日曜、祝日など　無料　地下鉄・霞ケ関駅から徒歩3分　なし

旧岩崎邸庭園
きゅういわさきていていえん
上野 MAP 付録 P.8 A-3　　築造 1896年

三菱財閥の創業者である岩崎彌太郎の長男・久彌の本邸として建てられた。17世紀の英国ジャコビアン様式の装飾が見事。別棟の撞球室はスイスの山小屋風。設計はジョサイア・コンドル。
03-3823-8340　台東区池之端1-3-45　9:00〜17:00（入園は〜16:30）　無休　400円　地下鉄・湯島駅から徒歩3分　なし

東京国立博物館 表慶館
とうきょうこくりつはくぶつかん ひょうけいかん
上野 MAP 付録 P.8 C-1　　築造 1909年

明治42年(1909)、日本初の本格的な美術館として建てられた。中央、左右のドーム屋根は明治末の洋風建築を代表する造り。
050-5541-8600（ハローダイヤル）　台東区上野公園13-9　特別展、イベント開催時開館　特別展、イベントにより異なる　各線・上野駅から徒歩10〜15分／JR鶯谷駅から徒歩10分　なし

自由学園明日館
じゆうがくえんみょうにちかん
池袋 MAP 付録 P.30 A-4　　築造 1921年

フランク・ロイド・ライトによって草原様式で設計された自由学園の旧校舎。シンメトリックな構造が美しい。
03-3971-7535　豊島区西池袋2-31-3　10:00〜16:00（土・日曜、祝日は要問い合わせ）入館は各30分前まで、第3金曜のみ夜間（18:00〜21:00）の見学あり　月曜（祝日の場合は翌日休）　400円　各線・池袋駅から徒歩5分　なし

徳川家が築いた江戸の街

江戸〜東京 歴史年表

西暦	元号	天皇	将軍	事項
1590	天正18	後陽成	豊臣秀吉(関白)	豊臣秀吉、小田原城を攻め北条氏滅亡。徳川家康江戸入城
1600	慶長5			関ヶ原の戦い
1603	8		徳川家康	康、征夷大将軍となり、江戸幕府を開く。江戸日本橋が架橋
1606	11		秀忠	江戸城大増築工事の天下普請
1614	19	後水尾		大坂冬の陣
1615	元和 元			大坂夏の陣、豊臣家滅亡。禁中並公家諸法度・武家諸法度発令
1616	2			神田明神(神田神社)⊃P.103 が現在の地に遷座される
1625	寛永2		家光	天海が寛永寺を建立
1635	12	明正		外様大名の参勤交代を制度化
				伊勢詣で大流行
1639	16			第5次鎖国令で鎖国体制確立
1651	慶安4	後光明	家綱	由井正雪の乱(慶安事件)
1652	承応 元			歌舞伎市村座が興行開始
1657	明暦3	後西		明暦の大火(振袖火事)、天守閣焼失。吉原遊郭が浅草田圃に移転、新吉原始まる
1659	万治2			江戸城本丸完成、天守閣廃止。両国橋架橋
1671	寛文11	霊元		河村瑞賢、東廻航路開拓
1673	13			越後屋三井高利、江戸本町に呉服店開店(のちの三越)。初代市川団十郎、初舞台
1682	天和2		綱吉	井原西鶴『好色一代男』刊行
1687	貞享4	東山		生類憐みの令を施行
1702	元禄15			赤穂浪士吉良義央邸へ討ち入り
1703	16			近松門左衛門『曾根崎心中』
1704	宝永 元			日本橋さるや⊃P.174創業
1706	3			根津神社⊃P.103の現在の社殿が創建される
1716	享保 元	中御門	吉宗	享保の改革始まる
1717	2			大岡忠相(越前守)江戸町奉行に異例の抜擢。浅草新鳥越に料理店「八百善」開店
1718	3			江戸屋⊃P.175創業
1733	18			隅田川で花火始まる
1746	延享3	桜町	家重	竹田出雲『菅原伝授手習鑑』初演。『義経千本桜』(47年)、『仮名手本忠臣蔵』(48年)
1772	安永 元	後桃園	家治	目黒行人坂火事

西暦	元号	天皇	将軍	事項
1774	安永3			杉田玄白『解体新書』刊行
1782	天明2	光格		天明の大飢饉始まる
1783	3			浅間山が空前の大噴火
1785	5			山東京伝の黄表紙『江戸生艶気樺焼』発刊
1787	7		家斉	天明の打ちこわし。松平定信老中就任、寛政の改革始まる
1797	寛政9			湯島に昌平坂学問所設立
1801	享和 元			駒形どぜう⊃P.65が創業
1806	文化3			榛原⊃P.174が創業
*				向島百花園が開園
1815	12			杉田玄白『蘭学事始』完成
1819	文政2	仁孝		羽二重団子⊃P.97が創業
1825	8			異国船打払令
1831	天保2			葛飾北斎『富嶽三十六景』この頃から刊行
1832	3			歌川広重『東海道五十三次』
1834	5			千疋屋総本店 日本橋本店⊃P.47が創業
1836	7			斎藤月岑『江戸名所図会』刊行
1837	8		家慶	雷門 三定⊃P.65が創業
1839	10			蛮社の獄で渡辺崋山、高野長英らを処分
1853	嘉永6	孝明	家定	ペリー率いるアメリカ東インド艦隊浦賀来航
				浅草花やしき⊃P.64が開園
1855	安政2			安政の大地震
1857	4			鈴本演芸場⊃P.141が開場
1858	5		家茂	米・蘭・露・英・仏と修好通商条約を締結。福沢諭吉が築地鉄砲洲に学塾を開く(のちの慶應義塾)
1859	6			吉田松陰、安政の大獄で処刑
1866	慶応2		慶喜	全国で世直し一揆、打ちこわしが発生
1867	3			大政奉還。「ええじゃないか」が流行
1868	明治 元	明治		鳥羽・伏見の戦い。上野戦争で彰義隊が敗走
				木村家⊃P.63が創業
1869	2			東京遷都決定。戊辰戦争終結
1872	5			東京国立博物館⊃P.125開館
1880	13			東京大神宮⊃P.103創建
1897	30			新宿末廣亭⊃P.141創業

歩く・観る●歴史

＊は年が特定できない事項

ART & CULTURE
Tokyo

アート・文化

有名無名、大小の美術館や博物館、展示館の数に驚く。寄席や劇場やホールも多い。訪ねる目標を定めておけば東京時間は何倍も濃密になる。

エンタメの首都。今日も新しい花が咲き誇る

美術館・博物館 MUSEUM

国内外の近・現代美術の傑作が待ち受ける
常設展も見応え十分
世界のアートが集結

日本にいながら世界第一級の美術作品に出会えるのは、国際都市・東京ならでは。緑豊かな公園内に広い展示室を持つ美術館が多いのも魅力だ。

アート・文化 ● 美術館・博物館

国立西洋美術館
こくりつせいようびじゅつかん

上野 MAP 付録P.8 C-2

珠玉の西洋美術作品を企画展と常設展で鑑賞

昭和34年(1959)、フランス美術を中心とする松方コレクションをもとに設立。欧米の美術館からの借用作品による多彩な企画展と、中世末期から20世紀初頭までの豊富な所蔵作品による常設展が楽しめる。

☎050-5541-8600(ハローダイヤル) ⑰台東区上野公園7-7 ⑲9:30~17:30(金・土曜は~20:00)入館は各閉館の30分前まで、ほか時間延長期間あり(詳細はHPを参照) ⑭月曜(祝日の場合は翌平日) ⑯500円(企画展は別途) ⑳JR上野駅から徒歩1分 Ⓟなし

写真提供:国立西洋美術館

⬆上野公園内にあり、ゆったり過ごせるロケーション

⬆常設展は松方コレクションの中核をなす彫刻作品や印象派絵画が充実

⬆本館は名建築家ル・コルビュジエの設計で、建物自体の意匠も興味深い

クロード・モネ
『睡蓮』
1916年
油彩、カンヴァス
松方コレクション
モネの『睡蓮』の連作のうち1916年制作の200.5×201cmの大作を常設展示、睡蓮の池の光の描写が圧巻

ピエール=オーギュスト・ルノワール
『アルジェリア風のパリの女たち(ハーレム)』
1872年 油彩、カンヴァス 松方コレクション
ドラクロワの名品にヒントを得て描かれた初期の代表作

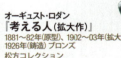

オーギュスト・ロダン
『考える人(拡大作)』
1881~82年(原型)、1902~03年(拡大)、1926年(鋳造) ブロンズ
松方コレクション
前庭にオリジナルの拡大作を展示

オーギュスト・ロダン
『カレーの市民』
1884~88年(原型)、1953年(鋳造)
ブロンズ
フランスの港町・カレーの英雄となった市民たちのブロンズ像

東京国立近代美術館
とうきょうこくりつきんだいびじゅつかん

九段下 MAP 付録P.3 D-4

日本の近現代美術の流れを名画で体感できる

国内最大規模、国内外の近現代美術作品、約1万3000点を収蔵する日本で最初の国立美術館。所蔵作品展や企画展のほか、毎日14時から開催される対話によるガイドも好評。皇居など周辺散策も楽しめる。

☎050-5541-8600（ハローダイヤル）⟪所⟫千代田区北の丸公園3-1 ⟪開⟫10:00～17:00（金・土曜は～20:00）入館は各30分前まで ⟪休⟫月曜（祝日の場合は翌日休）、展示替え期間 ⟪料⟫500円（企画展は別途）⟪交⟫地下鉄・竹橋駅から徒歩3分 ⟪P⟫なし

⇧毎日開催される対話型の「所蔵品ガイド」。新しい視点で作品を見ることができる

⇧皇居近くに建つ日本初の国立美術館

荻原守衛
『女』
1910年 ブロンズ
作者がひそかに思慕を寄せていた同郷の先輩の夫人相馬良（黒光）を想像させる作品。ロダンの影響を受けた上方へ伸びあがるようなポーズが特徴

古賀春江
『海』
1929年 油彩、カンヴァス
シュルレアリスム（超現実主義）絵画として名高い作品。関東大震災後6年を経て、近代化の進むなか、モダンな女性と工場を対比的に描いている

安井曽太郎
『金蓉』
1934年 油彩、カンヴァス
「肖像画の名手」と称された画家の代表作。モデルは上海総領事の令嬢・小田切峰子。「金蓉」は彼女の愛称

岸田劉生
『道路と土手と塀（切通之写生）』
1915年 油彩、カンヴァス
「ぢかに自然の質量そのものにぶつかつてみたい要求が目覚め」誕生した風景画。独自の写実様式を確立した作品で重要文化財

土田麦僊
『湯女（ゆな）』
1918年 絹本彩色、二曲一双屏風
自然の美しさと女性美、風景画と人物画が融合しながら、理知的に統一されている。重要文化財に指定

東京国立近代美術館蔵

世界のアートが集結

魅惑の主題に集う名作を訪ねて
話題の企画展に定評がある
感性を刺激する美術館

東京の美術館は、テーマ性のある企画展でも世界をリードする。
成熟した都市の視点が選び、集めた万華鏡のような芸術作品を巡る旅へ。

東京都美術館
とうきょうとびじゅつかん

上野 MAP 付録P.8 B-1

大規模な特別展を実施
世界の名作に出会える

大正15年(1926)、日本初の公立美術館として開館。国内外の名品を楽しめる特別展や、公募展、多彩な企画展を開催するなど、「アートへの入口」としてさまざまな事業を展開。

☎03-3823-6921 所台東区上野公園8-36 営9:30～17:30(入館は～17:00、展覧会により変動あり) 休第1・3月曜、特別展と企画展は毎月曜(祝日の場合は翌日休)、整備休館日 料展覧会により異なる 交各線・上野駅から徒歩7～10分 Pなし

↑美術館が立ち並ぶ上野公園の一角に、緑に溶け込むようにたたずむ。設計は前川國男
©東京都美術館

↑ミュージアムショップにはオリジナルグッズもある

↑美術図書や展覧会カタログなどが閲覧できる美術情報室

●アート・文化●美術館・博物館

サントリー美術館
サントリーびじゅつかん

六本木 MAP 付録P.20 C-1

「生活の中の美」が
テーマの魅力的な企画

東京ミッドタウン内にあり、国宝、重要文化財を含む絵画、漆工、陶磁、染織など約3000点の作品を所蔵。日本美術を中心にテーマ性の深い企画展に合わせて名品・傑作を公開。

☎03-3479-8600 所港区赤坂9-7-4 東京ミッドタウン ガレリア3F 営10:00～18:00(金・土曜は～20:00、入館は各30分前まで) 休火曜、展示替え期間 料展覧会により異なる 交地下鉄・六本木駅からすぐ Pなし

↑風雅な茶室「玄鳥庵」もある

↑展示室は3・4階にあり、隈研吾氏が「和のモダン」を基調に設計

上野の森美術館
うえのもりびじゅつかん

上野 MAP 付録P.8 C-2

幅広い芸術作品を扱う
多彩な企画展が話題

日本美術協会が運営する昭和47年(1972)開館の美術館。常設展はなく、国内外の美術館のコレクションを借りての企画展や公募展などを開催。毎年実施の現代美術展は、新人発掘の場となっている。

「上野の森美術館大賞展」「日本の自然を描く展」などの公募展も毎年開催

↑本館1・2階がメインの展示室となり、ゆったりしたスペース(写真は「VOCA展」)。別館1階には小企画展向けの「上野の森美術館ギャラリー」がある

☎ 03-3833-4191
所 台東区上野公園1-2 営 10:00~17:00(入館は~16:30、展示会により変動あり) 休 不定休 料 展示会により異なる 交 各線・上野駅から徒歩3~5分 P なし

↑2007年に国内5番目の国立美術館として六本木に誕生した。設計は黒川紀章氏で、波打つようなガラスのカーテンウォールが特徴だ

国立新美術館
こくりつしんびじゅつかん

六本木 MAP 付録P.20 B-1

日本最大級の展示空間
世界的な傑作を間近に

所蔵作品を持たず、1万4000㎡もの展示スペースで多彩な展覧会を開催する新しいタイプの美術館。世界的な視野に立った企画展の開催と、全国的な活動を展開している美術団体等の展覧会を行っている。

「こいのぼりなう！須藤玲子×アドリアン・ガルデール×齋藤精一によるインスタレーション」展示風景 2018年 国立新美術館 撮影:加藤健

「イケムラレイコ 土と星 Our Planet」展示風景 2019年 国立新美術館 撮影:志摩大輔

☎ 050-5541-8600(ハローダイヤル)
所 港区六本木7-22-2 営 10:00~18:00(展覧会により異なる場合あり、入場は閉館の30分前まで) 休 火曜(祝日の場合は翌平日休) 料 展覧会により異なる 交 地下鉄・乃木坂駅直結 P なし

↑展覧会だけでなくさまざまなプログラムも充実している

森美術館
もりびじゅつかん

六本木 MAP 付録P.20 B-2

先鋭的な現代美術を紹介
夜22時までの開館も魅力

六本木ヒルズ森タワー53階に位置する、国際的な現代アートの美術館。独自の視点でアートや建築、デザイン等の企画展を開催している。仕事帰りや食事のあとにもゆっくりアートが楽しめる。

☎ 03-5777-8600(ハローダイヤル)
所 港区六本木6-10-1 六本木ヒルズ森タワー 53F 営 10:00~22:00(火曜は~17:00、入館は各30分前まで) 休 展覧会期中はなし 料 展覧会により異なる 交 地下鉄・六本木駅からすぐ P あり(有料)

↑海抜約250mに位置する美術館。52階の展望台からは都市の景観が楽しめる

↑ミュージアムショップでは展覧会関連グッズやオリジナルグッズも販売

三菱一号館美術館
みつびしいちごうかんびじゅつかん

丸の内 MAP 付録P.14 B-3

赤レンガ造りの洋館で
西洋美術の名作に会う

2010年に開館。19世紀後半から20世紀前半の近代美術を主題とする企画展を中心に年3回開催。おしゃれなカフェ・バーもある。

↑3階展示室の様子

☎ 050-5541-8600(ハローダイヤル)
所 千代田区丸の内2-6-2 営 10:00~18:00(入館は~17:30) 祝日、振替休日を除く金曜、第2水曜、会期最終週平日10:00~21:00(入館は~20:30) 休 月曜、祝日、振替休日、会期最終週の場合は開館、展示替え期間 料 展覧会により異なる 交 各線・東京駅から徒歩5分 P なし

↑ひと休みは旧銀行営業室を復元したカフェ・バー「Café 1894」で

↑赤レンガの建物は三菱が明治27年(1894)に建設した「三菱一号館」を復元したもの(ジョサイア・コンドル設計)

感性を刺激する美術館

古美術から前衛芸術まで個性的な展示を誇る

オリジナリティあふれる作品の宝庫
多彩な専門美術館

設立者の"大好き"を貫く情熱が世界にも希有なコレクションをつくり上げた美術館の数々。展示スペースの洗練度や斬新さも、東京でこそのおもしろさだ。

↑彫刻、絵画、書跡、陶磁、漆工などの名品が揃い、国宝も7点所有

↑2009年に本館を新築し、いっそう魅力を増した

↑南青山の一等地で和の静寂のなか、古美術にふれられる

南青山のオアシス空間で古美術鑑賞と庭園散策を

根津美術館
ねづびじゅつかん

青山 MAP 付録P.23 D-4

昭和15年(1940)、実業家・根津嘉一郎の収集品をもとに設立した。日本と東洋の古美術約7400点を所蔵し、年7回の展覧会で公開。4つの茶室が点在する日本庭園の散策もできる。

☎03-3400-2536 ㉁港区南青山6-5-1 ⓣ10:00～17:00(入館は～16:30) ㉃月曜(祝日の場合は翌日休) 1100円～ ㉄地下鉄・表参道駅から徒歩8分 ㉐あり

日本民藝館
にほんみんげいかん

駒場 MAP 本書P.3 D-2

民衆的工芸品を「民藝」と名付け、その美の普及を目指した思想家・柳宗悦が昭和11年(1936)に設立。和を基調としながら随所に洋を取り入れた建物の意匠も必見。陶磁器、木漆工、染織などが展示されている。

↑駒場の一等地で和の静寂のなか、民藝美を鑑賞できる

☎03-3467-4527 ㉁目黒区駒場4-3-33 ⓣ10:00～17:00(入館は～16:30) ㉃月曜(祝日の場合は翌日休) 1100円 ㉄京王井の頭線・駒場東大前駅から徒歩7分 ㉐あり

↑本館では特別展を年5回実施し、併設展もある

日用品の美に着目した名品約1万7000点を所蔵

日本が誇る浮世絵の殿堂 月替わりの企画展も楽しみ

↑展示室は石庭や座敷があるなど和の雰囲気に満ち、落ち着いて浮世絵を鑑賞できる

太田記念美術館
おおたきねんびじゅつかん

原宿 MAP 付録P.22 B-2

実業家・太田清蔵が収集した浮世絵を中心に、肉筆画、版画、浮世絵関連の版本など約1万4000点を所蔵する。毎月開催する企画展で、浮世絵の多彩な魅力を紹介する。

☎050-5541-8600(ハローダイヤル) ㉁渋谷区神宮前1-10-10 ⓣ10:30～17:30(入館は～17:00) ㉃月曜(祝日の場合は翌日休) ㉂展示により異なる ㉄地下鉄・明治神宮前(原宿)駅から徒歩3分 ㉐なし

喜多川歌麿、葛飾北斎、歌川広重、菱川師宣など江戸時代の名作を多数展示

岡本太郎記念館
おかもとたろうきねんかん

青山 MAP 付録P.23 D-4

天才が40年以上暮らしたアトリエ芸術が満ちる爆発空間を遊ぶ

万国博覧会の『太陽の塔』などで有名な天才芸術家、岡本太郎のアトリエ兼住居を利用して、屋内や庭に彫刻やオブジェなどの作品を展示。太郎の芸術にちなむ企画展も定期的に開催。

☎03-3406-0801 所港区南青山6-1-19 営10:00～18:00(入館は～17:30) 休火曜(祝日の場合は開館) 料650円 交地下鉄・表参道駅から徒歩8分 Pなし

↑1階のアトリエとサロンは当時のまま保存して公開し、2階では企画ごとにさまざまな作品を展示

↑アトリエはル・コルビュジエの弟子、坂倉準三が設計。南青山でもひときわ目を引く外壁の文字が目印

竹久夢二美術館
たけひさゆめじびじゅつかん

根津 MAP 付録P.3 D-2

夢二に縁がある街、本郷で大正ロマンの美と愛を偲ぶ

美人画で知られる大正期の漂泊の画家、竹久夢二の専門美術館。創設者である鹿野琢見の夢二コレクションを常時200点以上公開し、夢二の生涯についての貴重な資料も展示している。

☎03-5689-0462 所文京区弥生2-4-2 営10:30～17:00(入館は～16:30) 休月曜(祝日の場合は翌日休) 料1000円 交地下鉄・根津駅/東大前駅から徒歩7分 Pなし

↑日本画、油彩画、版画、原画、スケッチ、装幀本など夢二作品が揃う

↑かつて夢二が逗留したホテル「菊富士ホテル」があった本郷に創設

↑夢二の芸術をテーマとした企画展を定期的に開催

長谷川町子美術館
はせがわまちこびじゅつかん

桜新町 MAP 本書P.2 C-3

人気漫画家のコレクションと楽しい『サザエさん』ワールド

昭和期の漫画家・長谷川町子が長年暮らした世田谷区桜新町にある。町子が姉とともに収集した日本画、洋画、陶芸などの美術品を展示。長谷川町子の生涯と作品に関する展示も見られる。

☎03-3701-8766 所世田谷区桜新町1-30-6 営10:00～17:30(入館は～16:30) 休月曜(祝日の場合は翌日休)、展示替え期間 料900円 交東急田園都市線・桜新町駅から徒歩7分 Pなし

↑町子が自身の収集品を公開するために設立。2020年夏に分館「長谷川町子記念館」が誕生。ショップやカフェも併設している

↑記念館では『サザエさん』の原画も見られる

©長谷川町子美術館

多彩な専門美術館

121

センスの高さと貴重なコレクションが魅力
隠れた名作が待つ館内を巡る
ハイレベルな企業美術館

日本を代表する企業やその創業者が収集した芸術作品を展示する企業美術館は、専門性の高さと独特の展示スペースが魅力だ。世界的な名作も多い。

出光美術館
いでみつびじゅつかん

日比谷 MAP 付録P.14A-4

東洋の古美術品に加え ルオーの絵画も展示

出光興産の創業者、出光佐三のコレクションが母体となる。日本と中国の絵画や書跡、陶磁器などを展覧会ごとに入れ替え展示。フランス人画家ルオーの所蔵品も秀逸だ。

☎03-5777-8600（ハローダイヤル） ⓜ千代田区丸の内3-1-1 帝劇ビル9F ⓗ10:00〜17:00（金曜は〜19:00） ⓚ月曜（祝日、振替休日の場合は開館）、展示替え期間 ¥1200円 ⓔ各線・有楽町駅／地下鉄・日比谷駅から徒歩5分 Ⓟなし

➤皇居近くの帝劇ビル9階に昭和41年(1966)創設以来、ファンを増やす

酒井抱一
『風神雷神図屛風』
江戸時代
原案は俵屋宗達の同名の作品。抱一作では軽快な雰囲気が付与されている

フィンセント・ファン・ゴッホ
『ひまわり』 1888年 油彩、カンヴァス
ゴッホの『ひまわり』のうち、アルル時代の1888年作を常設展示

SOMPO美術館
ソンポびじゅつかん

新宿 MAP 付録P.28 C-2

洋画家・東郷青児の自作とゴッホやセザンヌらの傑作

損害保険ジャパンの前身会社のひとつ、安田火災が東郷画伯から提供された作品を核に開館。2020年、敷地内に美術館棟を新設し、名称も新たにリニューアルオープンした。

☎03-5541-8600（ハローダイヤル） ⓜ新宿区西新宿1-26-1 ⓗ10:00〜18:00（入館は〜17:30）※特別展は開館時間延長の場合あり ⓚ月曜（祝日の場合は開館）、展示替え期間 ¥展示会により異なる ⓔ各線・新宿駅から徒歩5分 Ⓟなし

➤新宿の高層ビル街に出現した新たなアートスポット。企画展は年に5回程度開催している

↑洋風建築の空間に日本・東洋の美術品を展示、伝統的な造形の美を表現

三井記念美術館
みついきねんびじゅつかん

日本橋 MAP 付録P.13 E-2

国宝や重要文化財を含む
茶道具の名品が多数

↑昭和初期の洋風建築、三井本館(重文)内に2005年開館

三井家が江戸時代から収集した日本と東洋の美術品約4000点を所蔵。約半数を茶道具類が占め、国宝の茶室「如庵」も再現。絵画や書跡の傑作も多い。

☎050-5541-8600(ハローダイヤル) 所中央区日本橋室町2-1-1 三井本館7F 開10:00〜17:00(入館は〜16:30) 休月曜(祝日の場合は翌日休)、展示替え期間ほか 料1000円(特別展は別途) 交地下鉄・三越前駅から徒歩1分 Pなし

↑ショップでは、美術館オリジナルの和小物などのグッズが購入できる

戸栗美術館
とぐりびじゅつかん

渋谷 MAP 付録P.24 A-2

伊万里焼をはじめとする
古陶磁器の優品が集う

創設者の戸栗亨が収集した肥前磁器(伊万里焼、鍋島焼)、中国や朝鮮の陶磁器など約7000点を所蔵。年4回の企画展では約100点を紹介。学芸員による展示解説も開催。

↑古陶磁器の専門美術館らしい、ゆったりした空間づくりも魅力だ

☎03-3465-0070 所渋谷区松濤1-11-3 開10:00〜17:00(金曜は〜20:00)、入館は各閉館30分前まで 休月曜(祝日の場合は翌日休)、展示替え期間 料展覧会により異なる 交各線・渋谷駅から徒歩15分/京王井の頭線・神泉駅から徒歩10分 Pなし

↑渋谷区松濤の旧鍋島家屋敷跡地に昭和62年(1987)、開館した

↑鑑賞陶磁器を中心とした展示

山種美術館
やまたねびじゅつかん

広尾 MAP 付録P.27 F-1

明治期から現代までの
日本画の至宝が一堂に

↑特製の和洋菓子が味わえるカフェを併設

山種証券(現・SMBC日興証券)の創業者・山﨑種二の個人コレクションをもとに、昭和41年(1966)に日本初の日本画専門美術館として開館。約1800点を所蔵。

☎050-5541-8600(ハローダイヤル) 所渋谷区広尾3-12-36 開10:00〜17:00(入館は〜16:30) 休月曜(祝日の場合は翌日休)、展示替え期間 料1100円(特別展は異なる) 交各線・恵比寿駅から徒歩10分 Pなし

↑横山大観、川合玉堂、奥村土牛、速水御舟らの日本画コレクションが充実

↑汐留のオフィスビルならではの洗練された展示空間

パナソニック汐留美術館
パナソニックしおどめびじゅつかん

汐留 MAP 付録P.18 B-1

ルオー作品が充実
21世紀型都市の文化空間

ジョルジュ・ルオーの油彩画や版画など約240点を所蔵し、常設展示。同社の事業に通じる「建築・住まい」「工芸・デザイン」などに関する企画展も興味深い。

☎050-5541-8600(ハローダイヤル) 所港区東新橋1-5-1 パナソニック東京汐留ビル4F 開10:00〜18:00(入館は〜17:30) 休水曜(祝日の場合は開館) 料展覧会により異なる 交各線・新橋駅から徒歩6〜8分 Pなし

↑2003年に誕生した美術館。企画展は年4回ほど開催されている

ハイレベルな企業美術館

メトロポリタン東京を華麗に彩るアートとデザインの殿堂
現代アートの発信基地へ

ほとばしる大都市のエネルギーが磨き上げ、構築する現代芸術。東洋と西洋の文化を融合させながら飛翔する都市・東京ならではの、変化し続けるコンテンポラリーアートがおもしろい。

草間彌生美術館
くさまやよいびじゅつかん

早稲田 MAP 付録P.2 C-3

世界を代表するアーティスト草間彌生の作品を展示

世界的にも人気を博している草間彌生の美術館。色彩豊かな彼女の作品が並び、独特な世界観にひたることができる。入館は日時指定・事前予約制となっている。

☎03-5273-1778(開館中のみ受付) 所新宿区弁天町107 時11:00～17:30 ※入館は日時指定の事前予約・定員制(各回90分) WEBサイトを確認 料一般1100円、小学生～高校生600円 交地下鉄・早稲田駅から徒歩7分／地下鉄・牛込柳町駅から徒歩6分 Pなし www.yayoikusamamuseum.jp ※入館チケットはWEBサイトでのみ販売、美術館窓口での販売はなし

↑白が特徴的な外観
Photo by Kawasumi-Kobayashi Kenji Photograph Office

↑アーティスト草間彌生氏のポートレート
©YAYOI KUSAMA

草間彌生『天空にささげたわたしの心のすべてをかたる花たち』
2018年 ※展示作品は展覧会により異なる
©YAYOI KUSAMA

東京都現代美術館
とうきょうとげんだいびじゅつかん

清澄白河 MAP 本書P.3 E-2

現代美術コレクション展と多彩な企画展が話題

国内外の現代美術作品を約5500点所蔵。国内外の現代美術の流れを系統的な展示によるコレクション展で紹介。絵画、彫刻、ファッションなど多彩な企画展も見応えがある。

☎050-5542-8600(ハローダイヤル) 所江東区三好4-1-1 交地下鉄・清澄白河駅から徒歩9～13分 時10:00～18:00(展示室入場は～17:30) 休月曜(祝日の場合は翌平日)、年末年始は、展示替え期間 料展覧会により異なる Pあり(有料)

↑木場公園内にあるモダンな建物

21_21 DESIGN SIGHT
トゥーワン トゥーワン デザインサイト

六本木 MAP 付録P.20 C-1

デザインを考え、発信する"ものづくりの拠点"

デザイナー・三宅一生氏、佐藤卓氏、深澤直人氏がディレクターを務める。日常のものごとをデザインの視点で捉える企画展などを行い、会期中はさまざまなイベントも企画。

☎03-3475-2121 所港区赤坂9-7-6 東京ミッドタウン ミッドタウン・ガーデン内 時10:00～19:00(入館は～18:30) 休火曜、展示替え期間 料1200円 交地下鉄・六本木駅から徒歩5分 Pなし

↑建物は安藤忠雄氏の設計による

ワタリウム美術館
ワタリウムびじゅつかん

外苑前 MAP 付録P.23 D-2

国内外の現代アートを独創的な視点で紹介

私設美術館として1990年に誕生した。スイス人建築家マリオ・ボッタの設計による近未来的な外観の建物で、世界のコンテンポラリーアートに出会える。

☎03-3402-3001 所渋谷区神宮前3-7-6 時11:00～19:00(水曜は～21:00) 休月曜(祝日の場合は開館) 料展覧会により異なる 交地下鉄・外苑前駅から徒歩8分 Pなし

↑年間3～4回の企画展を開催

アーツ千代田 3331
アーツちよだ さんさんさんいち

末広町 MAP 付録P.9 E-1

かつての校舎が複合的アートセンターに再生

千代田区の旧練成中学校を改築した複合文化施設。アートギャラリーでは現代美術に関する展覧会を定期的に開催。カフェやオープンスペースなど憩い空間も充実している。

☎03-6803-2441 所千代田区外神田6-11-14 時10:00～21:00 休無休 料無料 ※団体・イベントにより異なる 交地下鉄・末広町駅から徒歩1分 Pなし

©3331 Arts Chiyoda ↑ワークショップや講演会なども

好奇心をそそる知識の宝庫

世界と日本の知の遺産と歴史が一堂に集まる

有史以来の人類の遺産を所蔵する国立博物館や、江戸から昭和期の東京をテーマにした博物館など、歴史を遡る知のクルーズへ出かけたい。

東京国立博物館
とうきょうこくりつはくぶつかん

上野 MAP 付録P.8 C-1

国宝・重要文化財が多数 特別展の充実度も抜群

明治5年(1872)開館の、日本で最も長い歴史を持つ博物館。日本を中心とする美術作品と考古遺物を約12万件所蔵。国宝も多い。本館、東洋館、平成館など6つの展示館がある。

☎050-5541-8600(ハローダイヤル) ⌂台東区上野公園13-9 ⏰9:30～17:30(時期により変動あり、入館は各30分前まで) 休月曜(祝日の場合は翌平日休) ¥1000円(特別展は別途) 各線・上野駅から徒歩10～15分／JR鶯谷駅から徒歩10分 Pなし ※開館時間が変更になる場合あり、詳細はWEBサイトで要確認

↑上野公園内に広大な敷地を持つ日本屈指の博物館

↑↑大規模な企画展示の特別展と、所蔵品などの総合文化展の両方を楽しめる(写真は総合文化展)

東京都江戸東京博物館
とうきょうとえどとうきょうはくぶつかん

両国 MAP 付録P.3 F-3

江戸東京の歴史から 未来の都市を考える

徳川家康が幕府を開いてから約400年の「江戸東京」の歴史と文化を展示紹介。日本橋や棟割長屋などの大型模型や、昭和30年代の公団住宅など体験型展示が人気を集める。

☎03-3626-9979 ⌂墨田区横網1-4-1 ⏰9:30～17:30(入館は各30分前まで) 休月曜(祝日の場合は翌日休) ¥600円 各線・両国駅から徒歩1～3分 Pあり(有料)

↑常設展の大型模型が特に圧巻
写真:東京都江戸東京博物館

国立科学博物館
こくりつかがくはくぶつかん

上野 MAP 付録P.8 C-2

自然史と科学技術史の 貴重なコレクション

明治10年(1877)創立の総合科学博物館。自然史、科学技術史に関する調査研究を行い、その成果や貴重な標本資料をフロアごとにテーマを設けて展示。

☎050-5541-8600(ハローダイヤル) ⌂台東区上野公園7-20 ⏰9:00～17:00(金・土曜は～20:00) 入館は各30分前まで 休月曜(祝日の場合は火曜休) ¥630円(特別展は別途) 各線・上野駅から徒歩5～10分 Pなし ※2020年12月現在入館予約制

写真:国立科学博物館
↑フタバスズキリュウの復元全身骨格

江戸東京たてもの園
えどとうきょうたてものえん

小金井 MAP 本書P.2 B-2

古き良き東京の街並みを 再現した野外博物館

都心から離れた小金井市の公園の一角にある、江戸東京博物館の分館。商家や銭湯など江戸から昭和中期までの歴史的建造物が30棟移築・復元され、懐かしい風情に浸れる。

↑のんびり散策しながら学べる

☎042-388-3300 ⌂小金井市桜町3-7-1 都立小金井公園内 ⏰9:30～17:30(10～3月は～16:30) 入園は各30分前まで 休月曜(祝日の場合は翌日休) ¥400円 JR武蔵小金井駅から西武バスで5分、小金井公園西口バス停下車、徒歩5分 Pなし

下町風俗資料館
したまちふうぞくしりょうかん

上野 MAP 付録P.8 B-3

東京下町の暮らしを 追体験できる展示が充実

上野公園の不忍池近くに建つ小さな資料館。大正期の東京下町の街並みと家屋を再現した展示があり、狭い路地を歩きながら、そこに暮らす人びとの生活を追体験できる。

↑商家や長屋などの屋内外を再現

☎03-3823-7451 ⌂台東区上野公園2-1 ⏰9:30～16:30(入館は～16:00) 休月曜(祝日の場合は翌日休)、特別整理期間 ¥300円 各線・上野駅から徒歩3～5分 Pなし

テーマパーク
THEME PARK

大人流! ゆったり優雅な楽しみ方

東京ディズニーリゾート
とうきょう ディズニーリゾート

世界中から行ってみたいテーマパークのひとつとして、常に注目される。
大人だからこそちょっぴり贅沢でのんびりした過ごし方をしてみたい。

生みの親、ウォルト・ディズニーの夢のワンダーランドは永遠に続く

今やヨーロッパ、アジアにもこの夢の国は点在し、世界中から愛される。創始者ウォルト・ディズニーは娘たちと出かけた遊園地で、親も一緒に楽しめる場所がなぜないのかと考えたところからディズニーランド計画が始まった。常に新しい夢とアイデアで世界中のファンを驚かし続けている。

舞浜 MAP 本書P.3 F-3
●東京ディズニーリゾート・インフォメーションセンター
☎0570-00-8632(総合案内10:00〜15:00)
0570-00-3932(音声情報サービス)
●東京ディズニーリゾート総合予約センター
(宿泊・レストランの予約)
☎045-330-0101(10:00〜15:00)
所千葉県浦安市舞浜
時最長8:00〜22:00(日によって変動があるのでオフィシャルウェブサイトで要確認) 休無休 料ゾーンにより異なる 交東京ディズニーランドはJR舞浜駅から徒歩4分、東京ディズニーシーはJR舞浜駅から徒歩13分、またはディズニーリゾートライン・東京ディズニーシー・ステーション下車すぐ Pあり(有料)
●東京ディズニーリゾート・オフィシャルウェブサイト
URL https://www.tokyodisneyresort.jp

※2021年1月時点の情報です。内容が変更になる場合があります。また、画像は過去に撮影したものです。一部、現在の運営ガイドラインや安全衛生対策と異なる場合があります。詳細は東京ディズニーリゾート・オフィシャルウェブサイトをご確認ください。

最新情報
パーク内を効率よく移動!便利な公式アプリが大活躍

訪れるなら、スマートフォンで使える「東京ディズニーリゾート®・アプリ」を活用したい。デジタルガイドブックに現在地やアトラクション・レストランの待ち時間が表示されるので効率よく楽しめる。ディズニーeチケットの購入や、ショーの抽選、レストランやホテルの予約など、ほかにも多彩なサービスが受けられる。

アート・文化●テーマパーク

↑東京ディズニーランドのほぼ中心に位置するシンデレラ城

↑東京ディズニーランドのファンタジーランドにあるイッツ・ア・スモールワールド

↑東京ディズニーシー®のテーマポートのひとつ、メディテレーニアンハーバー

©Disney

東京ディズニーリゾート®はこんなところです

広大な敷地内には2大パークが隣り合わせにあり、その周囲をリゾートホテルや商業施設が取り囲む。訪れるすべてのゲストに対してホスピタリティとサポートが行き届いた快適な場所。

東京ディズニーシー・ホテルミラコスタ®
東京ディズニーシー®で遊んだあともパーク内に泊まれる

東京ディズニーシー®
➡ P.130

東京ディズニーランド®
➡ P.128

東京ディズニーランドホテル
東京ディズニーランド前に建つディズニーホテル。宿泊者だけの特典も

ディズニーアンバサダーホテル
日本で初めてのディズニーホテル。ディズニーキャラクターの客室が人気

イクスピアリ
ショップ、レストランに映画館まで充実した商業施設。2020年にリニューアルした

ウエルカムセンター
JR舞浜駅から近くにある案内施設。東京ディズニーリゾート内の情報はここで

ボン・ヴォヤージュ
東京ディズニーランドと東京ディズニーシーのグッズが購入できるショップ

↑ 2020年に誕生した『美女と野獣』をテーマとした大型エリア
← メインショーではベルと野獣が寄り添う美しいシーンが見られる

パークをスマートに楽しむ

お役立ち information

チケットの販売状況
目的や滞在時間によりさまざまな種類のチケットが用意されている。2021年1月現在、パークチケットの新規販売（日付変更含む）は一時停止中。すでに購入や予約をしている場合、または抽選入園に当選している場合は入園が可能。今後のパークチケット販売再開については、決定次第オフィシャルウェブサイトで案内予定。

ディズニーeチケット
通常、チケット購入は、ウェブサイトまたはアプリで事前購入ができる。ウェブサイトの場合、当日、エントランスで印刷したチケットを提示後、入場。チケットブースでの引き換えが不要。アプリなら二次元コードをかざして入場する。※チケットの購入に関しては、今後変更になる可能性あり。オフィシャルウェブサイトを要確認。

パーク運営状況
2021年1月現在、両パークのアトラクションやエンターテインメント、レストラン、ショップは、利用人数を制限しての運営、または休止中。ガイドマップの配布も行っていない。詳しくは公式HPの運営カレンダーを要確認。

プライオリティ・シーティング
事前申し込みでパーク内のレストランの利用希望時間を指定し、少ない待ち時間で席に案内してもらえるサービス。対象となるレストランはオフィシャルウェブサイトまたはアプリで確認を。

ウェブサイトで情報を見る
アトラクションの待ち時間はオフィシャルウェブサイトまたはアプリで確認できる。混雑を避けるための参考にも。
オフィシャルウェブサイト
URL www.tokyodisneyresort.jp

ディズニーバケーションパッケージ
東京ディズニーリゾートと提携ホテルの宿泊とパークチケットやお得なコンテンツが付いたオフィシャルの宿泊プラン。オフィシャルウェブサイトやアプリ、もしくは、旅行会社（一部プランのみ）で予約ができる。

さすがディズニー！大人でも十分楽しめる！

東京ディズニーランド®

とうきょうディズニーランド

舞浜 MAP 本書P.3 F-3

乗り物に夢中だった頃は急いでアトラクションの列に並んだけれど、時間をかけて歩き回り、ディズニーの世界を思う存分味わってみるのもおすすめ。

ディズニーの仲間たちが感動を届ける

ニューオープン

2020年、『美女と野獣』をテーマとした大型エリアが誕生した。美しく優雅な映画の世界が再現され、ベルが暮らすフランスの街並みや野獣が住むお城が出現。ほかにも、『ベイマックス』をテーマにしたライドアトラクションも登場。

『美女と野獣』の世界へ入り込む
美女と野獣"魔法のものがたり"
ファンタジーランド　所要時間 約8分

ディズニー映画『美女と野獣』の世界を体験できるエリア。ひときわ目を引く美女と野獣の城の中で繰り広げる大型アトラクション。映画の名曲に合わせて、優雅に踊るように動く魔法のカップに乗り、映画のストーリーに沿って名シーンを巡る。

➡ ダイニングではポット夫人などがベルを歌で歓迎する
➡ ベルが野獣の待つお城まで戻り、真実の愛を見つける

世界初登場のアトラクション
ベイマックスの
ハッピーライド
トゥモローランド　所要時間 約1分30秒

『ベイマックス』をテーマにした新アトラクションが登場した。アップテンポな音楽が流れるとケア・ロボットが動き出し、ドキドキの冒険に出発！

➡ 予測不能な動きと音楽が特徴的なハッピーなライド

ストーリーを感じながら大興奮のライド

アトラクション

スピード感やスリルを味わうことよりもアトラクションの細部を眺めたり、乗り物の座る位置によって今まで気がつかなかった驚きに出会える。各アトラクションのポイントをキャストに教えてもらうのもおすすめ。

幻想的でスリリングな冒険へ出発！
ジャングルクルーズ：
ワイルドライフ・エクスペディション
アドベンチャーランド　所要時間 約10分

船長の案内による船で野生動物が棲むジャングルを探検。昼とは印象が違う神秘的なナイトクルーズもおすすめ。

➡ 年齢を問わず家族みんなで楽しめる内容

➡ オリジナルの音楽がジャングルで流れるのは日本が初めて

森の仲間たちとほんわかした世界を体験
プーさんのハニーハント
ファンタジーランド　所要時間 約5分

絵本の世界そのままに心和むアトラクション。コースによっていろいろな仕掛けが体験できるので、何度も乗ってその違いを比べたい。

➡ プーさんは大人にも子どもにも愛される

乗りながら景色や夜景も楽しみたい
ビッグサンダー・マウンテン
ウエスタンランド　所要時間 約4分

コースター苦手派にも安心のスピードで走り、ゴールドラッシュ時代の金鉱を巡る。花火の上がる頃には感動的な場面に出会える。

➡ スリル満点なシチュエーションを味わって

©Disney

落ち着いて食事ができる
大満足のレストラン

入ってみたら意外と歩きまわっていることに気づかされ長居をしてしまいそう。優雅にランチタイムを楽しもう。

広々としたパティオでくつろぎタイム

プラザパビリオン・レストラン

予算 L/D 1000円～

ウエスタンランド

好みの料理が選べるバフェテリアサービスのレストラン。ハンバーグやエビフライなどの洋食、お口直しのスイーツもある。
※2021年3月29日まで休業

↑トレーを持って料理を選ぶ

日本の伝統的な味が恋しくなったら

れすとらん北齋
れすとらんほくさい

予算 L/D 1000円～

ワールドバザール

東京ディズニーランドで唯一、日本文化や日本の味にふれられるレストラン。和の味でひと息つきたいときに。

↑カジュアルな雰囲気の和食店

映画『ふしぎの国のアリス』をイメージ

クイーン・オブ・ハートのバンケットホール

予算 L/D 1000円～

ファンタジーランド

料理にはハート形にかたどったチーズや野菜が添えられ、キュートなアリスの世界が広がる。ハートづくしの店内も見どころ。

↑入口のトランプマンが目印

キャラクターとふれあう
グリーティングスポット

大好きなキャラクターとハグしたり、持参したカメラで記念撮影もできる。ワクワクする楽しいひとときを。

ミッキーの家とミート・ミッキー
トゥーンタウン

ミッキーの家の納屋を改造したムービーバーンではミッキーの主演映画の予告編を上映中。ミッキーと写真撮影も楽しめる。

大人でも食べたい
テイクアウトおやつ

アトラクションの待ち時間やパーク歩きの合間に、小腹がすいたらお手軽おやつでリフレッシュ。

ミッキーワッフル 450円～

焼きたてワッフルは外はカリッと中はフワフワの食感／グレートアメリカン・ワッフルカンパニー

ワールドバザール
※2021年1月現在休業

ポークライスロール
500円

もっちりご飯と周りに巻かれた豚肉の取り合わせが絶妙／ペコスビル・カフェ

ウエスタンランド

グローブシェイプ・チキンパオ
500円

ミッキーの手でチキンを挟んだような形をしたキュートな一品／プラズマ・レイズ・ダイナー

トゥモローランド
※2021年1月24日まで休業

ストロベリーチョコチップマフィン
360円

愛らしいフォルムのマフィンが人気／ヒューイ・デューイ・ルーイのグッドタイム・カフェ

トゥーンタウン

東京ディズニーランド®

※グッズおよびメニューは品切れや金額、内容等が変更になる場合があります

ロマンティックな街並みが広がる
東京ディズニーシー®
とうきょうディズニーシー

舞浜 MAP 本書P.3 F-3

情緒的な街には大人向けのアトラクションやエンタメが盛りだくさん。ダッフィーに会えるのはココだけ。

海外で人気のアトラクションが上陸!
ニューオープン

2019年、アメリカなどで話題のアトラクション「ソアリン:ファンタスティック・フライト」が日本初上陸。大空を飛び回る感動のフライトを楽しめる。ほか、2023年には『アナと雪の女王』をテーマにしたアトラクションなども新設予定。

海外で大人気のアトラクションがオープン
ソアリン:ファンタスティック・フライト
所要時間 約5分
【メディテレーニアンハーバー】

舞台はメディテレーニアンハーバーの丘に建つ博物館、ファンタスティック・フライト・ミュージアム。さまざまな展示物を見ながら館内を巡る。最後に特別展のハイライトである空飛ぶ「ドリームフライヤー」に乗り、世界へ飛び立つ空の旅に出発。美しい景色とスリリングな冒険が待っている。

→切り立った岩壁が目の前に迫る

←→カメリア・ファルコという女性の特別展が開催されている(左)。万里の長城を上空から見渡せる(上)

→美しい景色を眺めながら大空を飛び回ろう

冒険とロマンが満ちあふれる
アトラクション

ストーリー仕立ての冒険ものから心が癒やされるものまで性別、年齢を問わず楽しめるアトラクションが多い。待ち時間が長い場合もあるので、オフィシャルウェブサイトまたはアプリで待ち時間の確認をしながら楽しみたい。

ドキドキしながら超常現象を疑似体験
タワー・オブ・テラー
所要時間 約2分
【アメリカンウォーターフロント】

超常現象を体験するフリーフォール型アトラクション。時代は1912年のニューヨーク。過去に謎の事件が起こったホテルハイタワーのエレベーターで起こる怪現象を体験しよう。

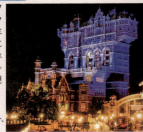
→3台あるエレベーター、6カ所の乗り場

ひと息つくのにぴったりの癒やし系アトラクション
ヴェネツィアン・ゴンドラ
所要時間 約12分
【メディテレーニアンハーバー】

2人のゴンドリエが漕ぐゴンドラに乗って運河を優雅に一周。ゴンドリエの楽しいおしゃべりを聞きながら、美しい景色をゆったりと楽しむ。

→願いが叶うという橋も案内してくれる

ジョーンズ博士も登場する遺跡探検ツアー
インディ・ジョーンズ®アドベンチャー:クリスタルスカルの魔宮
所要時間 約3分
【ロストリバーデルタ】

「若さの泉」を求め古代遺跡の中を巡る冒険に出発。クリスタルスカルの呪いから車で逃げ切るため、最初から最後までスリリングな冒険が続く。

→映画の世界に入り込んだ感覚になる

©Disney©&™Lucasfilm Ltd.

アート・文化●テーマパーク

©Disney

お酒も飲める
大人なレストラン
食事中にアルコール類がいただけるレストランが多い。グラスを片手にリッチな気分に浸りたい。

上質なコース料理とワインを堪能
マゼランズ
メディテレーニアンハーバー

大航海時代の探険家マゼランから名付けられた。当時を彷彿させる装飾品に囲まれて世界の料理を味わうことができる。

予算 L 2000円〜 D 5000円〜

↑店の中央には大きな地球儀が

美しい景色を眺めながらいただく
リストランテ・ディ・カナレット
メディテレーニアンハーバー

貴婦人の邸宅のようなイタリアン・レストラン。テラス席からは運河が眺められ、石窯で焼いた本格ピッツァが人気だ。

予算 L D 2000円〜

↑ワインの種類が豊富

豪華客船で優雅なディナーを
S.S.コロンビア・ダイニングルーム
エスエスコロンビア ダイニングルーム
アメリカンウォーターフロント

グリル料理がメインのコース料理や、アラカルトで好みの料理を選ぶこともできる。

予算 L D 2000円〜

↑アール・ヌーヴォー調の店内

キャラクターとふれあう
グリーティングスポット
大好きなキャラクターとハグしたり、持参したカメラで記念撮影もできる。ワクワクする楽しいひとときを。

ミッキー&フレンズ・グリーティングトレイル
ジャングルに囲まれた場所で、古代文明の遺跡や、植物や昆虫などの調査・研究をしているディズニーの仲間たちと写真撮影ができる。

ロストリバーデルタ

"サルードス・アミーゴス!"グリーティングドック
新鮮な果物や村の民芸品、楽器の屋台が並ぶ一角で、ラテンアメリカの伝統的な衣装を身につけたダッフィーと一緒に写真撮影ができる。

ロストリバーデルタ

小腹を満たす
テイクアウトおやつ
海をイメージしたメニューや、東京ディズニーシーならではのキャラクターおやつがたくさん。

オムレットロール&ダックワーズ
スーベニアケース付き 1000円
ダッフィーとシェリーメイのかわいいカゴが付くおみやげにぴったりなお菓子／ケープコッド・クックオフ

アメリカンウォーターフロント

うきわまん（エビ）500円
エビ味の中華まんはうきわ形／シーサイドスナック
ポートディスカバリー

ギョウザドッグ 500円
食べ応え満点のしょっぱい系おやつ。ディズニーシーの名物として愛されている／ノーチラスギャレー
ミステリアスアイランド

※グッズおよびメニューは品切れや金額、内容等が変更になる場合があります

東京ディズニーシー®

エンターテインメント
ENTERTAINMENT

水族館　無邪気な笑顔に会いたくなる
かわいい海の生き物たち

ぼんやりと眺めているだけで愛らしい表情に心癒やされる。
今どきの水族館の、光や映像を取り入れた幻想的な美しさにも注目。

音と光と映像を駆使した最先端のエンタメ施設

マクセル アクアパーク品川
マクセル アクアパークしながわ

品川　MAP 付録P.34 B-2

四季と生き物が調和する展示やクラゲが幻想的に大空間を漂うジェリーフィッシュランブルなど、水族館の枠を越えた斬新な演出が話題に。昼夜で内容が異なるドルフィンパフォーマンスは必見だ。

☎03-5421-1111　港区高輪4-10-30 品川プリンスホテル内　10:00〜22:00(入場は〜21:00、時期により異なる)　無休　2300円　各線・品川駅から徒歩2分　あり(品川プリンスホテルの駐車場利用、有料)

↑色とりどりの光の中、クラゲが漂うジェリーフィッシュランブル

↑イルミネーションが美しいイルカのナイトパフォーマンス

四季と生き物が織りなす没入空間パターンズ

ここでしか見られないクロマグロの群泳は迫力満点

葛西臨海水族園
かさいりんかいすいぞくえん

葛西　MAP 本書P.3 F-3

クロマグロが群泳する「大洋の航海者マグロ」水槽をはじめ、世界中の海を再現した「世界の海」エリアや「東京の海」エリア、国内最大級のペンギンの展示場など、見どころがたくさん。

☎03-3869-5152　江戸川区臨海町6-2-3　9:30〜17:00(入園は〜16:00)　水曜(水曜が祝日の場合は翌日)　一般700円、中学生250円、65歳以上350円　JR葛西臨海公園駅から徒歩7分　なし

←谷口吉生氏が設計したガラスドームの建物

↑「大洋の航海者マグロ」水槽では、大きなクロマグロが止まることなく泳ぐ

都心のビルの屋上にある
天空の南国オアシス
サンシャイン水族館
さんしゃいんすいぞくかん

池袋 **MAP** 付録P.31 E-3

まるでアシカやペンギンが都会の空を飛ぶように泳ぐ、屋外エリア「マリンガーデン」の展示が見もの。屋内エリアでは、海や河川などで生き物が暮らす水のある風景が楽しめる。

☎03-3989-3466 所豊島区東池袋3-1 サンシャインシティワールドインポートマートビル屋上 時9:30～21:00(秋冬は10:00～18:00、入場は各1時間前まで) 休無休 料2400円 交各線・池袋駅から徒歩10分/地下鉄・東池袋駅から徒歩5分 Pあり(有料)

↑空や光、水と緑に包まれた南国をイメージさせる非日常的空間。地上40mのビルの屋上にあり、都会の空をまるで飛んでいるかのようにペンギンが開放感のある水槽で泳ぐ

マリンガーデンはカワウソやペリカンも見学できる

↑どの方向からも至近距離で楽しめる新感覚のアシカパフォーマンス

↑2020年7月に新設された「海月空感」にあるクラゲパノラマ。横幅約14mの水中世界が広がる

華のある金魚が揺らぐ
和情緒あふれるスポット
すみだ水族館
すみだすいぞくかん

押上 **MAP** 付録P.9 E-4

東京スカイツリータウン内にある水族館。約500種、5000点もの海と川の生き物を展示。日本最大級の金魚展示ゾーンである「江戸リウム」があり、江戸をテーマにした和の空間で多くの金魚が泳ぐ姿を見ることができる。 ➡P.69

↑屋内開放プールでのびのびと泳ぐペンギンを見ることができる

↓ゆらゆらと優雅に揺れる金魚を眺めることができる「江戸リウム」

自然豊かな公園内で
愛嬌ある生き物に出会う
しながわ水族館
しながわすいぞくかん

品川 **MAP** 本書P.3 D-3

しながわ区民公園内にあるアットホームな水族館。ダイナミックで疾走感あるイルカのショーや、愛くるしいアザラシのショーが人気。迫力のある大型のサメ「シロワニ」も必見だ。

↓イルカ・アシカスタジアムでは1日3回ショーを開催

☎03-3762-3433 所品川区勝島3-2-1 時10:00～17:00 休火曜(祝日の場合は営業)、元日 料1350円 交京急本線・大森海岸駅から徒歩8分 Pあり

↑サンゴ礁の魚たちを紹介するイベントも実施

かわいい海の生き物たち

アミューズメントスポット
非日常の空間で大人も大はしゃぎ
たまにはハメを外してエンジョイ！

プラネタリウムや忍者がコンセプトのエンタメレストラン、ミュージアムなど、最新技術を駆使したスポットが盛りだくさん。うっとり、ワクワク、ドキドキ感動に身を委ねてみるのも悪くない。

アート・文化●エンターテインメント

都会の真ん中で眺める　どこまでもリアルな星空

コニカミノルタ プラネタリウム"満天"
コニカミノルタ プラネタリウム"まんてん"

池袋 MAP 付録P.31 E-3

2018年6月にリニューアル。ヒーリング・プラネタリウムなど、斬新なオリジナルのプログラムを揃えており、ワイドなリクライニングシートでくつろぎながら、美しい星空が堪能できる。

☎03-3989-3546　所豊島区東池袋3-1-3サンシャインシティワールドインポートマートビル屋上　営11:00の回〜20:00の回　休不定休　料1500円〜　交各線・池袋駅から徒歩20分／地下鉄・東池袋駅から徒歩10分　Pあり(有料)

↑ドーム前方には芝シート、雲シートというプレミアムシートを導入
↑目を見張るような大迫力の星空を投映する最新鋭プラネタリウム「インフィニウムΣ」

最新技術で感動の体験　宇宙がぐっと身近に

宇宙ミュージアムTeNQ
うちゅうミュージアム テンキュー

水道橋 MAP 付録P.3 D-3

直径11mの巨大な穴から高精細な映像を見下ろすシアターや参加型コンテンツなど、かつてない視点から宇宙を体感できる9つのエリアで構成。オリジナルグッズが揃うミュージアムストアも人気だ。

☎03-3814-0109　所文京区後楽1-3-61 東京ドームシティ内 黄色いビル6F　営11:00(土・日曜、祝日10:00)〜21:00(入場は〜20:00)　休無休　料1800円　交各線・水道橋駅から徒歩1分　Pなし

↑壮大な宇宙空間が広がるシアター宙(ソラ)

最新の映像技術で壁一面に宇宙があふれる

ラグジュアリーな
洗練された大人の空間

マハラジャ六本木
マハラジャろっぽんぎ

六本木 MAP 付録P.20 C-2

80〜'90年代に一世を風靡した高級ディスコが、クラブ&ディスコのミックススタイルでリニューアルオープン。豪華な内装が今ではノスタルジー。

☎03-6804-1798 所港区六本木6-1-3六門ビル6F 営19:00〜24:00(金・土曜、祝前日は〜翌5:00)日曜、祝日はイベントにより異なる(昼営業の可能性もあり) 休無休 料1000円〜 交地下鉄・六本木駅から徒歩1分 Pなし

↑ワンランク上のVIPルームを用意

↑ディスコソング中心。リクエストも可能

↑最新LED照明とともにお立ち台も健在

日常を忘れて子どもの心で
映画の世界で迷子になる

三鷹の森ジブリ美術館
みたかのもりジブリびじゅつかん

三鷹 MAP 本書P.2 B-2

宮崎駿監督がデザインしたジブリ作品の世界が存分に味わえる美術館。アニメーションの制作の工程、ほかでは鑑賞できない短編アニメの上映などもある。快適に楽しむために入場チケットは日時指定の予約制。ローソンでのみ販売。

☎0570-055777 所三鷹市下連雀1-1-83 営10:00〜18:00(入場予約制) 休火曜(長期休館あり) 料1000円 交JR三鷹駅から徒歩15分 Pなし

↑迷路のような空間が広がる中央ホール
↑屋上庭園にある巨大なロボット兵

©Museo d'Arte Ghibli

↑ほぼ原寸大で作られたミュージアム外観

マンガの巨匠たちが住んだ
伝説のアパートを再現

豊島区立トキワ荘
マンガミュージアム
としまくりつトキワそうマンガミュージアム

池袋 MAP 付録P.2 A-2

1982年に解体されたトキワ荘を、2020年にミュージアムとして再現し開館。手塚治虫などマンガの巨匠たちが住んだトキワ荘の持つ、歴史的意義や文化的価値を伝えてくれる。

☎03-6912-7706 所豊島区南長崎3-9-22 営10:00〜18:00(入館は〜17:30) 休毎週月曜(祝日の場合は翌平日) 料企画展開催期間は有料 交地下鉄・落合南長崎駅から徒歩5分 Pなし

©Forward Stroke inc.
↑当時の炊事場の様子を再現

©Forward Stroke inc.
↑昭和30年代のマンガ家たちの生活を垣間見ることができる

↑凝った作りの店内にはさまざまな仕掛けがある

本物志向の凝った内装
迷宮のような忍者屋敷

NINJA AKASAKA
ニンジャ アカサカ

赤坂 MAP 付録P.12 B-2

忍者がもてなすエンタメ店でありながら、星付きレストランで修業したシェフが腕をふるう、エンターテインメント料理も素晴らしいと評判。

☎03-5157-3936 所千代田区永田町2-14-3 赤坂東急プラザ1F 営17:00〜22:00(入店は〜20:00)日曜、祝日17:00〜23:00(入店は〜21:45) 休無休 料1万円〜 交地下鉄・赤坂見附駅から徒歩3分 Pなし

↑メニューは巻物になっており、外国人のリピーターも多い

たまにはハメを外してエンジョイ！

テレビ局 いつ行っても楽しめる
興味津々！エンタメスポット
いつもテレビで見ている光景が目の前にあります

フジテレビ本社ビル
フジテレビほんしゃビル

☎03-5531-1111 ㊤港区台場2-4-8
営休施設により異なる 料無料 ※施設により異なる 交ゆりかもめ・台場駅から徒歩3分／りんかい線・東京テレポート駅から徒歩5分 Pなし

斬新な構造が目を引く
お台場のシンボル的存在

お台場 MAP 付録P.32 B-2

一般公開されているスペースが多く、番組にまつわるコーナーやショップなどが充実している。夜には季節によって色が変わるイルミネーション「AURORA ∞」がビル全体を彩る。

©長谷川町子美術館

1.「はちたま」が印象的な建物は丹下健三氏の設計 2.1階フジテレビモールにある「サザエさんのお店」では、サザエさん焼の実演販売をしている 3.7階のフジテレビショップ「フジさん」 4.フジさんテラスへと続く大階段

アート・文化●エンターテインメント

赤坂サカス
あかさかサカス

テレビやラジオの公開放送も！
感性を刺激する情報発信基地

赤坂 MAP 付録P.12 B-3

TBS放送センターを中心に劇場、ショップ、レストランなどが集まる複合エンターテインメントエリア。テレビやラジオの公開放送なども行われる。

㊤港区赤坂5-3-1 営休施設により異なる 料無料 交地下鉄・赤坂駅から徒歩1分 Pなし

1.TBS赤坂ACTシアターもここにある 2.限定グッズをそろえるTBSストア 3.地下鉄赤坂駅前のSacas Cafe 4.BooBoぬいぐるみSサイズ1540円

©TBS

日本テレビタワー
にほんテレビタワー

世界最大級！ 宮崎駿デザイン
日テレ大時計は必見！

汐留 MAP 付録P.18 B-2

汐留にある日本テレビの社屋で、地下2階〜地上2階にある日テレPLAZAにはショップやカフェが集まっている。大時計の下のマイスタでは、生放送が行われている。

☎03-6215-4444 ㊤港区東新橋1-6-1 営施設により異なる 休無休 料無料 交地下鉄・汐留駅／ゆりかもめ・新橋駅から徒歩1分 Pなし

1.1日5〜6回決まった時間にからくりが動く 2.番組関連のグッズを扱う日テレ屋
©NTV

テレビ朝日
テレビあさひ

日本庭園を一望する
スタイリッシュな空間

六本木 MAP 付録P.20 C-3

一般開放されているのは1階のアトリウム。番組やドラえもん、クレヨンしんちゃんの展示などがあり、記念撮影スポットとしても人気がある。

☎03-6406-1111 ㊤港区六本木6-9-1 営9:30〜20:30(日曜は〜20:00) 休無休 料無料 交地下鉄・六本木駅から徒歩5分 Pなし

1.オリジナルグッズを扱うショップ 2.開放感たっぷりのカフェもある

東京お台場
大江戸温泉物語
とうきょうおだいば おおえどおんせんものがたり
お台場 MAP 付録P.32 B-4

楽しさと癒やしを追求した究極の温泉テーマパーク

江戸の町並みを再現した館内には地下1400mから汲み上げる天然温泉や露天風呂、足湯、岩盤浴などの多彩な施設が揃っている。食事処や休憩所、縁日コーナーのほか、宿泊施設も完備。

☎03-5500-1126 所江東区青海2-6-3 営11:00～翌9:00(入館は～7:00、完全入替制)メンテナンス日11:00～23:00(入館は～21:00) 休無休 料2768円、土・日曜、祝日2988円、特定日3098円 交ゆりかもめ・テレコムセンター駅から徒歩2分 Pあり(有料)

↑内湯から露天風呂まで、さまざまなタイプのお風呂が楽しめる

縁日気分で楽しめる広小路。オリジナルグッズも販売

いい湯だね
東京温泉物語

浸かってまったりリゾート気分

東京にありながら、まぎれもない温泉。そのうえ、食べたり飲んだり、買い物したり一日楽しめるレジャー型施設をご紹介。

館内では種類豊富な浴衣に着替えて過ごす

地下1700mから湧き出る天然温泉の露天風呂で極楽気分

東京ドーム天然温泉
スパ ラクーア
とうきょうドームてんねんおんせん スパ ラクーア
水道橋 MAP 付録P.3 D-3

会社帰りに立ち寄れる都市型リゾート施設

露天風呂をはじめ、男女が一緒にくつろげるヒーリング バーデ、アトラクションバス、各種サウナなどが充実。女性専用のラウンジなどもある。

☎03-3817-4173 所文京区春日1-1-1 ラクーアビル5-9F(フロント6F) 営11:00～翌9:00 休不定休 料2900円、土・日曜、祝日、特定日3250円 交地下鉄・後楽園駅から徒歩1分 Pあり(有料)

都会の中心で心地よい温泉にリラックス

↑さまざまな岩盤浴効果が期待できる低温サウナや、伝統的な技法によるボディケアでリフレッシュ

興味津々！エンタメスポット いい湯だね 東京温泉物語

劇場 THEATER

感動と笑いが渦を巻くエンタメスポット
江戸時代に発展・完成された伝統芸能を体感する

さまざまなエンターテインメントショーが観られるのも東京ならではの楽しみだ。建物や出し物の歴史も興味深い。

歌舞伎座
かぶきざ

銀座 MAP 付録P.17 E-3

世界に誇る劇場空間へ 観る以外にも楽しみ満載

2010年に前期歌舞伎座を閉場し、3年の時を経てリニューアル。地上29階、地下4階の歌舞伎座タワーを併設した複合文化施設 GINZA KABUKIZAとして蘇った。客席は1階の柱が取り払われ、座席も以前よりひと回り大きくなるなど、より快適に。また、イヤホンガイドや字幕ガイドを貸し出しており、初心者でも歌舞伎を楽しめる（有料）。お弁当や雑貨など、おみやげ探しのひとときも楽しみだ。歌舞伎座タワー5階には屋上庭園や歌舞伎座ギャラリー（有料）などがあり、チケットがなくても入れるので気軽に楽しめるのが魅力。

☎03-3545-6800 中央区銀座4-12-15 営休施設・公演により異なる 地下鉄・東銀座駅からすぐ Pあり（有料）

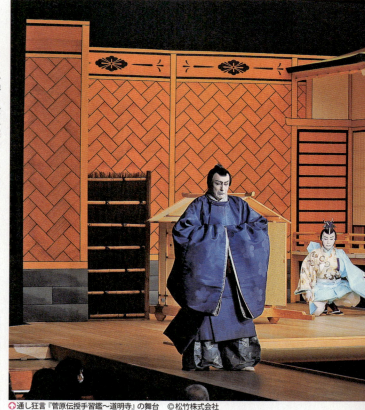

↑通し狂言『菅原伝授手習鑑〜道明寺』の舞台 ©松竹株式会社

チケットの買い方

インターネット
ユーザー登録後、画面に従って購入手続きを進めるのでスムーズ。支払いはクレジットカードのみ。

チケットWeb松竹
www1.ticket-web-shochiku.com/
※24時間利用可能。発売初日は10:00〜。

電話
オペレーターに希望の公演、座席を伝える。公演の前日までに予約が必要。

チケットホン松竹
☎0570-000-489（ナビダイヤル）
●10:00〜17:00
（年中無休・年末年始を除く）

一幕見席 手軽な料金で一幕だけ観る

一幕見席とは
全幕観るには時間がない、といった人に好評を博している歌舞伎座ならではの席。好みの幕だけ映画並みの料金で鑑賞できる。4階に椅子席約90名、立見約60名が入場できる（公演によって変更あり）。専用の入口から入場する。

チケット
当日券のみの取り扱いで事前予約は不可。歌舞伎座1階正面玄関の左手に売り場があり、人気の演目は行列ができることが多いので注意。上演順にそのつど、販売されるが、連続した幕のチケットは同時購入できる。

料金
歌舞伎座の公演は毎月異なり、その演目によって一幕見席の料金も変わる。おおむね500〜2000円程度。現金のみでクレジットカードは使用できない。

※2020年12月現在、一幕見席は休止中。詳細は公式HPを要確認

建物
現在の建物は5期目。従来どおりの桃山風の構えで、第4期目の外観を踏襲している。背後には、品位あるオフィスタワーがそびえる。

ロビー
正面玄関を入ると、絢爛豪華な空間に。緋色の絨毯に描かれている「咋鳥（さくちょう）」は幸せを結縁するといわれている。開演前のロビーは歌舞伎好きの観客が集まり賑わう。

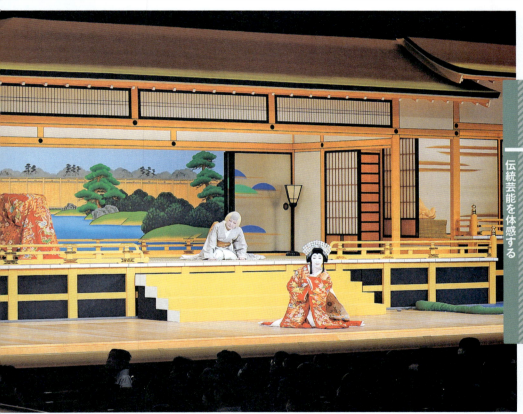

伝統芸能を体感する

チケットがなくても楽しめる！

歌舞伎座屋上のオアシス
5F 屋上庭園
おくじょうていえん

歌舞伎座タワー5階にあり、無料開放されている緑豊かな空間。河竹黙阿弥（かわたけもくあみ）ゆかりの燈籠やつくばい、前期歌舞伎座の屋根瓦などが配されている。

歌舞伎の奥深い魅力を紹介
5F 歌舞伎座ギャラリー
かぶきざギャラリー

歌舞伎座タワー5階にある。舞台で使用された衣裳や小道具などが展示されている。歌舞伎に登場する馬に乗って記念撮影をするなど、さまざまな体験ができる。

多彩な江戸みやげが揃う
B2F 木挽町広場
こびきちょうひろば

東京メトロ東銀座駅と直結するショップ＆飲食店街。歌舞伎座ならではのみやげ物が手に入る。わらび餅、いろはきんつばなどの甘味をぜひお試しを。

伝統芸能の公演が観られる劇場

都内には、街なかにあって観光の途中でふらりと訪れることができる劇場が点在。ぜひ立ち寄ってみたい。

国立劇場
こくりつげきじょう
半蔵門 MAP 付録P.4 C-1

大小2つの劇場を持つ伝統芸能の殿堂

昭和41年(1966)に開場。大劇場では歌舞伎、雅楽、日本舞踊などを、小劇場で人形浄瑠璃文楽や邦楽などの公演を行う。また伝統芸能情報館を併設し、公演に合わせて企画展を開催している。

↑校倉造り風の外観が特徴的な劇場

☎03-3265-7411 ㊐千代田区隼町4-1 ㊋地下鉄・半蔵門駅から徒歩5分 ㊗あり(有料)

新橋演舞場
しんばしえんぶじょう
東銀座 MAP 付録P.17 E-4

春の風物詩、東をどり 観劇向けの食事も楽しみ

新橋芸妓の技芸向上と披露の場として、大正14年(1925)に開場した。その後、公演ジャンルを広げ、歌舞伎、新派、現代劇、新喜劇などを上演。桟敷席や観劇の幕間に味わう日本料理も大評判。

↑現在の劇場は昭和57年(1982)竣工

☎03-3541-2600 ㊐中央区銀座6-18-2 ㊋地下鉄・東銀座駅から徒歩5分 ㊗なし

観世能楽堂
かんぜのうがくどう
銀座 MAP 付録P.16 C-3

GINZA SIX内にできた観世流の能舞台

2017年に落成したGINZA SIX地下にある総檜造りの能舞台を備えた本格的な能楽堂。能楽公演のほか、邦楽・洋楽のコンサートや演劇、講演会などにも利用されている。

↑演目は多様で客層も幅広い

☎03-6274-6579 ㊐中央区銀座6-10-1 GINZA SIX B3 ㊋地下鉄・銀座駅から徒歩2分/東銀座駅から徒歩3分 ㊗あり

浅草公会堂
あさくさこうかいどう
浅草 MAP 付録P.10 C-2

本格的な花道や音響機器などを備えたホール

文化的催しや集会など幅広く活用される施設。入口前のスター広場には、浅草ゆかりの芸能人たちの原寸手形とサインが並べられており見学するだけで楽しい。

↑区民だけではなく催し物ごとに多くの客が訪れる

☎03-3844-7491 ㊐台東区浅草1-38-6 ㊋各線・浅草駅から徒歩5分 ㊗なし

国立能楽堂
こくりつのうがくどう
千駄ヶ谷 MAP 付録P.4 B-1

日本の伝統芸能である能と狂言を専門に上演

能楽(能と狂言)の保存と普及を図る目的として昭和58年(1983)に開場。舞台の床材には木曽の樹齢400年の檜を使用。初心者や外国人の方も楽しめるようパーソナルタイプの座席字幕表示システムを備える。

↑初心者でも楽しめるプログラムも用意している

☎03-3423-1331 ㊐渋谷区千駄ヶ谷4-18-1 ㊋JR千駄ヶ谷駅から徒歩5分 ㊗なし

セルリアンタワー能楽堂
セルリアンタワーのうがくどう
渋谷 MAP 付録P.24 C-4

世界に向けた伝統文化の発信機能を担う施設

2001年に東急電鉄の旧本社敷地に開場。能・狂言の公演以外にも、日本舞踊・邦楽演奏・落語などを発信している。また、バレエやクラシック音楽など異文化との共演など、多彩な公演活動も行っている。

↑芸術性の高い公演が多く感動すること間違いなし

☎03-3477-6412 ㊐渋谷区桜丘町26-1 B2 ㊋各線・渋谷駅から徒歩5分 ㊗あり

明治座
めいじざ
浜町 MAP 付録P.13 F-3

東京で最も長い歴史を持つ下町の老舗劇場

明治6年(1873)に喜昇座の名で開場。改称と再建を繰り返し、現在の建物は1993年に完成。時代劇や人気歌手の特別公演など、バラエティ豊かな演目が楽しめる。

↑下町の風情が残るエリアに建つ演劇場

☎03-3666-6666 ㊐中央区日本橋浜町2-31-1 ㊋地下鉄・浜町駅から徒歩1分 ㊗なし

宝生能楽堂
ほうしょうのうがくどう
水道橋 MAP 付録P.3 D-3

能楽五流を網羅できる代表的な能楽堂

大正2年(1913)に神田猿楽町に創建し、幾多の変遷を乗り越えて昭和53年(1978)に現在の宝生能楽堂が完成。和の伝統美を盛り込んだ檜造りの舞台を有している。

↑能舞台をはじめ宝生流の拠点として伝統をつなぐ

☎03-3811-4843 ㊐文京区本郷1-5-9 ㊋地下鉄・水道橋駅から徒歩1分 ㊗なし

寄席に行こう

江戸時代から賑わいが続く 笑いにあふれた憩いの場

始まりは1700年代中頃といわれ、浄瑠璃や小唄、講談などを演目としていた寄席。現代では、落語はもちろん、講談、漫才、漫談、音曲、手品、曲芸など、多彩なプログラムを展開し、最後に真打ちが登場するまで会場はいつも笑いに包まれている。

新宿末廣亭
しんじゅくすえひろてい

新宿 MAP 付録P.29 F-2

江戸の寄席の伝統をとどめる 落語、色物、笑いの殿堂

明治30年（1897）創業。東京に4軒ある落語の定席のひとつであり、趣ある木造の建物がひときわ目を引く。館内は全席自由で、畳敷きの桟敷席もある。通常は昼、夜の部の入れ替えがなく、最大9時間、通しで落語や漫才などを楽しむこともできる。客席でアルコール以外の飲食自由というのも魅力だ。土曜の夜の部のあとには、二つ目が登場する深夜寄席も行われている。

☎03-3351-2974 新宿区新宿3-6-12 昼の部12:00～16:30/夜の部17:00～21:00 ※入場は11:40～19:45 無休 入場料3000円 地下鉄・新宿三丁目駅から徒歩1分

チケットの買い方
予約は行っておらず、入場券は窓口で当日に購入。入場できるのは11:40～19:45、全席自由席。

昼、夜の部ともに18組ほどが登場。そのうち11組ほどが落語で、そのほか、漫才、奇術、曲芸などの色物が楽しめる。出演者と演目は10日ごとに入れ替わる

東京の寄席のうち木造はここだけ。手書きの看板が通りに面してずらりと並び、古き良き寄席情緒を漂わせている

伝統芸能の公演が観られる劇場 寄席に行こう

鈴本演芸場
すずもとえんげいじょう

上野 MAP 付録P.8 B-3

不忍池の近くにある 東京で最も古い寄席

安政4年（1857）、初代鈴木龍助が「軍談席本牧亭」を開場して以来続く寄席。落語を中心に漫才、曲芸、紙切り、奇術、ものまね、曲独楽、歌謡漫談、俗曲などバラエティに富んだ番組を10日ごとに変えて公演。

上野広小路交差点近くの中央通り沿い

☎03-3834-5906 台東区上野2-7-12 昼の部12:00開場 12:30開演、16:30終演予定/夜の部17:00開場 17:30開演、20:40終演予定 不定休 地下鉄・上野広小路駅から徒歩1分/JR御徒町駅から徒歩5分 なし

浅草演芸ホール
あさくさえんげいホール

浅草 MAP 付録P.10 B-2

明治時代から続く 浅草笑いの伝統

昭和39年（1964）に開設。10日替わりで落語協会と落語芸術協会が交互に公演を行っている。落語をはじめ、漫才やコント、マジック、曲芸などの笑いの絶えないプログラムを用意している。

萩本欽一やビートたけしらを輩出した

☎03-3841-6545 台東区浅草1-43-12 昼の部11:40～16:30、夜の部16:40～21:00 無休 各線・浅草駅から徒歩7分/つくばエクスプレス浅草駅から徒歩1分 なし

池袋演芸場
いけぶくろえんげいじょう

池袋 MAP 付録P.30 B-2

どの席からも芸人の 生の声を楽しめる

昭和26年（1951）創業。かつては畳席で桟敷があったが、現在は92席の椅子席となっている。ほかの寄席と違って芸人の持ち時間が長く、初心者も落語好きな人も大いに楽しむことができる。

演者を身近に感じられるのが魅力

☎03-3971-4545 豊島区西池袋1-23-1 エルクルーセ 上席（1～10日）・中席（11～20日）12:30～、17:00～/下席（21～30日）14:00～、18:00～ 無休 入場料2500円 各線・池袋駅から徒歩1分 なし

5階建てのビルの3～4階は吹き抜けで全285席。通常興行は全席自由席で入れ替え制

東京の主な劇場&ホールリスト

本格的なオペラやショー、有名芸能人やアイドルが登場する舞台など、気になる演目を探して訪れたい。

新国立劇場
しんこくりつげきじょう
初台 MAP 付録P.2 A-4
本格的なオペラ、バレエ、現代舞踊などのための劇場。
☎ 03-5351-3011
所 渋谷区本町1-1-1
交 京王新線・初台駅直結

東京宝塚劇場
とうきょうたからづかげきじょう
日比谷 MAP 付録P.16 B-2
宝塚歌劇の専用劇場。年間の公演回数は約450を超える。
☎ 0570-00-5100
所 千代田区有楽町1-1-3 東京宝塚ビル内
交 JR有楽町駅から徒歩5分

サントリーホール
六本木 MAP 付録P.21 E-1
豪華なホール内では、日本の代表的なオーケストラが定期公演を行う。
☎ 03-3505-1001
所 港区赤坂1-13-1
交 地下鉄・六本木一丁目駅から徒歩5分

東京芸術劇場
とうきょうげいじゅつげきじょう
池袋 MAP 付録P.30 A-3
本格的なコンサートホールの舞台正面にはパイプオルガンが据えつけてある。
☎ 03-5391-2111
所 豊島区西池袋1-8-1
交 各線・池袋駅から徒歩2分

電通四季劇場[海]
でんつうしきげきじょう[うみ]
汐留 MAP 付録P.18 C-2
劇団四季の専用劇場。ミュージカル公演が行われる。
☎ 03-5776-6730(劇団四季東京オフィス)
所 港区東新橋1-8-2
交 各線・新橋駅から徒歩5分

すみだトリフォニーホール
錦糸町 MAP 本書P.3 E-2
全国初の本格的なフランチャイズオーケストラがここを拠点に活動している。
☎ 03-5608-1212
所 墨田区錦糸1-2-3
交 各線・錦糸町駅から徒歩6分

シアターコクーン
渋谷 MAP 付録P.24 B-2
演劇、コンサートなどをはじめとするさまざまな舞台表現のための劇場。
☎ 03-3477-9111
所 渋谷区道玄坂2-24-1
交 各線・渋谷駅から徒歩7分

シアタークリエ
日比谷 MAP 付録P.16 B-2
20代から40代までの女性をターゲットにしたカジュアルな劇場。
☎ 03-3591-2400
所 千代田区有楽町1-2-1
交 各線・銀座駅から徒歩4分

オーチャードホール
渋谷 MAP 付録P.24 B-2
重厚で豊かな音響を生み出す国内最大規模のシューボックス型ホール。
☎ 03-3477-9111
所 渋谷区道玄坂2-24-1
交 各線・渋谷駅から徒歩7分

帝国劇場
ていこくげきじょう
日比谷 MAP 付録P.14 A-4
ミュージカル『レ・ミゼラブル』など演劇史に残る作品を上演する劇場。
☎ 03-3213-7221(10〜18時)
所 千代田区丸の内3-1-1
交 地下鉄・日比谷駅からすぐ

IHIステージアラウンド東京
アイエイチアイステージアラウンドとうきょう
豊洲 MAP 付録P.33 D-2
360度すべてで展開されるステージの中心に観客席を配置した没入感施設。
☎ 0570-084-617
所 江東区豊洲6-4-25
交 ゆりかもめ・市場前駅から徒歩3分

東京文化会館
とうきょうぶんかかいかん
上野 MAP 付録P.8 C-2
国内外のオペラ、バレエ、オーケストラなどの公演が行われている。
☎ 03-3828-2111
所 台東区上野公園5-45
交 各線・上野駅から徒歩2分

日生劇場
にっせいげきじょう
日比谷 MAP 付録P.16 A-2
ブロードウェイ・ミュージカルの初来日公演など歴史ある劇場。
☎ 03-3503-3111
所 千代田区有楽町1-1-1
交 地下鉄・日比谷駅から徒歩2分

東京オペラシティ
とうきょうオペラシティ
初台 MAP 付録P.2 A-4
音響的に最も良いとされているシューボックス型のコンサートホール。
☎ 03-5353-0700
所 新宿区西新宿3-20-2
交 京王新線・初台駅から徒歩1分

三越劇場
みつこしげきじょう
日本橋 MAP 付録P.13 E-2
世界でも類を見ない百貨店の中の劇場として昭和2年(1927)に開設。
☎ 03-3274-8673
所 中央区日本橋室町1丁目4-1
交 地下鉄・三越前駅から徒歩3分

GOURMET
Tokyo

食べる

世界有数の美食の街、
というのはたぶん本当だ。
もっとも味音痴たちのSNSで、
それも相当に揺らぎつつあるが、
通の舌はけっして惑わされず、
本物だけを守り継いでいく。
そんな店だけをご紹介。

料理人と食通の
真摯な闘いで
本物の皿が残る

→シャトーレストラン2階、ガストロノミー"ジョエル・ロブション"のダイニング。エレガントかつモダンなインテリアは料理の印象とも重なる

世界で評判の店が続々と集結

東京進出!
各国からの10店

→1階、ラ タブール ドゥ ジョエル・ロブションは屋内席のほか、テラス席もオープン。緑や花を愛でつつ優雅な時が過ごせる

パリやローマ、香港と、各国料理の都で評価の高い名店が集結。
飛行機に乗らずとも本場の最高峰が味わえます。

| フランス | フランス料理 |

シャトーレストラン
ジョエル・ロブション

→史上、最も多くの星を持つといわれる故ジョエル・ロブション氏。2017年末、シャトーレストランの総料理長にはミカエル・ミカエリディス氏が就任。ラ タブールのシェフは池田欣正氏が務める

キャビア アンペリアル ロブションスタイル
2階ガストロノミーで提供する料理の一例

ニュージーランド産 オーラキング サーモンのマリネ
カリフラワーをクスクスに見立てた、1階ラ タブールの料理の一例

東京を代表するグラン・メゾンで現代屈指の名シェフの皿を味わう

恵比寿 MAP 付録P.27 F-4

料理、もてなし、設いと、すべてが特別なレストラン。なかでも、2階ガストロノミー"ジョエル・ロブション"は、各国にある故ロブション氏の店のなかでも最高峰の味とサービスが満喫できる特別な空間。

予約	要
予算	2Fガストロノミー"ジョエル・ロブション" L2万5000円〜 D3万5000円〜 1Fラ タブール ドゥ ジョエル・ロブション L1万円〜 D1万5000円〜

☎03-5424-1338/03-5424-1347
所 目黒区三田1-13-1 恵比寿ガーデンプレイス
⊙ 12:00〜13:30(LO) 18:00〜21:00(LO) ※ランチは土・日曜、祝日のみ、2F平日は17:30〜 休 施設に準じる 交 各線・恵比寿駅から徒歩5分 Ｐ あり ※入店に関する注意は https://www.robuchon.jp/topics/3338.html をご確認ください

←ガーデンプレイスに建つ豪奢なシャトーレストラン ジョエル・ロブション

フランス｜モダンキュイジーヌ
Plaiga TOKYO
ブレーガ トウキョウ

予約 要
予算 (L)4000円～
　　 (D)1万円～

季節の最高級食材を
ふんだんに使った芸術の一皿

丸の内 MAP 付録P.14A-1

旨みを凝縮させるフレンチの古典的な技法と、日本の四季折々の新鮮な食材を使い、日本人が好む新しいフレンチを追求。アートのように美しく洗練された一皿に感動すること間違いなし。贅沢な食材を大胆に組み合わせ、凝縮した旨みの相乗効果が醸し出す、ここでしか味わえないよろこびや感動を表現。

☎03-3284-0030
所 千代田区丸の内1-1-3 日本生命丸の内ガーデンタワーM2F 営11:30～13:30 17:30～20:00 休 不定休 交各線・大手町駅直結 Pあり

→ Plaiga TOKYOのエグゼクティブシェフである古賀シェフは、さまざまなレストランのメニュー開発を手がけた経歴を持つ

↑ プライベート性が高い個室

**蝦夷鮑の
ショーフロア
ミネラルクリーム
初摘み海苔の
エキューム**

クリームをまとった肉厚でボリュームのあるアワビの下に、細かく刻まれた野菜入りのジュレが敷かれている

礼文島蝦夷バフン雲丹 米 紫蘇
高級食材であるエゾバフンウニを贅沢に使い、フレンチと融合させた一品

スペイン｜モダン・スパニッシュ
RESTAURANT SANT PAU
レストラン サン パウ

予約 要
予算 (L)1万円～
　　 (D)2万円～

カタルーニャ伝統の料理を礎に
モダンかつ独創的な感性をプラス

赤坂 MAP 付録P.12 C-2

美食の地として名高いカタルーニャでモダン・スパニッシュの旗手として知られる女性シェフ、カルメ・ルスカイェーダ氏のレストラン。東京店は唯一の支店であり、エピキュリアンたちの評価も高い。

☎03-3511-2881
所 千代田区平河町2-16-15 ザ・キタノホテル東京2F 営11:30～15:30(LO13:30) 18:00～23:30(LO21:00) 休 不定休 交地下鉄・永田町駅からすぐ Pなし

→ カタルーニャ生まれのカルメシェフ（左）。伝統料理を礎にした革新的料理で絶賛。右は東京の赤坂エグゼクティブシェフ

↑ 落ち着きをたたえたラグジュアリーなダイニング

→ サン パウを代表するメイン、イベリコ豚のブルーマ。夜のコースは1万9000円～

サルモレッホ
料理は四季折々に変わる。写真はトマトとスイカを使った夏のスープ

東京進出！各国からの10店

中国｜北京料理
全聚徳
ぜんしゅとく

予約 望ましい
予算 (L)2000円～
　　 (D)1万円～

各国首脳が舌鼓を打った
北京ダックの名店

新宿 MAP 付録P.29 E-3

世界でも最も有名な北京ダックの店。北京店は毛沢東、周恩来時代から現在に至るまで外交の舞台としても重用され、錚々たる各国首脳が訪れている。北京店で研鑽を積んだ烤鴨師の焼く鴨は絶品。

☎03-3358-8885
所 新宿区新宿3-32-10 T&Tビル8・9F 営11:30～15:00(LO14:30) 17:00～23:00(LO22:00) 土・日曜、祝日11:30～22:00(LO21:00) 休 無休 交地下鉄・新宿三丁目駅から徒歩2分 Pなし

↑ 北京店は元治元年(1864)創業。東京では新宿、六本木に続き2018年10月に銀座にオープン

丹波産京鴨の北京ダック 1万7582円
50もの工程を経て仕上がる。少人数の場合は1本から注文可

↑ 青鮫のフカヒレ姿煮込みや干し貝柱と白菜の煮込みも美味

予約 要
予算 (L) 2000円～
　　 (D) 1万2000円～

フランス　ステーキ
HUGO DESNOYER EBISU
ユーゴ デノワイエ エビス

**「世界一の肉の目利き」が厳選
極上肉を堪能するためのビストロ**

恵比寿　MAP 付録P.26 C-3

パリの一流シェフが絶大な信頼を寄せる肉職人、ユーゴ・デノワイエ氏が認めた肉を楽しめるビストロ。1階には氏が厳選した希少肉やパテなどを販売する精肉ショップと、食前酒や希少肉を使ったおつまみが味わえるApéro de HUGOを併設。

☎03-5725-2525
所 渋谷区恵比寿南3-4-16アイトリアノン1・2F
営 11:30～15:00(LO14:00) 18:00～23:00(LO22:00)
休 月曜　交 東急東横線・代官山駅から徒歩4分、各線・恵比寿駅から徒歩4～7分　P なし

↑シェフの千葉稔生氏

↑1階ショップではグラスフェッドのフランス牛、熊本のあか牛、梅山豚を販売

↑ワインのセレクションも充実。希少肉とのマリアージュが楽しめる

**フランス牛リブロースの
ステーキ 600g
2万3100円**
非常に希少なフランス産リムーザン牛のリブロース。ぜひステーキで味わいたい

**HUGO特製
牛のタルタルプレーン
50g1980円**
50g、100g、150gと好みの量でオーダーできる
※写真はイメージ

食べる●東京ごはん

香港　飲茶
添好運 日比谷店
ティム・ホー・ワン ひびやてん

予約 不可
予算 (L) 1800円～
　　 (D) 2200円～

**香港から上陸した点心の行列店
「世界一安い星付きレストラン」**

日比谷　MAP 付録P.16 B-2

点心の本場・香港で創業した、ミシュランの星を持つ世界的に有名な点心専門店。価格帯、雰囲気ともにカジュアルながら、味は本物だと好評を博し、地元である香港でも長い行列ができるほどの人気。

☎03-6550-8818(予約不可)
所 千代田区有楽町1-2-2日比谷シャンテ別館1F
営 11:00～23:00(LO22:00)　施設に準じる
交 地下鉄・日比谷駅からすぐ　P なし

点心各種 456円～
ベイクドチャーシューバオが人気。焼点心、蒸点心など常時28種類が揃う

↑「高級店の味が日常的な料金で味わえる店を」と添好運を創業した麥桂培シェフと梁輝強シェフ

↑作り置きは一切せず、店内で1つずつ手作りしている

ラープ ムー
1188円
豚ひき肉と野菜やハーブ、唐辛子を和えたピリ辛サラダ

予約	望ましい
予算	L 1300円～ D 3000円～

タイ　イサーン（東北）料理

SOMTUM DER 代々木店
ソムタム ダー よよぎてん

**甘さ控えめ、化学調味料不使用
スッキリおいしいタイ料理**

代々木　**MAP** 付録P.2 A-4

日本で一般的に知られるタイ中部の料理に比べて野菜やハーブが多く、オイルと甘さを抑えたタイ東北部、イサーンの料理を供する。米の名産地でもあり、ご飯に合う料理が多いのも特徴だ。

☎03-3379-5379

↑バンコク、NY、ホーチミンに店があり、好評を博す

所 渋谷区代々木1-58-10 松井ビル1F　営 11:30～15:00(LO14:30) 17:00～22:30(LO22:00)　休 無休　交 各線・代々木駅から徒歩3分　P なし

↑シンハーの生ビールやパクチー・モヒートなどお酒も充実

イタリア　ピザ

Gino Sorbillo Artista Pizza Napoletana
ジーノ ソルビッロ アーティスタ ピッツァ ナポレターナ

**歴史と伝統を伝える
ナポリのピッツェリア**

日本橋　**MAP** 付録P.13 E-1

創業80年以上のナポリの老舗ピッツェリアが日本初上陸。カリスマ的存在のピザ職人、ジーノ・ソルビッロ氏の名店で、独自の製法は家族にしか明かしておらず、門外不出。イタリアから交代で愛弟子が訪れるというこだわり。

↑ナポリの店同様、行列ができる人気レストラン

☎03-6910-3553

所 中央区日本橋室町3-2-1 コレド室町テラス1F　営 11:00～22:00(土・日曜、祝日は～21:00)　休 無休　交 各線・三越前駅から徒歩1分　P なし

予約	不可
予算	L 2000円～ D 4000円～

アンティカ
マルゲリータ
1480円
香ばしくやわらかい生地にトマトソース、モッツァレラ、オリーブオイル、バジルを乗せて

↑レストランターのビル氏が、くつろげるアットホームな空間をデザイン

オーストラリア　オールデイダイニング

bills 表参道
ビルズ おもてさんどう

**食材が命のシンプル料理で
おいしく食べ、きれいになる**

表参道　**MAP** 付録P.22 B-2

トレンドのアボカドトーストなどヘルシーな料理が人気のシドニー発オールデイダイニング。世界の食の最先端を巧みに取り入れた料理が充実している。

☎03-5772-1133

所 渋谷区神宮前4-30-3 東急プラザ 表参道原宿7F　営 8:30～23:00　休 不定休　交 地下鉄・明治神宮前(原宿)駅から徒歩1分　P なし

©Anson Smart

アボカドトースト
フレッシュ
コリアンダーと
ライム添え 1452円
新鮮なアボカドを贅沢にトッピングしたトレンドのメニュー

予約	可
予算	B 1500円～ L 2000円～ D 2500円～

スペイン　シーフード

XIRINGUITO Escribà
チリンギート エスクリバ

**バルセロナでいちばんおいしい
パエリアが日本初上陸**

渋谷　**MAP** 付録P.25 D-3

本場バルセロナの人気シーフードレストランが日本に進出。オーナーシェフのジョアン・エスクリバ氏直伝の味を再現するため、水分量が少なく、硬さが特徴の「バレンシア米」を使用したパエリアは絶品。

☎03-5468-6300

所 渋谷区渋谷3-21-3 渋谷ストリーム3F　営 11:00～22:00(フードLO21:00、ドリンクLO21:30)　休 無休　交 各線・渋谷駅直結　P あり

↑海をイメージしたテーブル席がある店内

予約	可
予算	L 4000円～ D 6000円～

エスクリバパエリア
3850円(Mサイズ)
エビや魚介、チキン、野菜などの旨みが凝縮したスープとバレンシア米を17分間直火で炊き上げる

東京進出！各国からの10店

味だけで勝負を挑む粋な名店へ

これぞ頂点！和の絶対美食4店

割烹、寿司、天ぷらにふぐ。各カテゴリーで1軒ずつ、とびきりの名店のみをご紹介。
東京でも頂を極めた店でのみ味わえる、味蕾も心も大満足の絶対美食の4店です。

食べる●東京ごはん

↑精進と進化を続け、日々年々、いっそう「と村」らしさが増す

京料理 と村
きょうりょうり とむら

虎ノ門 MAP 付録P.5 D-1

都内にあまたある割烹のなかでも普遍にして特別な一軒

余分なあしらいや飾りを排し、たっぷりと盛られた料理は一見シンプルでありながら、どれもこの店でしか出会えない絶品の皿ばかり。夏の鮎、ウナギといった定番に加え、冬に供する窯で焼いた鴨など試行錯誤を重ねた新作も秀逸。

☎03-3591-3303
所 港区虎ノ門1-11-14 第二ジェスペールビル1F
営 18:00～22:00(最終入店20:30) 休 日曜、祝日
交 地下鉄・虎ノ門駅から徒歩3分 P なし

予約 要
予算 D 3万円～

↑虎ノ門の路地に面して静かにたたずむ。主役級の皿はもちろん、焼き麩、白和え、食事に付く香の物までぬかりなく美味しい

↑赤坂から移転し、虎ノ門での歴史も10年を超えた。個室は大小2室

↑炊いた賀茂茄子。箸を入れればトロリと割け、口中で品のよい甘さがとろけるように広がる。夏～秋口にかけての定番のひとつ

㐂寿司
きずし

人形町 MAP 付録P.13 E-3

代々継がれる江戸の美意識
すっきりとした潔さが身上

都内屈指の老舗であり、真っ当な江戸前寿司が食べられる店。高級店にありがちなこけおどしは一切なく、客をくつろがせつつ極上の寿司を供する。赤、白、同割りの酢飯がすっきりと旨く、頬張れば手綱巻きや印籠詰めなども楽しめる。

☎ 03-3666-1682
所 中央区日本橋人形町2-7-13　営 11:45~14:30 17:00~21:30(土曜は~21:00)
休 日曜、祝日　交 地下鉄・人形町駅から徒歩3分　P なし

予約 要
予算 L 5000円~
　　 D 1万5000円~

↑付近が花街だった頃は置屋だった建物

↑油井一浩氏。100年の老舗を継ぐ4代目

↑寿司店としての創業は大正12年(1923)

↑こだわりの赤身とコハダ。最も㐂寿司らしさを感じる握りだ

↑初夏の天ぷら2種。香り高いそら豆と泳ぎだざんばかりの鮎

天ぷら 畑中
てんぷら はたなか

麻布十番 MAP 付録P.21 D-4

尽くされた計算と
それを実現させる技術

たとえばそら豆。平たく広げるのはすべての粒と衣を最良の状態に仕上げるため。かくのごとく春夏秋冬すべての食材にふさわしい形、衣、油の温度、揚げ時間を考え抜く。細心の気遣いで揚げられた食材は畑中の天ぷらへと昇華する。

☎ 03-3456-2406
所 港区麻布十番2-21-10 麻布コート1F　営 18:00~22:30(最終入店20:00)　休 水曜　交 地下鉄・麻布十番駅から徒歩2分　P なし

予約 要
予算 D 1万5000円~

↑約10年の修業を経て開いた店の歴史は20年以上
↑店主、畑中宏祥氏。かつて憧れた先輩にならい蝶ネクタイを愛用

↑天ぷらの華は魚介。もちろんうまいが、畑中では野菜が絶品

ふぐ 福治
ふぐ ふくじ

銀座 MAP 付録P.17 D-3

希少にして絶品の豊後フグ
熟成させ極限まで旨みを引き出す

天然のトラフグのなかでも、ごくわずかしか流通しない豊後水道産を使用。しっかりとした身はうっすらとピンク色をたたえ、鍋にすると旨みの強さが際立つ。夏期は天然ウナギ、天然スッポン、鱧などが味わえる。自家製粉の手打ちそばも美味。

☎ 03-5148-2922
所 中央区銀座5-11-13 幸田ビル3F　営 17:00~23:00(LO21:30)　休 8月、4・7・9月の土・日曜・祝日、10~3月は無休　交 地下鉄・東銀座駅から徒歩2分　P なし

予約 要
予算 D 夏1万8150円~
　　 冬3万8500円~

↑店主、矢菅健氏。ふぐを扱って45年以上、銀座では30年のキャリア

↑テーブル席のほか、カウンター、座敷の個室も用意

↑厚めにそがれたお造りは、噛むたび口中に旨みが広がる。日本酒、焼酎のラインナップも充実。なかでも冬の白子酒、ひれ酒は格別な楽しみ

これぞ頂点！ 和の絶対美食4店

本場の雰囲気そのまま!!
陽気なイタリアン とっておき 3 店

3つの店に共通するのは、本場さながらの熱い空気。あの陽気でざわついた「元気」を、客とスタッフが醸し出す。イタリアの下町にいるような異空間が、毎夜盛り上がる!

↑南イタリアの温かな雰囲気に満ちたエリオ ロカンダ イタリアーナ

Elio Locanda Italiana
エリオ ロカンダ イタリアーナ

麹町 MAP 付録P.12 C-1

**南イタリアそのまま
郷土の味と喧騒が愉快**

シェフはカラブリア州出身。かの地の郷土料理が本場そのままに味わえる、東京でも稀有な店だ。また食材へのこだわりも深く、肉や野菜は西日本各地に直接出向き安全かつおいしいものを厳選。チーズは北海道の自社工房で製造している。

↑兄のエリオ氏とともにこの店を開いたシェフ、ジェルマーノ・オルサラーラさん

☎ 03-3239-6771
所 千代田区麹町2-5-2 半蔵門ハウス1F 営 11:45〜14:15(LO) 17:45〜22:15(LO) 休 日曜
交 地下鉄・半蔵門駅から徒歩1分 P なし

予約 要
予算 L 2500円〜
　　 D 8000円〜

↑豚バラでウンドゥーヤと呼ばれる辛いサラミとオリーブのペーストを包んだブラッチョリーナ・ディ・マイアーレ

↑ムール貝、オリーブ、ジャガイモとともに真ダコを煮込んだ温かい前菜1900円は冷たい白ワインと好相性

Trattorìa Siciliana Don Ciccio
トラットリア シチリアーナ ドン チッチョ
渋谷 MAP 付録P.25 F-3

南イタリアの食堂同様の陽気な賑わいが満ちる店

イタリア各地で修業時代を過ごしたシェフが、毎日食べても飽きなかったというシチリア料理は、魚介とオリーブオイル、トマトや柑橘を多用した、爽やかで気取らぬスタイル。ワインとともに思う存分味わいたい豪快な料理だ。

☎03-3498-1828
所 渋谷区渋谷2-3-6 営 18:00〜深夜(LO24:00)※変更になる場合あり 休 日曜、祝日の月曜 交 各線・渋谷駅から徒歩12分 P なし

予約 可
予算 D 8000円〜

● 味はもちろん、居心地のよさにも惹かれた常連客で深夜まで賑わう

● 数々の名シェフを輩出したクチーナ・ヒラタで研鑽を積み、イタリア各地で3年間腕を磨いた石川シェフ(左)。イワシとウイキョウのカサレッチェ2100円(税抜)は、松の実と干しブドウが効いた名物メニュー(右)

陽気なイタリアンとっておき3店

TRATTORIA CHE PACCHIA
トラットリア ケ パッキア
麻布十番 MAP 付録P.20 C-3

威勢のいいシェフとスタッフ客のざわめきが心地よい料理店

名店ビアット・スズキから2009年に暖簾分け。食材の厳しい選別、丁寧な調理、客の要望に応える柔軟さといった基本姿勢はそのままに独自の進化を遂げ、わがままで舌の肥えた常連客を魅了し続ける。特に近年は魚介を使ったメニューも評価が高まっている。

☎03-6438-1185
所 港区麻布十番2-5-1 マニヴィアビル4F 営 18:00〜24:00(LO) 休 日曜、祝日の月曜 交 地下鉄・麻布十番駅から徒歩5分 P なし

予約 望ましい
予算 D 8000円〜

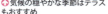

● 和牛のしんしんのロースト4400円〜(手前)。脂が少ないモモ肉、シンタマの中心部だ。さっぱりとした赤身ながらきめが細かくやわらかい。シャキッとしたオイルベースのパスタにとろけるような甘さとやわらかさのウニを合わせたリングイネ、ウニのソース2400円(奥)

● 気候の穏やかな季節はテラスもおすすめ

● 客のリクエストに気軽に応じてくれるのもこの店の魅力

● イタリア有名星付きレストランで研修後、ケパッキアシェフに就任した酒井辰也シェフ

151

↓ Quintessence店内。席数は以前のままに厨房が大きくなり料理の幅も格段に広がった

名シェフと極上の空間
気鋭のフレンチ5店 セレブの店

おいしいものだけを供したいという達人が作る、伝統の技に裏打ちされた新しいコンセプトの皿たち。それに似合う、上品で洗練されたインテリア。いうまでもなく、ホスピタリティもまた一流だ。

食べる●東京ごはん

Quintessence
カンテサンス
品川 MAP 付録P.34 B-3

予約 要
予算 D5万円〜

最高の料理を最高の状態で供す最も予約困難な店のひとつ

料理はおまかせコースのみ。「シェフ厳選の食材を最高の状態で楽しんでもらうため」と店は話すが、訪れるたびに異なる皿と出会えるのも常連客の喜びのひとつ。どの料理も一見シンプルかつモダンだが強烈にカンテサンス特有の印象を放つ。

☎03-6277-0090（予約専用）
☎03-6277-0485（問い合わせ）
所 品川区北品川6-7-29 ガーデンシティ品川御殿山1F
営 17:00〜20:00 20:30〜23:30
休 日曜を中心に月6日
交 京急線・北品川駅／JR五反田駅から徒歩10分
P あり

→パリ時代は、現3ツ星のアストランスでスーシェフまで務め、帰国して間もなくカンテサンスをオープンしたフレンチ界の若き旗手、岸田周三シェフ

↑7種類の天然きのこと真ダコのフリカッセ
→牡丹エビと黄ニラを使った前菜。透明感あふれる岸田シェフらしい一皿

GINZA TOTOKI
ギンザ トトキ
銀座 MAP 付録P.16 C-3

正統派フレンチで堪能 豪胆なシェフのやさしい料理

食材は都内料理店でも屈指。一流料理人たちがうらやむ素材を揃える。さらに十時氏はフランス、ベルギーで腕を磨きレカンの料理長も務めた正統派凄腕。近年は以前から定評の健康志向も高まってトトキの料理からは活力を得られるとファンが多い。

☎03-5568-3511
所 中央区銀座5-5-13 坂口ビル7F
営 11:30〜14:00(LO13:30) 18:00〜22:00(LO21:00)
休 月曜(祝日の場合は営業)
交 地下鉄・銀座駅から徒歩2分
P なし

→若手シェフらの憧れにして先頭を走り続ける十時亨シェフ。2015年には料理マスターズ、現代の名工を同時受賞

↑ズワイガニと無農薬野菜のコンソメ風ゼリー、カニのクリーム味噌添え 3200円。無農薬野菜もたっぷり

↓真っ白な空間で彩りと活力あふれる料理を堪能

予約 要
予算 L3800円〜 D1万3000円〜

restaurant Nabeno-Ism
レストラン ナベノイズム

蔵前 MAP 付録P.3 F-3

☎03-5246-4056
所 台東区駒形2-1-17 営 12:00～15:00 18:00～22:00 休 月曜、ほか不定休 交 各線・蔵前駅から徒歩4分 P なし

予約 要
予算 L 1万2100円～
D 2万4200円～

新たなフランス料理が花開く華麗な一皿

3年連続ミシュラン2つ星の渡辺雄一郎シェフが手がけるレストラン。ウニやキャビアなどの食材をそばと融合させるなど、日本固有のおもてなしや四季の食材と、フランスの郷土料理の良さを生かしながら昇華させる。芸術的な料理の数々は圧巻。

◎ 隅田川のロマンティックな景色を眺めながら日本の四季とフランス料理のエスプリが融合した料理を堪能できる

◎ ディナーコース「Nabeno-Ism」2万2000円の一例

ESqUISSE
エスキス

銀座 MAP 付録P.16 C-2

☎03-5537-5580
所 中央区銀座5-4-6 ロイヤルクリスタル銀座9F 営 12:00～13:00 (LO) 18:00～20:30 (LO) 休 不定休 交 地下鉄・銀座駅から徒歩1分 P なし

食べ手の感性を刺激する絵画のような皿の数々

エスキスとは素描の意。未完のまま進化を続ける精神を表す命名だ。日本の食材にフレンチの伝統、柑橘やエキゾチックハーブを使った料理はおまかせコース。軽やかで、まるでアートのような皿が次々に運ばれてくる。

◎ コルシカに生まれトロワグロの料理長も務めたリオネル・ベカ氏

◎ ジロール茸のソテーとカボチャのピュレを薄い豆腐で覆って仕上げる

◎ ナチュラルな色使いと自然の素材使いをベースにしたインテリア

◎ 醤油粕とブルーチーズで48時間漬けこんだ鴨は、奥行きのある風味。サルミソースやスパイス、ヴィネガーで風味づけした野菜、小豆、カシスを添えている

予約 要
予算 L 1万5000円～
D 3万円～

フロリレージュ

外苑前 MAP 付録P.23 D-1

☎03-6440-0878
所 渋谷区神宮前2-5-4 SEIZAN外苑B1 営 12:00～13:00(最終入店) 18:00～19:30(最終入店) 休 水曜 交 地下鉄・外苑前駅から徒歩5分 P なし

移転後の第2章が開幕 厨房を舞台に美食を生む

キッチンを中央に備えた大きなカウンターが目を引く。中では川手寛康シェフを中心にスタッフが立ち働き、まるで洗練されたエチュードが繰り広げられているようだ。料理はおまかせのみ。シェフが国内外の名店で磨いたフレンチの技法で日本の風土が育んだ国産食材を調理する。

◎ 車エビの皮で作ったガルニチュールがユニーク(上)。再肥育された、旨みの強い経産牛は絶品(下)

予約 要
予算 L 8310円～
D 1万5440円～

◎ 作り手とゲストに一体感が生まれ、全員でひとつの「食体験」を共有

気鋭のフレンチセレブの店5店

Ruth's Chris Steak House
ルース クリス ステーキ ハウス

霞が関 **MAP** 付録P.5 D-1

←一人でも気軽に立ち寄れる

ニューオーリンズ発祥の老舗で上質な直火焼きステーキを

特別な日にふさわしい高級感あふれる店内で、本場アメリカのジューシーなステーキを味わえる。やわらかく芳醇な熟成肉は、980℃の高温で肉本来の旨みを閉じ込めている。メインダイニングのほか、プライベートダイニング、バーカウンターもある。

☎03-3501-0822
所 千代田区霞が関3-2-6 東京倶楽部ビルディング1F 営 11:00～15:00(LO14:30) 17:30～23:00(LO22:00) 土・日曜、祝日は～22:30(LO21:30) 休 無休 交 地下鉄・虎ノ門駅から徒歩2分 P あり(有料)

予約 要
予算 L 1800円～ D 1万2600円～

←アメリカの邸宅のようなシックな店内のメインダイニング

←USDAプレミアビーフフィレはやわらかくジューシー。11oz(310g)7800円

食べる●東京ごはん

海外セレブから支持される名店

お肉料理で絶対選びたい4店

熟成肉が流行り、赤身肉に人気が高まる昨今。本気で肉好きの諸兄諸姉にすすめたい店が、4軒ある。イタリア風やフレンチ風だが、自慢はまさしく肉料理。

VACCA ROSSA
ヴァッカ ロッサ

赤坂 **MAP** 付録P.12 B-4

薪が放つスモークの香りと肉汁をたたえた肉の旨み

店内で目立つのは炎の揺らぐ暖炉。ここで薪を使って焼くビステッカが名物だ。通常、焼きたての肉にナイフを入れると肉汁は流れだすが、ここのステーキは口に含むまで繊維に水分をたたえ、歯ごたえ、おいしさともにパワフル。

☎03-6435-5670
所 港区赤坂6-4-11 ドミエメロード1F 営 11:30～13:00 18:00～23:00 休 月曜・第1・3水曜のランチ、日曜、祝日 交 地下鉄・赤坂駅から徒歩3分 P なし

予約 要
予算 L 1100円～ D 8500円～

←「明日の活力となる料理を出したい」と話す渡邊シェフ

←ビステッカ・アッラ・トサーナは1万5000円のコースのメイン。土佐のあかうしロースを骨付きで焼く

←温かみあふれるインテリア

IBAIA
イバイア

銀座 MAP 付録P.17 E-3

**気遣いあふれるサービスと
絶品料理、手ごろなお酒が揃う**

温かな活気をたたえて木挽町の路地に立つ佳店。マルディグラで副料理長を務めたシェフは種類、部位を問わず肉の扱いに長けており何を食べても間違いない。店の姿勢を表すおいしくて手ごろなワインのラインナップも好評だ。

☎03-6264-2380
所 中央区銀座3-12-5 1F
営 17:00〜23:00(LO21:30) 休 月曜 交 地下鉄・東銀座駅から徒歩5分 P なし

予約 要
予算 D 6000円〜

↑歌舞伎座にほど近い路地にある

↑オーナーが自ら畑で栽培するなど、野菜の鮮度もこの店の魅力

↑一見シンプルにして力強く、その繊細な深味シェフ(左)の料理と、オーナー兼安さん(右)の温かな気遣いが熱烈な常連客をつくる

↑「肉料理と揚げ物が得意」と話すシェフ最強の逸品、牛のヒレカツ3200円。分厚くもジューシーな赤身が香ばしい薄衣をまとう。野菜と牛のフォン、酒の甘みが効いたソースも美味

お肉料理で絶対選びたい4店

ウルフギャング・ステーキハウス 六本木店
ウルフギャング・ステーキハウス ろっぽんぎてん

六本木 MAP 付録P.21 D-2

**世界中のセレブから愛される
本場アメリカの熟成肉ステーキ**

NY発、アメリカで大変な人気を誇るステーキハウスの、国内第1号店がここ六本木店。店内でドライエイジングした最上級の肉を900℃の高温オーブンで焼き上げるため、外側は香ばしく、内側はジューシーでやわらかい絶妙な仕上がり。

☎03-5572-6341
所 港区六本木5-16-50 六本木デュープレックスM's 1F 営 11:30〜23:30(LO22:30) 休 無休
交 地下鉄・六本木駅から徒歩5分 P なし

↑シャンデリアの下がる華麗な店内で、毎夜賑やかな肉の宴が繰り広げられている

↑アメリカで最上級の格付けである「プライムグレード」の肉を使用(左)。シーフードやサラダなど肉料理に合うサイドも豊富(右)

予約 可
予算 L 2000円〜
D 1万円〜

味は保証します！
東京で食べる最高の飲茶4店

🍴飲茶の本場であり、食材の持ち味をダイレクトに味わう広東料理。その本物が味わえる都内でも屈指のレストランだ。飲茶に欠かせない中国茶も充実

東京で「飲茶」はどこがおいしいか、となれば、まずこの4つの中国料理店が群を抜く。
種類も多く、飲茶だけで済ませることもできる。ここで食せば、わざわざ香港まで行く必要はない。

シェフが自ら調合した特製醤油をかけていただくスジアラの強火蒸し2735円

ランチの飲茶コースでは、本場香港で食しているような点心を提供

広東料理 龍天門
かんとんりょうり りゅうてんもん

恵比寿 **MAP** 付録P.27 F-4

予約 望ましい
予算 Ⓛ5000円～ / Ⓓ1万円～

王宮のような空間で食す本格的かつ独創的な広東料理

2018年にリニューアルし、総料理長には数々の名店やホテルで料理長を務めた和栗邦彦氏が就任。伝統料理をベースに独自のアレンジが光る、鮮やかな料理に魅せられる。

☎03-5423-7787
所目黒区三田1-4-1ウェスティンホテル東京2F
営11:30～15:00(土・日曜、祝日は～16:00) 17:30～21:30 休無休
交各線・恵比寿駅から徒歩10分 Ｐあり

糖朝
とうちょう

日本橋 **MAP** 付録P.15 E-2

アジアを魅了した香港料理レストラン

香港で生まれたスイーツレストランが、自慢の料理を生かした香港バル、香港麺・粥、香港スイーツの3つのスタイルを展開。朝食に人気の五目粥など心と体を癒やしてくれる。

オーダーごとに材料と粥を炊き上げている糖朝五目粥1000円(税抜)

しっかり歯ごたえのある極細麺が美味。海ワンタン香港麺1140円(税抜)

完熟マンゴーを使用した、糖朝スイーツ人気No.1のマンゴプリン550円(税抜)

☎03-3272-0075
所中央区日本橋2-4-1 髙島屋日本橋店本館8F 営11:00～22:00(LO21:00) 休なし 交各線・日本橋駅から徒歩5分 Ｐあり

予約 可
予算 Ⓛ2000円～ / Ⓓ6000円～

⬆落ち着いた店内で香港料理を存分に味わうことができる

食べる ● 東京ごはん

大観苑
だいかんえん

赤坂 MAP 付録P.12 B-2

予約 望ましい
予算 (L)2420円〜
(D)1万2100円〜

昭和39年(1964)の開店以来
美食家に愛される上海料理

「王道主義」を貫くメニューが並ぶ。特にフカヒレの姿煮は天日干しした上質なものを用いるほか、ソムリエの厳選するワインなども充実している。

☎03-3238-0030
⌂千代田区紀尾井町4-1 ホテルニューオータニ ザ・メイン16F ⏰11:30〜22:00 LO21:30) 休無休 地下鉄・赤坂見附駅／永田町駅から徒歩3分 Pあり

↑ホテルの日本庭園や都心を望むメインダイニングからの眺望も絶景

絶対おすすめ。特製焼き餃子1936円 (4個)はタレも絶品 ※ランチタイムのみ

しっかりとした味付けで調味料不要のエビ蒸し餃子847円(2個)

赤坂璃宮 銀座店
あかさかりきゅう ぎんざてん

銀座 MAP 付録P.16 C-3

繊細かつ華やかな中華に
心も体も満たされる

「医食同源」を実現する広東料理の名店。日本の食材を巧みに取り入れながら、広東料理の真髄を追求するスタイルが長年愛される理由だ。自慢の上湯スープを使ったフカヒレ・海鮮料理や、本格飲茶を堪能したい。

☎03-3569-2882
⌂中央区銀座6-8-7 交詢ビル5F ⏰11:30〜15:00(LO) 17:30〜20:30(LO) 日曜、祝日11:30〜16:00(LO) 16:30〜20:30(LO) 休無休 地下鉄・銀座駅から徒歩3分 Pあり

予約 要
予算 (L)3000円〜
(D)1万円〜

東京で食べる最高の飲茶4店

蒸し点心三種(海老蒸し餃子、とび子のせ海老焼売、にら入り蒸し餃子)1320円

左:カスタード揚げまんじゅう
右:黒ゴマあんの胡麻揚げ団子 各330円

↑中国伝統の四合院様式が広がる。洗練された空間で優雅な時を満喫

↑ビル建て替え後も吹き抜け構造に開業当時の面影を残す

→伝統のアイスクリームソーダは食後に注文可

↑メニュー約80種。どれも手抜きなし

レストラン香味屋
レストランかみや

入谷 MAP 付録P.3 E-2

下町の気品と矜持を保つ正統派にして上質な料理

大正14年(1925)、粋な花街、根岸に創業。ごちそうでありながら気取りすぎず、舶来料理ではあるがご飯に合うという洋食の魅力が存分に楽しめる店。手抜きのない澄んだ味の料理だ。

☎03-3873-2116
所台東区根岸3-18-18 営11:30〜22:00(LO20:30) 休水曜 交地下鉄・入谷駅から徒歩5分／JR鶯谷駅から徒歩10分 Pあり

昔ながらの懐かしい味
老舗の洋食店5 店

明治・大正で生まれて昭和で完成した洋食はすでに、新種の「日本食」として定着したといっていいだろう。ここでは、熟成感さえある5つの店を厳選。

資生堂パーラー 銀座本店 レストラン
しせいどうパーラー ぎんざほんてん レストラン　→P.178

銀座 MAP 付録P.16 C-4

憧れと郷愁を感じる銀座のシンボル

創業から今に至るまで人々の憧れであり続ける老舗。基本レシピはレストラン開業当初から伝わるもので、姿こそ昔のままだが、常に改良し最良の食材を求めるなどの取り組みが極上の料理を作っている。

☎03-5537-6241
所中央区銀座8-8-3 東京銀座資生堂ビル4-5F
営11:30〜21:30(LO20:30) 休月曜(祝日の場合は営業) 交地下鉄・銀座駅から徒歩7分／各線・新橋駅から徒歩5分 Pあり(契約駐車場利用)

↑古きを守り進化を促す倉林龍助総調理長

予約 望ましい
予算 L4000円〜 D8000円〜

ビーフシチュー 資生堂パーラースタイル
3700円(別途サービス料10%)

昔ながらのレシピで調理。デミグラスソースにトマトが効いた、すっきりとしたおいしさで幅広い年齢層の心をつかんでいる

予約 望ましい
予算 L3000円〜 D5000円〜

メンチカツ
2200円

非の打ちどころのない最上級メンチ。創業時からのレシピどおり、野菜とスジ肉をソテーし煮詰めるという工程を繰り返して作るデミのうまさは一流だが、ウスターで食しても美味

↑ゆったりとした上品な空間

小川軒
おがわけん

代官山 MAP 付録P.26 C-1　➡P.176

計算し尽くされたシンプル
手間と技を尽くした完成度

明治38年(1905)創業の110年を超える老舗。代官山に移って最初の客が志賀直哉、以前も以降も名だたる文化人が通う名店だ。料理は一見シンプルだが考え抜き、最善を尽くした究極の姿。

☎03-3463-3809
所渋谷区代官山町10-3　営12:00～15:00 (LO14:00) 17:30～22:00 (LO21:00)　休日曜、祝日　交東急線・代官山駅から徒歩6分　Pあり

➡店を継いで40年になる4代目の小川忠貞シェフ

予約	要
予算	L 2750円～ D 1万7600円～

芝エビのクリームコロッケ 3300円
なめらかなクリームにはじけるようなエビの弾力が詰まった極上コロッケ。そのままでもおいしいが、2口目はタルタルをたっぷりつけて味わいたい

↑風格のある店は住宅街で長年愛されている

目白 旬香亭
めじろ しゅんこうてい

目白 MAP 付録P.2 B-2

丹精込めて仕上げる洋食と
芳醇な味わいのワインが美味

太陽の光が注ぎ込む店内は、開放感たっぷりの空間。ロースカツレツやステーキハンバーグなど、豊富な洋食料理を揃え、技法と料理への情熱にあふれる古賀達彦シェフがもてなす。

☎03-5927-1606
所豊島区目白2-39-1 トラッド目白2F　営11:00～15:00(LO14:00) 17:00～21:00(LO20:00)　休月曜(祝日の場合は翌日)　交JR目白駅から徒歩1分　Pなし

➡新鮮な彩り野菜のサラダプレートランチ 1800円。スープとライス付き

予約	可
予算	L 2000円～ D 4000円～

特選和牛ステーキランチ 4300円
ジューシーな和牛ステーキを絶妙な焼き加減で調理。素材の味を生かした和牛は肉厚ながらもやわらかく食べごたえがあり、ナイフを入れるとあふれる肉汁が食欲をそそる。スープとライス付き

↑海外の洋館のようなシックなたたずまい

銀座 みかわや
ぎんざ みかわや

銀座 MAP 付録P.17 D-2

創業当時のレシピを守る
お箸で食べるフランス料理

フランス料理の真髄を日本に伝えた横浜ニューグランドホテルの初代料理長から、直接「技と心」を受け継ぐ洋食店。フランス料理の基本は残し、日本人に親しみやすい味を提供する。

☎03-3561-2006
所中央区銀座4-7-12銀座三越新館1F　営11:30～21:30(LO20:30)　休無休　交各線・銀座駅から徒歩2分　Pなし

➡特撰オードゥーブル(9品)6600円は店の自慢の一品

予約	可
予算	L 3000円～ D 1万円～

ビーフステークフィレ 1万560円
さっぱりとした国産牛を厳選して調理。表面はしっかりと焼き色をつけ、オーブンで旨みを閉じ込めながらゆっくりと焼いている。2週間かけて煮込んだ特製デミグラスソースとの相性も◎

老舗の洋食店5店

159

一日の始まりは上質な食卓から
早起きしていただく
優雅な朝食

旅の朝は丁寧にこしらえた食事からスタート。お寺の和食をはじめ、東京に上陸した有名パンケーキ店、世界各国の食文化を感じられるレストランなど多様なメニューと穏やかな空間で過ごし、エネルギーをチャージしたい。

寺院の敷地内に誕生 話題の朝食で心安らぐ
築地本願寺カフェ Tsumugi
つきじほんがんじカフェ ツムギ

築地 **MAP** 付録P.19 F-1

築地本願寺のインフォメーションセンター内にあるカフェ。仏教や浄土真宗にちなんだ朝食やランチ、抹茶を使用した和スイーツ、オリジナルのお茶などを提供。話題の朝食「18品の朝ごはん」は店の人気メニュー。

☎03-5565-5581
所中央区築地3-15-1 築地本願寺インフォメーションセンター内 営8:00～18:00 休無休 交地下鉄・築地駅出口1直結 Pなし

予約 可
予算 Ⓑ 2000円～

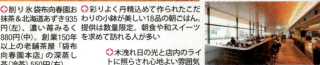

↑削り氷袋布向春園お抹茶&北海道あずき935円(左)、濃い苺みるく880円(中)。創業150年以上の老舗茶屋「袋布向春園本店」の深蒸し茶(冷茶)550円(右)

↑彩りよく丹精込めて作られたこだわりの小鉢が美しい18品の朝ごはん。提供は数量限定。朝食や和スイーツを求めて訪れる人が多い

↑木洩れ日の光と店内のライトに照らされ心地よい雰囲気

ニューヨークで大人気のパンケーキ店が東京に進出
CLINTON ST. BAKING COMPANY 東京店
クリントン ストリート ベイキング カンパニー とうきょうてん

青山 **MAP** 付録P.23 D-4

ホームメイドにこだわった朝食が人気のレストラン。看板メニューの「ブルーベリーパンケーキ」は、『ニューヨーク・マガジン』でNo.1の評価を2度も獲得するなど、老若男女に支持される。ワッフルやチキンなどのメニューも充実している。

☎03-6450-5944
所港区南青山5-17-1 営9:00～18:00(LO17:00) 休不定休 交地下鉄・表参道駅から徒歩6分 Pなし

予約 望ましい
予算 Ⓑ 1500円～

↑王道のブルーベリーパンケーキ1700円。中はモチモチ&ふわふわ食感のパンケーキが美味

↑表参道の骨董通りにある赤い壁が目印

食べる●東京ごはん

食の文化と知恵が詰まった
世界各地の朝ごはんを味わう

WORLD BREAKFAST ALLDAY 外苑前店
ワールドブレックファストオールデイ がいえんまえてん

外苑前 MAP 付録P.23 D-2

「朝ごはんを通して世界を知る」をコンセプトに、東京にいながら食で世界旅行の気分を味わえるレストラン。メニュー開発は、大使館や政府観光局、東京在住の現地出身者の協力のもと、歴史や文化、栄養、彩りなどの伝統を再現している。2カ月ごとに変わる各国のメニューが待ち遠しくなる。

☎ 03-3401-0815
所 渋谷区神宮前3-1-23-1F 営 7:30～20:00(LO19:30) 休 不定休 交 地下鉄・外苑前駅から徒歩5分 P なし

予約 可
予算 Ⓑ 1200円～

↑菓子パンなど朝食に甘いものを食べることが多いチェコの朝食。フレビーチェクはスライスしたパンにハムやサラダ、卵などを盛り付けたオープンサンド

↑フランス語で朝ごはんを意味する「プティ・デジュ」はクロワッサンがメイン。生ハムやチーズやカットフルーツなどの彩りも添えて
↑海外のこぢんまりとしたカフェのようなたたずまい

ニューヨーカーに愛される
洗練されたブランチを楽しむ

サラベス 東京店
サラベス とうきょうてん

東京駅 MAP 付録P.15 D-2

昭和56年(1981)にニューヨークで創業。パンケーキやエッグベネディクトをはじめ、創業者サラベスが生み出す朝食メニューは、地元客だけでなく世界中の食通を魅了している。

☎ 03-6206-3551
所 千代田区丸の内1-8-2 鉄鋼ビルディング南館2-3F 営 8:00(土・日曜9:00)～23:00(日曜、祝日は～22:00) 休 無休 交 各線・東京駅から徒歩2分 P なし

予約 可
予算 Ⓑ 1200円～

↑ガラス張りの2階の店内には大きな窓から光が降り注ぐ

↑イングリッシュマフィンにとろける半熟卵、スモークハム、オランデーズソースをのせたクラシック・エッグベネディクト1380円

見た目のインパクト大!
パンケーキブームの先駆け

Eggs 'n Things 原宿店
エッグスンシングス はらじゅくてん

表参道 MAP 付録P.22 B-2

昭和49年(1974)にハワイで誕生したカジュアルレストラン。甘さ控えめの生地に高さ15cmほどのホイップクリームが盛られたパンケーキは、世界中の人に愛されている。

☎ 03-5775-5735
所 渋谷区神宮前4-30-2 営 8:00～22:30(LO21:30) 休 不定休 交 地下鉄・明治神宮前(原宿)駅から徒歩2分 P なし

予約 可(土・日曜、祝日は望ましい)
予算 Ⓑ 850円～

↑ストロベリー、ホイップクリームとマカダミアナッツのパンケーキ1298円は迫力満点のビジュアルが人気

↑ハワイの雰囲気を感じる開放感のある店内。2階席も充実

早起きしていただく優雅な朝食

CAFE & SWEETS
カフェ&スイーツ

↑ケーキなどの生菓子は鮮度と味わいにこだわりイートイン限定で提供するものも多い

チョコレートとピスタチオのムースをつやのあるコーティングで仕上げた代表作アンブロワジー 740円

チーズムースの中にベリーソースを入れ生クリームで包み込んだとろけるあ口どけのエヴェレスト 630円

食べる●カフェ&スイーツ

東京で絶対人気のパティシエがいる店
世界が認める特別なスイーツ

自らの腕で自分の世界を築き上げた名パティシエの店へ
宝石のように輝く絶品スイーツを味わいに出かけたい。

作りたての味わいを守る上質なオリジナルケーキ
HIDEMI SUGINO
イデミスギノ

京橋 MAP 付録P.15 D-4

目の届く範囲で丁寧に作ったスイーツを提供したいという思いで開業。生菓子はムース系が中心で、口どけや味わいを重視したオリジナルケーキを販売。

☎03-3538-6780
所 中央区京橋3-6-17 京橋大栄ビル1F
営 11:00～19:00 (LO18:00) 休 日・月曜 交 地下鉄・宝町駅／京橋駅から徒歩2分 Pなし

杉野英実 すぎののひでみ
ホテルオークラ東京、フランスでの修業を経て帰国。パティシエの世界大会「クープ・ド・モンド・ドゥ・ラ・パティスリー」で日本を優勝に導く。

ホテル×スーパーシェフ
最強タッグの贅沢スイーツ
パティスリーSATSUKI
パティスリー サツキ

赤坂 MAP 付録P.12 B-2

ホテルならではのスケールメリットとコネクションを存分に生かしつつ遊び心あふれるアイデアをスイーツへと具現化。イートインでも味わえる。

☎03-3221-7252
所 千代田区紀尾井町4-1 ホテルニューオータニ・メインロビィ階
営 11:00～21:00 休 無休 交 地下鉄・赤坂見附駅／永田町駅から徒歩3分 Pあり(有料)

中島眞介 なかじましんすけ
ホテル・スイーツのイメージを一変させたグランシェフ。2015年フランス農事功労章シュヴァリエ受章。

厳選素材と職人の技から生まれる最上級ショートケーキ 新エクストラスーパーメロンショートケーキ 4104円

大粒のイチゴと濃厚なカスタードをサクサクなパイ生地に贅沢に挟んだナポレオンパイ 1080円

国産素材を取り入れ、からだにやさしくおいしさを追求した上質なJカンパーニュネクスト 1728円

❶スーパースイーツシリーズやスイーツクロワッサンシリーズなど展開もユニーク

❶価格に驚く人もいるが、一流店の素材の良さや大きさを考えればけっして高くない

さまざまに姿を変える多彩なショコラを堪能
ショコラティエ パレ ド オール →P.176

丸の内 MAP 付録P.14 B-2

カカオ豆からチョコレート作りを手がける専門店。三枝シェフが作り出す、華やかで上品なチョコレートの数々は特別なギフトにもオススメ。

☎03-5293-8877
所 千代田区丸の内1-5-1 新丸ビル1F 営 11:00～21:00（日曜、祝日は～20:00）LOは各30分前 休 ビルに準ずる 交 各線・東京駅から徒歩1分 P なし

自家製4種のチョコを使用した美しいパルフェ（季節に合わせて変わる）ショコラパルフェ2310円

↑まるで宝石店。穏やかな季節には仲通りに面したテラス席も素敵

三枝俊介 さえぐさ しゅんすけ
カカオ豆からビターやミルク、ホワイトチョコレートまで自家製で揃える。探究心と遊び心にあふれている。

パリに拠点を持ち本場の伝統と革新を提案
pâtisserie Sadaharu AOKI paris
パティスリー・サダハル・アオキ・パリ

日比谷 MAP 付録P.14 A-4

パリで活躍するパティシエ、青木定治氏のブティック。白を基調とした洗練された店内には、色鮮やかでスタイリッシュなスイーツが並ぶ。

☎03-5293-2800
所 千代田区丸の内3-4-1 新国際ビル1F 営 11:00～20:00（LO19:00）休 不定休 交 各線・有楽町駅から徒歩2分／地下鉄・日比谷駅から徒歩3分 P あり（有料）

抹茶ベースのバンブー896円、チーズケーキ シトロネ756円、イチゴとピスタチオが重なるサヤ896円

↑まるでコスメのパレット。12色のボンボンショコラ
↑パリで作り直送されるマカロン

青木定治 あおき さだはる
2001年パリで開業。現地での受賞歴も多く、今世界で最も注目されているパティシエの一人

↑店内にはカフェスペースがある。ここだけの限定商品にも注目

世界一のスイーツを求め国内外からファンが訪れる
モンサンクレール

自由が丘 MAP 付録P.35 E-3

辻口博啓氏の原点であるパティスリー。自身の代表作であるセラヴィをはじめ、独創性に富んだプチガトーや焼き菓子、地方菓子やショコラなど100種類以上のスイーツが並ぶ。

☎03-3718-5200
所 目黒区自由が丘2-22-4 営 11:00～19:00、サロン11:00～17:30（LO）休 水曜、臨時休業あり 交 東急線・自由が丘駅から徒歩10分 P あり

ショコラとピスタチオが香るブロンテ630円（奥）とルビーチョコレートを使ったかわいいリッチルビー650円（手前）

フランボワーズの酸味とピスタチオの香ばしさがホワイトチョコレートの甘さを際立たせるセラヴィ630円

辻口博啓 つじぐち ひろのぶ
洋菓子の世界大会で多くの優勝経験を持つトップパティシエ。現在、全国で13ブランドを展開中。

↑ショーケースには宝石のように美しいケーキが並ぶ

盛り付けは目の前で五感で味わうデセール
Toshi Yoroizuka Mid Town
トシヨロイヅカ ミッドタウン

六本木 MAP 付録P.20 C-1

ミッドタウンでは、その場で食すからこそ味わえる、アシェット・デセールが楽しい。目の前でシェフが盛り付けていく様子はまるで魔法。

☎03-5413-3650
所 港区赤坂9-7-2 東京ミッドタウン・イースト1F 営 11:00～21:00、サロン11:00～22:00（LO21:00）休 無休 交 地下鉄・六本木駅から徒歩1分 P あり（有料）

↑目の前でデセールを盛るカウンター席のサロン。ショップも併設

鎧塚俊彦 よろいづか としひこ
国内で経験を積み渡欧、8年を過ごす。日本人初の3ツ星店シェフ・パティシエ就任など快挙を果たす。

パイ生地、焼いた糖に包まれたとろけるリンゴにアイスと多彩な質感、温度が重なるタルトタタン1500円

ムースやクッキーなどチョコだけで4つのテクスチャー ムッシュ・キタノ580円

世界が認める特別なスイーツ

163

創業から75年以上 東京で愛され続ける人気パン
Pelicàn CAFE
ペリカンカフェ

浅草 **MAP** 付録P.3 F-3

多くのレストランや喫茶店からの注文も多い老舗パン屋さん、ペリカンのカフェ。炭火で炙るトースト、中身もおいしいハムカツサンドやフルーツサンドが好評で、店頭には連日、行列ができる。

☎03-6231-7636
所台東区寿3-9-11 営9:00～17:00(LO)
休日曜、祝日 交地下鉄・田原町駅から徒歩7分
Pなし

→比較的回転が速いため、行列していても待ち時間は意外と短い

白いチーズトースト 760円
モッツァレラ、フロマージュ・ブラン、パルミジャーノとチーズの旨みが重なる

黄色いチーズトースト 700円
マスタードを効かせたチェダーチーズのトーストはお酒とも好相性

食べる●カフェ&スイーツ

いつのまにかブーム到来!
ベーカリーの人気食パン

モチモチ、ふわふわ、しっかりなど食感も味も多彩な食パンが揃う。パンを知り尽くした専門店ならではのトースト・メニューも美味。

買って帰れる食パン

食パン
1斤430円、1.5斤650円
昔ながらの製法で作る食パンは飽きがこず毎日食べられる。2日前には電話予約が無難

Pelicàn
ペリカン

浅草 **MAP** 付録P.10 B-4

☎03-3841-4686 所台東区寿4-7-4 営8:00～17:00(電話は～15:30) 休日曜、祝日 交地下鉄・田原町駅から徒歩5分 Pなし

買って帰れる食パン

フィナンシェ食パン
～進化系生食パン～
850円(税抜)
焼菓子の「フィナンシェ」から発想を得て作られた食パン。濃厚な味わいと、とけるような口当たりが特徴。耳はサクサクとほぐれるのでさまざまな食感を楽しめ、まさに進化系!

新しい日常のための食パンを届ける
hotel koé bakery
ホテル コエ ベーカリー

渋谷 **MAP** 付録P.24 C-2

2020年10月、hotel koé tokyoの1階カフェkoé lobby内にオープンしたベーカリー。日本中のパンを食べてきた「パンラボ」の池田浩明氏が監修した個性豊かなパンが並ぶ。特に「フィナンシェ食パン」は、とけるような新食感とおやつのような食パンとして、SNSでも話題に。

☎03-6712-7257
所渋谷区宇田川町3-7 hotel koé tokyo 1F 営7:30～20:00(ベーカリーはなくなり次第終了、焼き上がりはパンの種類により異なる) 休不定休 交各線・渋谷駅から徒歩5分 Pなし

→ホテルの1階にあり開かれた空間。レストラン利用でなくても気軽に入りやすいのがうれしい

ブリュレシブースト 750円
フィナンシェ食パンにキャラメリゼしたリンゴとカスタードクリームをトッピング。目の前でブリュレして仕上げてくれる ※koé lobby(カフェ) 15:00以降の店内限定メニュー

職人技が光る
京都発祥のデニッシュ食パン
CAFE & BAKERY MIYABI
神保町店
カフェ&ベーカリー ミヤビ じんぼうちょうてん

神保町 MAP 付録P.3 D-3

パンの激戦区、京都で育ったデニッシュ食パンの有名店。クリームやバターを練り込んだリッチな味わいとほんのりとした上品な甘さ、軽い食感がクセになるおいしさだ。

☎03-5212-6286
所 千代田区西神田2-1-13 営 7:15〜20:00 休 無休 交 地下鉄・神保町駅/JR水道橋駅から徒歩5分 P なし

ハニートースト 750円
カリッとトースト後、アイスや生クリーム、ハチミツをトッピング

買って帰れる食パン

ミヤビ デニッシュ
1.5斤880円
バターをたっぷり練り込んだ、香り豊かなデニッシュ生地の食パン

↑10時30分以降はカレーやパスタなども充実

ガラス張りで厨房がまる見えの
劇場型ベーカリー
VIKING BAKERY F
ヴァイキング ベーカリー エフ

青山 MAP 付録P.23 F-3

マーガリンや添加物を使わず、熊本県産の石臼挽き粉とカナダ産一等粉をブレンドした粉、自家製天然酵母、バター100%といった上質素材で焼く手作りパンの専門店。イートインスペースがあり、トーストやサンドイッチを店内で食すことも可能。

☎03-6455-5977
所 港区南青山1-23-10 第2吉田ビル1F 営 月〜土曜9:00〜19:00(日曜、祝日は〜18:00) 休 無休 交 地下鉄・乃木坂駅から徒歩2分 P なし

2種類のトーストセット 486円
プレーンと21種の国産雑穀パン、2種類のトーストが味わえる。バターとジャム付き

買って帰れる食パン

プレーン 918円
小麦粉の味と香りがダイレクトかつ豊かに感じられる一番人気の食パン

↑食事系からスイーツ系まで、常時10種類以上の食パンが並ぶ。ほうじ茶&ホワイトチョコレート540円(左)とガトーショコラ561円(右)

人気の食パン「ムー」を用い
鉄板で供する絶品フレンチトースト
パンとエスプレッソと

表参道 MAP 付録P.22 C-2

ムーは、しっとり、もっちりとした生地ながら歯切れがよいと好評。1日に4〜5回焼くが、15時30分には売り切れてしまうことも多い。テラスを備えたカフェを併設しており、パニーニなどもおすすめ。

☎03-5410-2040
所 渋谷区神宮前3-4-9 営 8:00〜19:00 休 不定休 交 地下鉄・表参道駅から徒歩7分 P なし

買って帰れる食パン

ムー 350円
バターをふんだんに使用。耳が薄く、中の生地がふわふわとやわらかい

フレンチトースト 800円
1日30〜40食限定。前日から漬け込んだ卵液がたっぷり染みて食感トロトロ

↑店名からもわかるが、コーヒーにもこだわっている。豆は小川珈琲のものを使用。パンと同様、飽きのこない上質なエスプレッソも自慢

ベーカリーの人気食パン

カラフルな草花やグリーンに囲まれた空間やメニュー
ボタニカルカフェで癒やされる

食べる●カフェ&スイーツ

花に包まれた優雅な時間を提供
青山フラワーマーケット ティーハウス 赤坂Bizタワー店
あおやまフラワーマーケットティーハウス あかさかビズタワーてん
赤坂 MAP 付録P.12 B-3

都内有数のフラワーショップが提案する、「毎日の生活に花を」をコンセプトにしたカフェ。その場にいるだけで癒やされる空間が広がり、フードやドリンクは、多様な種類のフラワーやハーブを使用。ヘルシー志向にもうれしい。

☎03-3586-0687
所港区赤坂5-3-1 赤坂Bizタワー1F 営10:00〜20:00(日曜、祝日は〜18:00)※LOは各30分前 休無休 交地下鉄・赤坂駅から徒歩2分 Pなし
※営業時間は状況により変動の可能性あり

1.花が生まれ育つ「温室」をイメージしてつくられた 2.バラの花びらがアクセントのパフェ(右)とこだわりの紅茶(左) 3.有機栽培のハーブをたっぷり使った花かんむりのフレンチトースト 4.店内ではイベントも多数開催

色鮮やかな世界にうっとり
Nicolai Bergmann NOMU
ニコライ バーグマン ノム
青山 MAP 付録P.22 C-4

世界的に有名なフラワーアーティスト、ニコライ・バーグマンのスタイルを表現したカフェ。季節ごとの花で装飾されておりセンスが光る。艶やかなデザインで盛り付けられたフードは見ているだけで楽しい。

☎03-5464-0824
所港区南青山5-7-2 営11:00〜19:00 休不定休(WEBサイトで要確認) 交各線・表参道駅から徒歩3分 Pなし URLwww.nicolaibergmann.com

1.鮮やかな花が敷き詰められたテーブル 2.ギフトに喜ばれるフラワーボックス 3.フラワーショップでは美しい花が購入できる 4.オープンサンドやサンドイッチなどランチにもぴったり

近年、フラワーショップと融合したカフェが増加中。
美しく心癒やされる花に囲まれて、優雅なカフェタイムを楽しめる。
提供されるメニューにはカラフルで香りの良いエディブルフラワーが
使用されるなど、店内だけではなくテーブルでも華やかさを演出してくれる。

花にも人にもやさしいカフェ

LORANS.原宿店
ローランズ.はらじゅくてん

原宿 MAP 付録P.22 B-1

原宿の閑静な住宅街にあるカフェ。多数の観賞植物に彩られ、気に入った花は購入することもできる。全部で4種類あるオープンサンドはすべてにエディブルフラワーを使用。新商品の手作りフルーツサンドも華やか。

☎03-6434-0607
所 渋谷区千駄ヶ谷3-54-15 ベルズ原宿ビル1F
営 11:30～19:00(LO18:30) 休 無休 交 地下鉄・北参道駅から徒歩5分 P なし

1.オープンサンドは良質なライ麦を使用 2.ゆったりとした空間に心身ともに癒やされる 3.花の色をモチーフにしたスムージー 4.フレッシュなフルーツをふんだんに使ったフルーツサンド

ボタニカルカフェで癒やされる

自然豊かな止まり木カフェ

Les Grands Arbres
レグランザルブル

広尾 MAP 付録P.4 B-2

大きなタブの木に包まれたフワラーショップ＆ガーデンカフェ。店内や屋上テラスは、花や緑をあしらった空間演出でまさに都会のオアシス。料理研究家・関口絢子さんがプロデュースする新鮮野菜を使ったヘルシーメニュー。

☎03-5791-1212
所 港区南麻布5-15-11 フルール・ユニヴェセール3F 営 11:00～21:00 日曜11:00～19:00 LOは各1時間前 休 不定休 交 地下鉄・広尾駅から徒歩2分 P なし

1.まるで森の中にいるような癒やし空間 2.ブドウの蔓が屋根になった開放感ある屋上テラス 3.ヘルシーデリプレート1350円。3種のデリとハムの盛り合わせ。一日に必要な野菜が半分以上補える。ハーブティー620円

プレートアートに感動!

flower&café 風花
フラワーアンドカフェ かざはな

青山 MAP 付録P.23 D-3

植物に覆われた入口を進むと、洗練された店内に美しい花と緑が飾られ、落ち着いた時間と空気を作りだす。ケーキなどのプレートには、蝶や花などデコレーションアートが描かれており大好評。スイーツやドリンクに添えられたエディブルフラワーとともにテーブルを彩る。

☎03-6659-4093
所 港区南青山3-9-1 営 11:00～17:00 休 火～木曜 交 地下鉄・表参道駅から徒歩5分 P なし

1.緑で埋めつくされた外観はまるで森のような雰囲気 2.木洩れ日が差しこむ店内 3.自家製窯焼きベイクドチーズケーキやカプチーノにはエディブルフラワーが飾られる

167

NIGHT SPOTS
ナイトスポット

美しい夜景とこだわりの食事で
大切な時間を過ごして

THE DINING シノワ 唐紅花 &
鉄板フレンチ 蒔絵
ザダイニング シノワ からくれない & てっぱんフレンチ まきえ

浅草 MAP 付録P.10 B-1

広東料理をベースとした新感覚中国料理のヌーヴェルシノワと、鉄板焼きなど、厳選素材を生かした美食を提案する鉄板フレンチ。中国料理＆フレンチのコラボレーションコースをはじめ、両方の味わいを自由に楽しめる新スタイルレストラン。

☎03-3842-3751
所 台東区西浅草3-17-1 浅草ビューホテル27F
時 11:30～15:00(LO14:00) 17:30～21:30(LO20:30) 休 無休 交 つくばエクスプレス・浅草駅直結／地下鉄・田原町駅から徒歩7分 P あり

予約	可
予算	L 4000円～ / D 7000円～

▲窓に面した席から見る夜景が素晴らしい。記憶に残る料理とともに素敵な思い出に

▲選べるシェフ＆シェフコース7700円

東京の街を眺めるレストラン
記念日を彩る

地上345mのロケーション
そこはまるで空の上

Sky Restaurant
634（musashi）
スカイ レストラン ムサシ

押上 MAP 付録P.9 E-4

昼は東京のパノラマを、夜は美しい夜景を眼下に見下ろしながら楽しめる最上級のレストラン。華やかなフランス料理の技法と美しい和の心意気、さらに厳選した食材で奏でられる料理はどれも絶品。

☎03-3623-0634(10:00～19:00)
所 東京スカイツリー天望デッキ フロア345(墨田区押上1-1-2) 時 12:00～16:00(最終入店14:00) 17:30～22:00(最終入店19:00) 休 無休 交 東武スカイツリーライン・とうきょうスカイツリー駅／各線・押上(スカイツリー前)駅からすぐ P あり(東京スカイツリータウン駐車場)

予約	要
予算	L 6292円～ / D 1万5972円～
※東京スカイツリー天望デッキへの入場券別途

▲彩りも美しく盛り付けられた料理(写真はイメージ)

▲地上345mから眺める都心の風景は格別だ(写真はイメージ)

予約	要
予算	Ⓛ 6171円～ Ⓓ 1万2221円～

記念日にはぜひ窓際を予約して
特別なディナータイムを満喫

タワーズレストラン クーカーニョ

渋谷 **MAP** 付録P.24 C-4

セルリアンタワー東急ホテルの40階にあり、お台場、横浜方面を見渡す眺めは息をのむ美しさ。伝統の技術と斬新なアイデアで作り出すプロヴァンス料理は魚介や野菜も多く、軽やかな仕上がり。フランス料理の魅力を身近に感じられるレストランだ。

☎ 03-3476-3404
㊟ 渋谷区桜丘町26-1 セルリアンタワー東急ホテル40F 🕐 11:30～15:00(LO14:00) 17:30～22:00(LO21:00) 無休 各線・渋谷駅から徒歩5分 Ⓟ あり

➡ メニューは季節ごとに変更。旬の味覚を味わえる

素敵な夜景

高層フロアから眺める東京の街並みは、明かりが灯り始める夕暮れどきが美しい。ライトアップされた東京スカイツリーや東京タワーが輝く夜景に彩りを添える。

↑広大な街の明かりがきらめくロマンティックな景色は記念日にふさわしい

記念日を彩る素敵な夜景

予約	前日17:00まで
予算	Ⓛ 8470円～ Ⓓ 1万2100円～ 土・日曜、祝日は各+1210円

360度の眺望が満喫できる
ビュッフェダイニング

VIEW & DINING THE SKY

ビュー&ダイニング ザ スカイ

赤坂 **MAP** 付録P.12 B-2

全席窓際席となっており、360度のパノラマビューが楽しめる。食事はビュッフェスタイルで、和、洋、中とあらゆるごちそうが夜は約90種類も用意される。食で有名なホテルニューオータニのダイニングとあって、できたてで提供される料理はどれも美しく味も抜群。

☎ 03-3238-0028
㊟ 千代田区紀尾井町4-1 ホテルニューオータニ ザ・メイン17F 🕐 ランチ11:30～、12:00～、12:30～、13:00～、ディナー17:30～、18:00～、18:30～、19:00～ ※120分制 無休 地下鉄・赤坂見附駅/永田町駅から徒歩3分 Ⓟ あり(有料)

➡ 前菜からメイン、スイーツまで多彩な料理が並ぶ

↑東京タワー、東京スカイツリー、新宿と風景が移る。窓と反対側のオープンキッチンも活気があって楽しい

東京の夜を豊かに演出する

上質なナイト空間
大人のためのバー

厳選 4 店

年齢を重ねたからこそ落ち着ける空間がある。カウンターで育まれるのは大人だけの密かな夢。インテリアにもカクテルにも接客にも、細やかな配慮が感じられる極上の時間。

↑銀座を代表する店だけに、洗練された接客と居心地のよさはさすがスタア・バー・ギンザ

食べる●ナイトスポット

スタア・バー・ギンザ

銀座 **MAP** 付録P.17 E-1

名店ひしめく銀座を牽引する
貫禄と華やぎが体感できるバー

当店はカクテルがメインでモルトなども置く、と店主は言うが、用意されたウイスキーはざっと200銘柄。自信のカクテルは、権威あるコンペでの幾勝もの優勝が物語るとおり無論、秀逸。隙のない店づくりとやわらかな接客で出迎える極上の一軒だ。

↑国内外の権威あるコンペティションで数多くの受賞歴を誇るオーナー岸さん

| 予約 | 不可 |
| 予算 | 4500円〜
チャージ1100円 |

☎03-3535-8005
⌂中央区銀座1-5-13 MODERNS GINZA B1
⏰16:00〜24:00(LO23:30) 休月曜、第1火曜 🚇地下鉄・銀座駅から徒歩5分

↑落ち着いた空間のもと、経験豊かなバーテンダーとの会話も楽しみ

COFFEE BAR K
カフェ バーケー

銀座 **MAP** 付録P.16 B-3

軽やかにわがままを聞く店で
肩肘張らずに楽しむひととき

構えは銀座の高級バーだが、実態は気取らず、そのうえ、客の要望を軽々と実現してみせる真の一流店。カクテルやモルトの品揃えはもちろん、カツサンドやパスタ、ピザ、ガレットといったフードメニューのラインナップと質の高さにも定評がある。

↑予算、気分、シチュエーションを伝えれば心地よく過ごせる本物のバー

| 予約 | 望ましい |
| 予算 | 7000円〜
チャージ1000円
※別途サービス料10% |

☎03-5568-1999
⌂中央区銀座6-4-12 KNビル3F
⏰17:00〜翌5:00 休日曜、祝日 🚇地下鉄・銀座駅から徒歩6分

↑アップル・ブランデーの爽やかさを楽しむ華やかなカクテル、ジャックローズ1500円

↑オリジナル・スタンダードから樽や年代違いなどのスコッチを楽しむのも一興

↑古材の手ざわりが重厚感を醸し出し、照明・音響ともに完璧な演出をするのはBar La Hulotte

WODKA TONIC
ウォッカ トニック

西麻布 **MAP** 付録P.20 A-2

**リクエストには全力で対応
西麻布の一流隠れ家バー**

ウイスキー、カクテル、ブランデーにワインはもちろん、焼酎、日本酒から養命酒にいたるまであらゆる酒を準備。さらには料理も種類豊富で、なかでも赤と黒、2色のカレーが店の名物となっており、満腹でもスプーン1杯とオーダーする客が絶えない。

↑バーテンダーの山田一隆さん。幅広い年齢層に多くのファンがいる

予約	望ましい
予算	5000円〜 チャージ1000円

※別途税・サービス料15%

☎03-3400-5474
⌂港区西麻布2-25-11 田村ビルB1 ⏰18:00〜朝(料理のLO翌4:00) 休土・日曜、祝日 🚇地下鉄・広尾駅／乃木坂駅／六本木駅から徒歩10分

↑店は昭和61年(1986)のオープン。2020年で34周年を迎え、西麻布の名店として存在感を増している

↑この店では「とりあえずウォッカトニック」1200円という注文が多い

Bar La Hulotte
バー ラ ユロット

麻布十番 **MAP** 付録P.20 C-4

**本物のインテリアが醸す
重厚な雰囲気と軽やかな接客**

住宅地にひっそりとたたずむ。古民家で使われていた建材を切り出して使用し、イギリスの骨董家具を配した店内は、まるでヨーロッパの古城か修道院といった趣。極上の一日の締めくくりにふさわしいスタイリッシュなバーだ。

↑名だたるバーで研鑽を積んだオーナー川瀬彰由さんが理想を実現させたバー

予約	不可
予算	5000円〜 チャージ1000円

☎03-3401-8839
⌂港区元麻布3-12-34 大野ビル1F ⏰20:00〜翌1:00 休日曜、祝日 🚇地下鉄・六本木駅／麻布十番駅から徒歩10分

↑そこはかとなく、葉巻の香りが漂う。初めて訪れる女性客はホグワーツ城を想起する人も多い

↑ディナーのあと、食後の締めにふさわしい一杯に出会えるお店

上質なナイト空間 大人のためのバー厳選4店

夜な夜な賑わう酒飲みの聖地
昭和の香りのレトロな夜の街

個性に富んだ飲み屋や飲食店がきっしりと並び、黄昏どきになると、常連はもとより外国人観光客など多くの人が群がる"街"。

新宿ゴールデン街
新宿 **MAP** 付録P.29 E-1

終戦後の混乱に新宿駅東側に広がった闇市が、飲み屋の屋台群となって展開していったものが前身。昭和33年(1958)頃から「新宿ゴールデン街」の名称が使われだし、昭和39年(1964)の東京オリンピック前後から作家や漫画家、演劇・映画関係者、ジャーナリスト、編集者らが多く集まるようになる。今では約2000坪の敷地に200以上のバーや飲食店がひしめき、外国人観光客の人気スポットとしても知られるようになった。

渋谷のんべい横丁
渋谷 **MAP** 付録P.25 D-2

激しく変貌を続ける渋谷の街にあって、変わらないエリア。JR渋谷駅の北東の線路沿いある飲み屋街で、南北に35m、東西15mの極めて小さな一角を占めている。そこに面積およそ2坪(約6.6m²)の店が38軒ほどひしめき、日が暮れるころになると、なじみの常連客はもちろん、若いカップルや文化人、芸能人、昨今では外国人観光客など、エリア全体に漂う「昭和の香り」を求めて多くの人が集まる。

SHOPPING Tokyo

買う

身にまとう素材と仕立ての良さや、
長年愛され続ける食材の味わい。
老舗が紡ぐこだわりの品は、
暮らしをより洗練させる。
数ある百貨店やデパートから、
おいしい食みやげを選べるのも、
東京ならではの贅沢。

先代の技術と
知恵を受け継ぐ
老舗の逸品

「通」が認める東京の一級品

大切な人へ。
老舗の逸品

伝統の技を守り、育ててきた職人たちの手仕事。歴史を超えて生き続けるものには万人が認める価値がある。

A 老舗が作る美しい和紙製品は今も昔も人々の憧れ

榛原
はいばら

日本橋 MAP 付録 P.15 E-2

200年にわたり日本橋で和紙を商い、幕末〜明治には博覧会などで和紙と日本のデザインを紹介。欧州にジャポニズム旋風を起こした。現在でも和でありながらモダンな意匠と高い品質は本物志向の人々の支持を集める。

☎03-3272-3801
所 中央区日本橋2-7-1 東京日本橋タワー1F
営 10:00〜18:30（土・日曜は〜17:30）
休 祝日
交 各線・日本橋駅から徒歩1分
P なし

A 千代紙箱
色ガラス柄の千代紙文箱1430円
菊を描いた重陽、松竹梅の小箱各880円

A レターセット
蛇腹便箋の千代見草レターセット綴った手紙の長さによって好きなところで切って使える550円

B 300年以上の歴史を誇る日本で唯一の楊枝専門店

日本橋さるや
にほんばしさるや

日本橋 MAP 付録 P.13 F-2

宝永元年(1704)創業の江戸時代から続く老舗。上質な黒文字の木を職人が1本ずつ削って仕上げる楊枝は、極細なのに弾力があり、口元で爽やかな香りを放つ。桐箱に名入れしてくれるサービスもあり、ギフトにも最適だ。

☎03-5542-1905
所 中央区日本橋室町1-12-5
営 10:00〜18:00
休 日曜、祝日
交 地下鉄・三越前駅から徒歩5分
P なし
※名入れサービスは、注文後1週間〜10日後に発送

A レターセット
橙の色縁が、シンプルながらあでやか
1320円

買う ● 東京みやげ

C 質の良いものを取り揃えた創業80年のオーダー紳士服店

銀座英國屋 銀座三丁目並木通り店
ぎんざえいこくや ぎんざさんちょうめなみきどおりてん

銀座 MAP 付録 P.17 D-2

昭和15年(1940)に創業したオーダーメイドの紳士服店。世界に通用するエグゼクティブな装いを提供。スーツやシャツはもちろん、ラペルピンなどの小物まで品の良いものを扱っているので、ギフトにもおすすめ。

➡ P.54

C オーダーシャツ
上質なコットン素材で作られるジャストフィット感は既製品では味わえない2万2000円〜

C ラペルピン
襟元にちょっとしたおしゃれをプラス 9900円

C オリジナルネクタイ
上品なシルクの光沢。無地のソリッドタイはビジネスからパーティーシーンまでを演出 2万2000円

D ワイングラスセット
江戸切子 幕襞(まくひだ)に八角籠目紋
1万円

D 花瓶
江戸切子 笹っ葉に八角籠目紋
5万5000円

D ペアグラス
江戸切子「結」
1万1000円

B 豆楊枝入れ
外出先で注目を浴びること間違いなし。和柄の種類も豊富。黒文字5本付
各864円

E クリップ
伊東屋のシグニチャー、レッドクリップ 330円

E ボールペン
1990年以来のロングセラー。赤、黒、白、グレーの4色 1100円

B 千両箱 小箱
縁起のよい「金千両」の文字は、代々の当主がひとつひとつ書き上げる 864円

E トートバッグ(S)
人気の高いショップバッグをイメージした丈夫な帆布のバッグ
3080円

F 洋服ブラシ
一本一本ていねいに純豚毛を手植えしたブラシは生地を傷めにくくカシミヤや着物にも使用可能 1万9800円

F ヘアブラシ
特級黒豚毛を使ったやや硬めのブラシ
7150円

F 孫の手ブラシ
硬めの馬毛だが、掻いたときの心地よさと、傷をつくらない絶妙な掻き心地が最高 2200円

F 歯ブラシ
馬の尻尾の毛を使用。ナイロンのように毛先がつぶれないのが利点 550円

D 特別な方への贈り物には特別なクオリティの逸品を

カガミクリスタル

銀座 **MAP** 付録P.16 B-2

澄んだ音色に高い透明度を誇る最高級クリスタルに、菊や麻の葉など伝統柄を刻む江戸切子を扱う。その美しさ、品質の確かさは高い評価を得ており、宮内庁や日本有数のウイスキーメーカー、香水メーカーからの注文も多い。

☎03-3569-0081
中央区銀座6-2-1 Daiwa銀座ビル1F
11:00〜19:30(土・日曜、祝日は〜18:30)
木曜
地下鉄・銀座駅から徒歩5分／JR有楽町駅から徒歩6分 Pなし

E ショッピングだけでなくゆっくり時を過ごしたくなる店

銀座 伊東屋 本店
ぎんざ いとうや ほんてん

銀座 **MAP** 付録P.17 E-2

明治37年(1904)創業の文房具専門店。オリジナル商品を中心に定番はもちろん世界中の品々が並ぶ。オーダーして目の前でできあがるノートや、自社ビルで水耕栽培で育てた野菜を供するカフェ、手紙を書き投函できるスペースも。

☎03-3561-8311
中央区銀座2-7-15
10:00〜20:00(土・日曜、祝日は〜19:00) 無休
地下鉄・銀座駅／銀座一丁目駅から徒歩2分 Pあり

F 将軍家から屋号を賜った老舗 今も新たな刷毛とブラシを製造

江戸屋
えどや

小伝馬町 **MAP** 付録P.3 E-4

享保3年(1718)、将軍家から称号を賜り創業した江戸でも屈指の老舗。今もさまざまな用途や需要に合わせた刷毛とブラシを作り続け、取り扱う種類は3000におよぶ。国登録の有形文化財に指定された建物も一見の価値あり。

☎03-3664-5671
中央区日本橋大伝馬町2-16
9:00〜17:00 土・日曜、祝日
地下鉄・小伝馬町駅から徒歩5分／JR新日本橋駅から徒歩10分 Pなし

大切な人へ。老舗の逸品

レベルが違う、知る人ぞ知る逸品！
絶対に喜ばれる東京みやげ

どら焼き、せんべい、佃煮、半ぺん、チョコレート。どれも目新しくはないけれど、特別、別格のおいしいものだけ、選り抜きでご紹介。

A 人気商品は予約必須 限定16食のお昼も好評
オーボンヴュータン

等々力 MAP 本書P.2 C-3

日本のフランス菓子界を牽引してきた河田勝彦氏の店。アントルメやパンなどどれもおいしいが焼き菓子は別格。

☎03-3703-8428
⌂世田谷区等々力2-1-3
⏰9:00〜18:00
休火・水曜
東急線・尾山台駅から徒歩7分 Pなし

B 熟練の職人が炊く 和菓子の基本にして真髄
銀座鹿乃子 銀座三越店
ぎんざかのこ ぎんざみつこしてん

銀座 MAP 付録P.17 D-2

小豆にとら豆、青えんどうと、厳選した国産の豆を職人が一種類ずつ炊く。上品な甘さと宝石のような見た目が素敵。

☎03-3562-1111（大代表）
⌂中央区銀座4-6-16 銀座三越B2
⏰10:00〜20:00
休銀座三越休館日に準ず
地下鉄・銀座駅から徒歩1分 Pあり（有料）

C 今も昔も変わらない 懐かしくも特別な菓子
小川軒 ➡P.159
おがわけん

代官山 MAP 付録P.26 C-1

最高級老舗洋食店が営むケーキ店。ショートケーキやシュークリームなどクラシカルなラインナップで味は格別。

☎03-3463-3660
⌂渋谷区代官山町10-13
⏰10:00〜18:00
休日曜、祝日
東急線・代官山駅から徒歩6分 Pあり

D 元禄創業、当主は18代目 老舗の極上半ぺん
神茂
かんも

日本橋 MAP 付録P.13 F-2

今も気仙沼や焼津から届く新鮮な青鮫・ヨシキリ鮫を原料に木べらや石臼を使って職人が手作り。どの練物も逸品。

☎03-3241-3988
⌂中央区日本橋室町1-11-8
⏰10:00〜18:00（土曜は〜17:00）
休日曜、祝日
地下鉄・三越前駅から徒歩3分 Pなし

E 日本酒やハチミツとカカオのマリアージュ
ショコラティエ パレドオール ➡P.163

丸の内 MAP 付録P.14 B-2

カカオ豆からチョコレート作りを行う本格的なショコラティエ。素材の持つ個性を引き出したショコラが味わえる。

☎03-5293-8877
⌂千代田区丸の内1-5-1 新丸ビル1F
⏰11:00〜21:00（日曜、祝日は〜20:00）
休ビルに準ずる
各線・東京駅から徒歩1分 Pなし

A オーボンヴュータン
カスタードとブランデー香る洋梨のコンポート、キャラメルが層をなす。453円

A 焼き菓子
日本橋髙島屋店でも取り扱う焼き菓子類はおみやげにぴったり。14個入り4060円〜

B 姫かのこ6個入り
素材の状態に合わせて炊く技術が職人の技。1059円

C レイズンウイッチ
サクサクのクッキーで洋酒の効いたレーズンと芳醇なクリームをサンド。世に類似の菓子はあるがここのは格別。1393円（10個）

D 手取り半ぺん
ふんわりととけるような食感と魚の旨みが絶妙。少し炙るとまたおいしい。421円（1枚）。6枚箱入りは2527円

E 東京マール
皇居周辺で採れたハチミツ入りで、東京店限定販売。2592円

E からだにおいしすぎるショコラ
砂糖、バター、クリームでなくメープルとハチミツ、ゴマ油、豆乳を使用。一粒にナノ型乳酸菌1000億個入り。2430円

F どら焼き（大判・小判）
ハチミツと卵の効いた皮で吟味した十勝産つぶ餡を包む。文久元年(1861)創業の歴史を感じる箱も素敵。大判250円・小判230円

※予約と購入のコツ
当日分は10時ごろ売り切れ。確実に入手するなら1カ月前に予約し、当日15時以降に店を訪ねるとよい

H 塩せんべい
厳選されたうち米を独特製法により薄くのばし食感を残して仕上げる。23枚入り1080円

G ゴルゴンゾーラ
赤ワインとの相性抜群、大人へのギフトに最適だ。ほかにゴーダやリコッタなどもある。560円

G 東京フロマージュ
デンマーク産とオーストラリア産、2種類のクリームチーズを使用したバランス抜群のケーキ400円

I マーブルクッキー
模様が特徴的なクッキーは噛むほどに小麦の旨みがじんわり。味は抹茶とチョコレート。時期によっては2〜3週間待ちの人気商品。260g入り缶1870円
※予約販売のみ

I 焼き菓子
マドレーヌにガレット、ブラウニー、フロランタン。いずれも素材にこだわり素朴ながらしみじみおいしい。日本人の口に合う洋菓子だ。

E タブレット
ハイチやベトナム、トリニダードなど、産地ごとに異なるカカオを楽しむシリーズ。各972円

J 一口あなご
定番人気商品。国産の脂ののった穴子にこだわり。70g2916円

F 香ばしく甘さしっかり 王道、最上のどら焼き
清寿軒 せいじゅけん

人形町 MAP 付録P.3 E-4

素材は当然厳選。鍋前を離れずとろ火で餡を炊き皮を一枚ずつ手焼きする。どら焼きはうまいと再認識する絶品。

☎03-3661-0940
所中央区日本橋堀留町1-4-16
営9:00〜17:00(売り切れ次第閉店)
休日曜、祝日、土曜の午後(7〜9月は土曜火)
交地下鉄・人形町駅／三越前駅から徒歩5分 Pなし

G お酒にもピッタリ 多彩なチーズのケーキ
パティスリー ル ラピュタ

西葛西 MAP 本書P.3 F-2

☎03-5674-5007
所江戸川区西葛西3-3-1
営10:00〜19:00 休火・水曜(祝日の場合は営業)
交地下鉄・西葛西駅から徒歩7分 Pなし

上質な王道ケーキがおいしく近所でも評判だが、おすすめはオリジナルのチーズケーキ。

H 薄くのばした生地を 丁寧に焼き上げる
三原堂本店 みはらどうほんてん

人形町 MAP 付録P.13 E-4

明治10年(1877)創業の和菓子の老舗。つぶつぶ感を残し薄くのばした生地を焼き上げた塩せんべいが名物。

☎03-3666-3333
所中央区日本橋人形町1-14-10
営9:30〜19:00(土・日曜は〜18:00) 休無休
交地下鉄・水天宮前駅から徒歩1分 Pなし

I 創業以来手作りを 守り続ける
山本道子の店 やまもとみちこのみせ

麹町 MAP 付録P.12 C-1

明治7年(1874)創業の洋菓子店の姉妹店。日本人の味覚に合った焼き菓子やクッキーは数量限定で販売されている。

☎03-3261-4883
所千代田区一番町27
営10:00〜18:00
休第1・3土曜、日曜、祝日
交地下鉄・半蔵門駅から徒歩2分 Pなし

J 江戸風情を色濃く残す 絶品佃煮の老舗
柳ばし 小松屋 やなぎばしこまつや

浅草橋 MAP 付録P.3 F-3

季節の食材を醤油、みりん、砂糖だけでしっかりと煮上げた佃煮は、ご飯やお酒と相性のよい江戸の味わい。

☎03-3851-2783
所台東区柳橋1-2-1
営9:30〜18:00(土曜は〜17:00) 休日曜、祝日
交JR浅草橋駅から徒歩5分 Pなし

絶対に喜ばれる東京みやげ

レベルが違う、知る人ぞ知る逸品!
逸品はデパ地下にある
東京・味みやげ

老舗や有名店の商品が勢揃いのデパート地下食品売り場。
東京ならではの気の利いたおみやげが
わざわざ出かけなくても手に入る。

チーズケーキ
3個入り 999円
北海道小麦の生地に包まれたデンマーク産クリームチーズが濃厚美味
資生堂パーラー

マカロン
10個詰合わせ 3996円
サクサクした食感が絶妙。各種フレーバーが揃い、見た目も美しい
PIERRE HERMÉ PARIS

PIERRE HERMÉ PARIS Aoyama
ピエール エルメ パリ アオヤマ
青山 **MAP** 付録P.22 C-4
☎03-5485-7766 所渋谷区神宮前5-51-8 ラ・ポルト青山1-2F

花椿ビスケット
48枚入り 3240円
シンプルながら後引くおいしさ。おやつはもちろん朝食代わりにもおすすめ
資生堂パーラー

ピュアフルーツジェリー
8個入り 3240円
サクランボやピオーネなど国内産のフルーツがごろっと入った艶やかなゼリー
千疋屋総本店

ストレートジュース
8本入り 3780円
果実の旨みがギュッと濃厚に詰まった専門店らしい一品
千疋屋総本店

資生堂パーラー 銀座本店
しせいどうパーラー ぎんざほんてん
銀座
MAP 付録P.16 C-4 ➡P.158
☎0120-4710-04
所中央区銀座8-8-3

千疋屋総本店 日本橋本店
せんびきやそうほんてん にほんばしほんてん
日本橋 **MAP** 付録P.13 E-1
☎03-3241-0877(販売)
所中央区日本橋室町2-1-2日本橋三井タワー内

肉まん
1個 584円
上質な素材を使ったグルメな肉まん。ボリュームも満点
維新號

豆菓子各種
324〜378円
定番から洋菓子風と種類豊富。素材の味が生きる
豆源 ➡P.98

維新號 銀座本店
いしんごう ぎんざほんてん
銀座 **MAP** 付録P.16 B-3
☎03-3571-6297 所中央区銀座8-7-22 MARUGENビル隣(旧ゴルフビル)B1
※百貨店で販売する肉まんは銀座本店の系列工場で製造しています

麻布十番
MAP 付録P.21 D-3
☎03-3583-0962
所港区麻布十番1-8-12

ボンボン ショコラ9個
3489円
こだわり抜いたショコラの定番詰め合わせ　※詰め合わせ内容は季節により異なる
ジャン=ポール・エヴァン

志ほせ饅頭
9個入り 1296円
十勝産小豆で作った餡を秘伝の皮で包んだ伝統の味
塩瀬総本家

ジャン=ポール・エヴァン
新宿 MAP 付録P.29 E-2
☎ 03-3352-1111(大代表)
所 新宿区新宿3-14-1
伊勢丹新宿本店B1

塩瀬総本家
しおせそうほんけ
築地 MAP 付録P.5 E-1
☎ 03-6264-2550
所 中央区明石町7-14

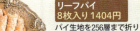

ケーク オ ショコラ グラン
2484円
オレンジピールやレーズンが入ったケーキ。ジンジャー、シナモンなど5種のスパイスがアクセント
ジャン=ポール・エヴァン

リーフパイ
8枚入り 1404円
パイ生地を256層まで折りたたんで木の葉形に。サックリとした食感が特徴
銀座ウエスト

銀座ウエスト本店
ぎんざウエストほんてん
銀座 MAP 付録P.16 B-3
☎ 03-3571-1554
所 中央区銀座7-3-6

芋きん
6個入り 778円
良質のサツマイモを使ったきんつば。素材の甘みを生かした上品な味わい
浅草満願堂

牛肉すきやき
1080円
ご飯やお酒のおともに最適な牛肉の佃煮。秘伝の割り下が味の決め手
浅草今半

浅草満願堂
あさくさまんがんどう
浅草 MAP 付録P.10 C-3
☎ 03-5828-0548
所 台東区浅草1-21-5

浅草今半 国際通り本店
あさくさいまはんこくさいどおりほんてん
浅草 MAP 付録P.10 B-2
☎ 03-3841-1114
所 台東区西浅草3-1-12

逸品はデパ地下にある 東京・味みやげ

デパ地下の売り場早見表	大丸東京店	日本橋三越	日本橋髙島屋	三越銀座店	松屋銀座店	伊勢丹新宿本店	新宿髙島屋	新宿小田急	京王新宿店	渋谷東急本店	西武渋谷	池袋東武	池袋西武	松屋浅草店	上野松坂屋
浅草今半	○	○	○	○	○	○	○	○	○			○	○	○	○
浅草満願堂		○											○		
維新號															
銀座ウエスト		○	○	○					○				○		
塩瀬総本家		○													
資生堂パーラー			○		○							○			
ジャン=ポール・エヴァン				○											
千疋屋総本店												○			
PIERRE HERMÉ PARIS	○											○			
豆源	○										○				

東京旅最後のお楽しみは車内で!
東京駅で買える お弁当

東京駅改札内外では味自慢の有名店がお弁当を販売。最後の食事は車内で堪能したい。おみやげにしても喜ばれる。

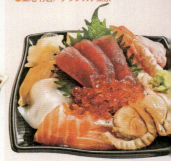

海鮮丼 1250円
マグロ、サーモン、イカなど、毎朝市場から仕入れた新鮮なネタがのる。東京駅限定。ネタは仕入れにより異なる
●築地 竹若／グランスタ東京

東京駅丸の内駅舎 三階建て弁当 972円
ヒレかつサンド、ミニそぼろ丼、ミニヒレかつ丼が3段重ねに。東京駅限定
●とんかつ まい泉／グランスタ東京

和みカラット弁当 1000円
親子丼で有名な人形町「玉ひで」監修の店。一度揚げてから焼いた唐揚げは時間が経ってもサクッとおいしい
●たまひで からっ鳥／大丸東京店

贅沢ミルフィーユ 1728円
東京駅の名物弁当、海鮮贅沢丼。海の幸が何層にも重ねられ、見た目も美しい
●創作鮨処 タキモト／大丸東京店

唐揚げ麻婆豆腐丼 900円
重慶式麻婆豆腐と唐揚げの最強コラボ丼！ボリューム満点の食べ応えが魅力
●過門香／グランスタ東京

鰻弁当(中) 3888円
国産の生きたウナギを毎朝店内厨房で調理し、「秘伝のたれ」で焼き上げた蒲焼はふっくらとしておいしい
●日本橋 伊勢定／大丸東京店

洋食やのまかないライス 980円
洋食屋の名店「たいめいけん」のお弁当。オムライスは店頭で焼き上げるのでできたてが味わえる
●洋食や 三代目たいめいけん／大丸東京店

カルビ弁当 2900円
白いご飯の上に絶品カルビがたっぷり。高級焼き肉店の味をお持ち帰り
●叙々苑／大丸東京店

問い合わせ先
グランスタ東京 MAP 付録P.14 C-2 ➡P.74
☎03-6212-1740
大丸東京店 MAP 付録P.15 D-2 ➡P.73
☎03-3212-8011

全国各地から路線も本数もたくさん。予算と好みで選ぼう

東京へのアクセス

飛行機は羽田空港や成田国際空港へ向かう。空港から都心へ向かう鉄道やバスも充実している。
新幹線は東京駅のほか品川駅や上野駅にも停車する。バスは東京駅や新宿駅での発着が多い。

飛行機でのアクセス

全国各地から直行便が乗り入れる

北海道、沖縄をはじめとした遠隔地や、鉄道の便が悪い場所から出発する場合は飛行機で。ANAやJALのほか、成田国際空港には格安航空会社も発着している。

鳥取　米子空港

羽田空港行き	1日6便
	所要1時間30分
ANA　2万9300円～	

広島　広島空港

羽田空港行き	1日17便
	所要1時間20分
ANA／JAL　3万2500円～	
成田国際空港行き	1日3便
	所要1時間35分
ANA／IBX　3万1000円～	
SJO　6580円～	

愛媛　松山空港

羽田空港行き	1日12便
	所要1時間25分
ANA／JAL　3万4200円～	
成田国際空港行き	1日2～4便
	所要1時間35分
JJP　4990円～	

福岡　福岡空港

羽田空港行き	1日54便
	所要1時間40分
ANA／JAL／SFJ　3万7200円～	
SKY　2万3700円～	
成田国際空港行き	1日11～15便
	所要1時間55分
ANA／JAL　3万9900円～	
APJ／JJP　4790円～	

鹿児島　鹿児島空港

羽田空港行き	1日24便
	所要1時間40分
ANA／JAL／SNA　3万9400円～	
SKY　2万4700円～	
成田国際空港行き	1日3～4便
	所要1時間50分
JJP／APJ　5790円～	

兵庫　神戸空港

羽田空港行き	1日9便
	所要1時間15分
ANA　2万4400円～	
SKY　1万4200円～	

大阪　関西国際空港

羽田空港行き	1日14便
	所要1時間10分
ANA／JAL／SFJ　2万4400円～	
成田国際空港行き	1日6便
	所要1時間30分
APJ／JJP　3490円～	

沖縄　那覇空港

羽田空港行き	1日30便
	所要2時間30分
ANA／JAL　4万6600円～	
SKY　2万5900円～	
成田国際空港行き	1日7便
	所要2時間45分
ANA　4万4100円～	
APJ／JJP　5540円～	

成田国際空港
羽田空港

北海道　旭川空港

羽田空港行き	1日7便
	所要1時間45分
ANA／JAL／ADO　3万5600円～	

北海道　新千歳空港

羽田空港行き	1日53～54便
	所要1時間40分
ANA／JAL／ADO　2万9600円～	
SKY　2万2700円～	
成田国際空港行き	1日13～21便
	所要1時間45分
ANA／JAL　3万6900円～	
JJP／APJ／SJO　4390円～	

秋田　秋田空港

羽田空港行き	1日9便
	所要1時間10分
ANA／JAL　2万6300円～	

宮城　仙台空港

成田国際空港行き	1日2便
	所要1時間
ANA　1万9500円～	
IBX　1万800円～	

石川　小松空港

羽田空港行き	1日10便
	所要1時間10分
ANA／JAL　2万3600円～	
成田国際空港行き	1日1便
	所要1時間20分
ANA／IBX　2万3600円～	

愛知　中部国際空港

羽田空港行き	1日3便
	所要1時間
ANA／JAL　1万9500円～	
成田国際空港行き	1日5～6便
	所要1時間10分
ANA／JAL　1万9500円～	

大阪　大阪空港（伊丹）

羽田空港行き	1日30便
	所要1時間10分
ANA／JAL　2万4400円～	
成田国際空港行き	1日4便
	所要1時間20分
ANA／JAL　2万4400円～	

アクセスと都内交通

各空港からのアクセス

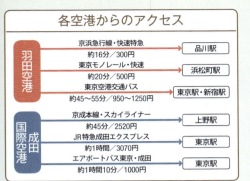

問い合わせ先

ANA（全日空）	☎0570-029-222	ソラシド エア（SNA）	☎0570-037-283
JAL（日本航空）	☎0570-025-071	春秋航空（SJO）	☎0570-666-118
ジェットスター・ジャパン（JJP）	☎0570-550-538	成田国際空港インフォメーション	☎0476-34-8000
ピーチ（APJ）	☎0570-001-292	羽田空港国内線総合案内所	☎03-5757-8111
IBEXエアラインズ（IBX）	☎0120-686-009	東京空港交通（リムジンバス）	☎03-3665-7220
スターフライヤー（SFJ）	☎0570-07-3200	京成高速バス予約センター（東京シャトル）	☎047-432-1891
エア・ドゥ（ADO）	☎0120-057-333	JRバス関東高速バス案内センター（エアポートバス東京・成田）	☎03-3844-1950
スカイマーク（SKY）	☎0570-039-283		

高速バスでのアクセス
交通費を安く抑えるには一番よい手段

運賃が割安。東京駅と新宿駅に向かう便が多いので、観光したいエリアに合わせて降車場所を決めよう。夜行バスも多く発着しているので、時間を有効に使いたい人におすすめ。

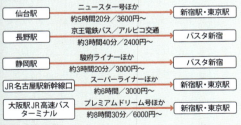

問い合わせ先

JRバス東北	☎022-256-6646	JRバス関東	☎03-3844-0495
東北急行バス	☎022-262-7031	西日本JRバス	☎0570-00-2424
静鉄バス	☎0570-080-888	近鉄バス	☎0570-00-1631
JR東海バス	☎0570-048-939	中国JRバス	☎0570-666-012
名鉄バス	☎052-582-0458	九州高速バス	☎0120-489-939

新幹線・鉄道でのアクセス
まずは観光の拠点・東京駅へ向かう

新たに開業した新幹線のおかげで、より短時間でアクセスできる地域も増えた。出発地によって割引サービスやお得なきっぷもあるので、滞在日数や目的に合わせて利用したい。

東北方面から
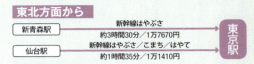

関東方面から

中部方面から

関西方面から

新大阪駅	新幹線のぞみ	東京駅
	約2時間30分／1万4720円	
奈良駅	JR奈良線→京都駅→新幹線のぞみ	東京駅
	約3時間30分／1万4720円	

四国・中国・九州方面から

高松駅	JRマリンライナー→岡山駅→新幹線のぞみ	東京駅
	約4時間30分／1万8530円	
広島駅	新幹線のぞみ	東京駅
	約4時間／1万9440円	
博多駅	新幹線のぞみ	東京駅
	約5時間／2万3390円	

問い合わせ先

JR東日本お問い合わせセンター	☎050-2016-1600（6:00〜24:00）
JR西日本お客様センター	☎0570-00-2486（6:00〜23:00）
JR東海テレフォンセンター	☎050-3772-3910（9:00〜17:00）
JR四国電話案内センター	☎0570-00-4592（8:00〜20:00）
JR九州案内センター	☎050-3786-1717（8:00〜20:00）

※情報は2020年12月のものです。飛行機は通常期の正規料金、鉄道は通常期に指定席を利用した場合の料金です。

複雑に入り組む交通手段を乗りこなすのも、旅の楽しみ方のひとつ
東京都内の交通

多くの人が利用する東京の交通は本数が多く、鉄道やバスは待ち時間を気にしなくても大丈夫。
行き方は多岐にわたるので、出かける前にチェックしておきたい。フリーパスを活用するのもおすすめ。

鉄道

JR山手線、中央線をベースに利用したい

● JR

東京、上野、池袋、新宿、渋谷、品川などを結び、約1時間で一周する山手線と、東京—新宿間を約15分で結ぶ中央線が移動の中心。目的のエリアの駅に向かい、地下鉄や私鉄に乗り換えるのが無難。多くの駅では複数の路線に乗り換えられるので、乗り場を間違えないよう、駅の案内板などで確認したい。

山手線
中央線

● 地下鉄

東京メトロと都営地下鉄が網の目のように張りめぐらされ、複数の地下鉄路線が停車する駅も多い。路線ごとにシンボルカラーが定められているので、マークを目印にするとわかりやすい。また駅名が異なっていても、徒歩数分で移動できる駅もあれば、同じ駅名でも乗り場が離れている駅もある。

銀座線
霞ケ関駅

● 私鉄

お台場を走るゆりかもめやりんかい線、羽田空港や成田国際空港から都心へ向かう路線など、山手線の外側を走る路線がほとんど。渋谷、新宿、品川などから地下鉄に直通運行しているものもある。

ゆりかもめ

山手線・中央線の路線図

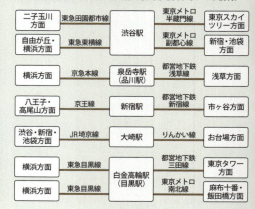

私鉄・地下鉄乗り入れ駅

東京では直通で異なる路線を走る鉄道もある。
乗り場が複雑なターミナル駅で乗り換える必要がないのが便利。

問い合わせ先

JR東日本お問い合わせセンター ☎050-2016-1600
東京メトロお客様センター ☎0120-104-106
都営交通お客さまセンター ☎03-3816-5700
ゆりかもめお客さまセンター ☎03-3529-7221

東京臨海高速鉄道
東京モノレールお客さまセンター ☎03-3374-4303
京急ご案内センター ☎03-5789-8686
京成お客様ダイヤル ☎0570-081-160
北総鉄道（運輸部）☎047-445-7161

☎03-3527-7134

西武鉄道お客さまセンター ☎04-2996-2888
東武鉄道お客さまセンター ☎03-5962-0102
小田急お客さまセンター ☎044-299-8200
京王お客さまセンター ☎042-357-6161
東急お客さまセンター ☎03-3477-0109

東京観光に便利なフリー乗車券

① 東京フリーきっぷ
価格：1600円　有効期限：1日
乗り放題範囲：東京都区内のJR線、東京メトロ、都営地下鉄、日暮里・舎人ライナー、都電荒川線、都営バス
発売場所：JR、東京メトロ、都営地下鉄、日暮里・舎人ライナーの各駅など

② 東京メトロ・都営地下鉄共通一日乗車券
価格：900円　有効期限：1日
乗り放題範囲：東京メトロ・都営地下鉄の全線
発売場所：東京メトロ・都営地下鉄の各駅の券売機

③ 東京メトロ24時間券
価格：600円　有効期限：24時間
乗り放題範囲：東京メトロ全線　発売場所：東京メトロ各駅の券売機、定期券売り場（一部除く）

④ 都営まるごときっぷ
価格：700円　有効期限：1日　乗り放題範囲：都営地下鉄、都営バス、都電荒川線、日暮里・舎人ライナー
発売場所：都営地下鉄各駅の券売機、都営バス・都電の車内、日暮里・舎人ライナー各駅の券売機

⑤ 都区内パス
価格：760円　有効期限：1日
乗り放題範囲：23区内のJR線の普通列車（自由席）
発売場所：東京都区内のJRの各駅の券売機

⑥ ゆりかもめ一日乗車券
価格：820円　有効期限：1日
乗り放題範囲：ゆりかもめ全線
発売場所：ゆりかもめの各駅の券売機

※①～④は乗車券と専用のガイドブックを提示すると、施設の入場料割引や特典などが受けられる「ちかとく」を実施している。詳しくは chikatoku.enjoytokyo.jp/ まで

徒歩で乗り換えられる駅

駅名は異なっても、通路でつながっていたり、歩いて数分で移動できる駅が多いのも交通網が複雑に入り組む東京ならでは。

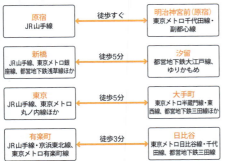

原宿 JR山手線	←徒歩すぐ→	明治神宮前（原宿） 東京メトロ千代田線・副都心線
新橋 JR山手線、東京メトロ銀座線、都営地下鉄浅草線ほか	←徒歩5分→	汐留 都営地下鉄大江戸線、ゆりかもめ
東京 JR山手線、東京メトロ丸ノ内線ほか	←徒歩5分→	大手町 東京メトロ半蔵門線・東西線、都営地下鉄三田線ほか
有楽町 JR山手線・京浜東北線、東京メトロ有楽町線	←徒歩3分→	日比谷 東京メトロ日比谷線・千代田線、都営地下鉄三田線

バス

鉄道と上手に組み合わせてスムーズに移動

● 路線バス

運賃は210～220円で多くのバスは前乗り前払い。東京フリーきっぷなど都営バスが1日乗り放題のきっぷもある。

● コミュニティバス・無料循環バス

自治体が運営していたり、特定のエリア向けに運営しているバスも充実。低料金で気軽に利用できるのが魅力。

ハチ公バス
恵比寿・代官山ルートや原宿・表参道ルートなどがある。料金は100円。
フジエクスプレス ☎03-3455-2213
東急バス淡島営業所 ☎03-3413-7711

東京ベイシャトル
お台場、パレットタウンなど臨海副都心エリアを走る無料巡回バス。約20分間隔で運行。
日の丸自動車興業株式会社
東京営業所 ☎03-6903-3334

メトロリンク日本橋
東京駅八重洲口と日本橋を結び、無料で利用できる。10～20分まで、約10分間隔で運行している。
日の丸自動車興業株式会社
東京営業所 ☎03-6903-3334

ちぃばす
六本木、麻布十番、東京タワーなど港区内を循環するバス。料金は100円。
フジエクスプレス
東京営業所 ☎03-3455-2211

新宿WEバス
新宿周辺の観光スポット、商業施設、ホテルなどを巡回する。料金は100円、1日乗車券は300円。
京王バス東株式会社
中野営業所 ☎03-3382-1511

めぐりん
上野、浅草を中心とした台東区内の4路線で運行。料金は100円で、1回限り無料で乗り継ぎも。
台東区交通対策課公共交通・駐車場担当 ☎03-5246-1361

丸の内シャトル
大手町や丸の内、有楽町など東京の中心を約15分間隔で走る無料巡回バス。
日の丸自動車興業株式会社
東京営業所 ☎03-6903-3334

タクシー

数人で利用するなら、便利でお得な場合も

初乗り410円。グループでの利用なら、バスや鉄道よりも割安になることも。渋滞時は最短の迂回ルートで目的地まで案内してくれる。料金目安は東京駅からスカイツリーまで約2740円。
大和自動車交通 ☎03-3563-5151

水上バス

大都市・東京を川から眺める

お台場などのベイエリアと浅草の下町エリア間を移動するなら、船を使うのもおすすめ。隅田川沿いの江戸情緒あふれる景色や東京スカイツリー®を一望できる。
東京水辺ライン ☎03-5608-8869　東京都観光汽船 ☎0120-977-311

東京都内の交通

水の上から東京をのんびり眺める
隅田川&東京湾クルーズ

東京、海に関連した偉人をモチーフにした船の1号線「竜馬」

東京の乗り物は移動手段としてだけでなく、観光を楽しめるアトラクションにもなる。大都市の景観に新しい魅力が見えてきそう。

TOKYO CRUISE
トウキョウ クルーズ
浅草 MAP 付録P.11 D-3

個性的なデザインの船で水上散歩に出かける

浅草から隅田川を下ってお台場方面へ向かう観光船で、移動手段としても便利。テーマが異なるさまざまな船が運航しており、乗ること自体も楽しみだ。

☎0120-977-311(東京都観光汽船) 所台東区花川戸1-1-1 営休料金コースにより異なる 各線・浅草駅から徒歩1〜3分 Pなし

⬇東京スカイツリー®を望みながら隅田川を下る「ホタルナ」

EMERALDAS 浅草お台場直通ライン
[所要時間] 55分 [料金] 1720円
浅草駅発着所から出発し、隅田川に架かる橋やレインボーブリッジをくぐる。ひと味違う東京の景色を眺めながら、お台場海浜公園を移動できる。

HIMIKO 浅草豊洲直通ライン
[所要時間] 35分 [料金] 1200円
浅草駅発着所から、ららぽーと豊洲の目の前にある豊洲水上バス乗り場へ向かう直行便。地下鉄で移動するルートと時間に大差がなく、景色を眺めながらゆったり過ごせる。

こちらもおすすめ
お花見船 隅田川ルート
浅草、浜離宮、日の出桟橋を結び、隅田川沿いに咲く桜の花を眺めることができる。
[所要時間][料金] WEBサイトで確認 [開催時期] 3月下旬〜4月上旬

スカイダック
押上 MAP 付録P.9 E-4

水陸両用の乗り物でアトラクション気分を満喫

スカイツリーを起点にして、バスと船を兼ねたユニークな乗り物で東京の下町エリアを周遊する。人気のツアーなので、事前に予約をしておきたい。

☎03-3215-0008(スカイバスコールセンター) 所墨田区業平1-17-6(とうきょうスカイツリー駅前営業所) 営9:00〜18:00 休不定休 料2900円 交東武スカイツリーライン・とうきょうスカイツリー駅から徒歩3分 Pなし

東京スカイツリー®コース
[所要時間] 約1時間20分 [料金] 2900円
観光バスとして東京の下町や名所を車窓から眺めたあと、旧中川にバスごと入水し船の旅が楽しめる。

⬇ガイドの案内とともに東京観光が楽しめる

⬇ツアー最大の魅力は川へダイブする大迫力の瞬間

東京水辺ライン
とうきょうみずべライン
浅草 MAP 付録P.11 E-3

旅の目的に合わせて利用できる水上バス

両国リバーセンターを始発に隅田川、ベイエリアで運航している。周遊コースも豊富にあるので、交通手段だけでなく、川や橋を巡るための観光船としての利用もできる。

☎03-5608-8869 所両国リバーセンター内 営休月曜(祝日の場合は翌日) 料コースにより異なる 交各線・両国駅から徒歩3〜7分

浅草・お台場クルーズ
[所要時間] 5分〜 [料金] 200円〜
浅草からお台場方面へ向かうコース。片道約1時間。同じコースで往復するので、旅の目的に合わせて利用しよう

⬇水上から眺めるレインボーブリッジは迫力のある光景だ

⬇新しくなった橋のライトアップが見どころ

こちらもおすすめ
ナイトクルーズ
隅田川に架かる橋や東京湾の光輝く夜景を満喫できる。運航日はホームページで要確認。
[所要時間] 約1時間30分 [料金] 2200円

主要観光地をぐるりと一周
東京観光バスツアー

短い滞在のなかで、より多くの名所に行きたいという人には、観光バスで巡るのがおすすめ。

国会議事堂
こっかいぎじどう
日比谷公園から霞ヶ関を通って国会議事堂へ。歴史的建造物は一度は見ておきたい

東京タワー
とうきょうタワー
おなじみの東京のシンボルタワー。晴れた日には青空と赤のコントラストが圧巻

はとバス
はとバス

東京観光を満喫できるコースが豊富に揃う

東京の主要スポットをガイドが案内してくれるので、初めて東京に来る人にも安心。プランも多様なので時間、目的に合ったものを選びたい。

☎03-3761-1100(はとバス予約センター) 千代田区丸の内1-10-15(はとバス東京営業部) 営コースにより異なる 交各線・東京駅からすぐ Pなし

↑黄色い車体が印象的

TOKYOパノラマドライブ
所要時間 約1時間　料金 1800～2000円
出発時間 9:30～19:00(時期により異なる)
発着場所 東京駅丸の内南口
2階建てオープンバス「オー・ソラ・ミオ」で運行。東京のダイナミックな景観を車窓から思う存分堪能できる。

レインボーブリッジ
レインボーブリッジ
バスは東京ベイエリアを走行。車窓から見えるお台場の景色は、気分爽快にさせてくれる

歌舞伎座
かぶきざ
豊洲、築地を通って銀座エリアの名所のひとつである歌舞伎座へ

スカイバス東京
スカイバスとうきょう

開放的なバスに乗って効率よく東京を巡る

皇居周辺、東京タワー、お台場を周遊するコースが揃う。途中下車のない車窓観光だが、自由に乗り降りできる「スカイホップバス」もある。

☎03-3215-0008(スカイバスコールセンター) 千代田区丸の内2-5-2三菱ビル1F(スカイバスチケットカウンター) 営コースにより異なる 交各線・東京駅から徒歩3分 Pなし

↑屋根がない2階建てのオープンバス。どの席からも抜群の眺望だ

皇居・銀座・丸の内コース
所要時間 約50分　料金 1600円
出発時間 10:00から5～8便
発着場所 三菱ビル前
東京駅丸の内南口の近くにあるビルから出発して、皇居外周、官庁街、銀座を巡るコース。

国会議事堂
こっかいぎじどう
日本の政治の中枢が正面に見えてくる。記念撮影のスポットとしてもおすすめ

霞ヶ関
かすみがせき
重要文化財にも指定されている法務省旧本館。赤レンガ造りの重厚な建物

皇居周辺
こうきょしゅうへん
東京駅を出発したバスは皇居の周りを走る。車窓からは大手門や濠が見える

鍛冶橋交差点付近
かじばしこうさてんふきん
高架下の高さ制限をぎりぎりで通過する。屋根がないバスならではのスリルを体感

丸の内ビル街
まるのうちビルがい
オフィスビルや商業施設がそびえ立つ丸の内を通過し、東京駅に戻ってくる

隅田川＆東京湾クルーズ／東京観光バスツアー

JR線
新幹線
山手線
京浜東北線・根岸線
中央線快速
中央線・総武線各停
横須賀線・総武線快速・成田線・湘南新宿ライン・常磐線快速
東北本線・宇都宮線
東海道本線
埼京線・川越線・相鉄線直通
南武線・鶴見線
横浜線
相模線
武蔵野線
常磐線各駅停車
その他のJR各線
地下鉄
都営浅草線
都営三田線
都営新宿線
都営大江戸線
東京メトロ日比谷線
東京メトロ銀座線
東京メトロ丸ノ内線
東京メトロ東西線
東京メトロ南北線
東京メトロ有楽町線
東京メトロ千代田線
東京メトロ半蔵門線
東京メトロ副都心線
私鉄線
東武鉄道
京成電鉄
西武鉄道
京王電鉄
小田急電鉄
東急電鉄
相模鉄道
京浜急行電鉄
横浜市営地下鉄
その他の路線
川越
柳瀬川
志木
朝霞台
北朝霞
新座
新秋津
東上線
朝霞
武蔵野線
西浦和
西高島平
新高島平
高島平
西台
蓮根
志村三丁目
志村坂上
本蓮沼
三田線
和光市
成増
下赤塚
東武練馬
上板橋
中板橋
地下鉄成増
地下鉄赤塚
平和台
副都心線
有楽町線
氷川台
小竹向原
東久留米
所沢
ひばりヶ丘
保谷
池袋線
大泉学園
石神井公園
光が丘
練馬春日町
豊島園
豊島線
大江戸線
新桜台
西武有楽町線
練馬
桜台
江古田
池袋線
練馬高野台
富士見台
中村橋
新江古田
落合南長崎
西武遊園地
東村山
新秋津
東村山
上北台
多摩都市モノレール
多摩湖線
武蔵野線
八坂
拝島
桜街道
玉川上水
東大和市
小川
萩山
小平
拝島線
新宿線
中井
武蔵砂川
砂川七番
泉体育館
鷹の台
新小平
青梅街道
恋ヶ窪
国分寺線
花小金井
田無
西武柳沢
東伏見
武蔵関
上石神井
上井草
井荻
下井草
鷺ノ宮
都立家政
野方
沼袋
新井薬師前
拝島
青梅線
立飛
高松
一橋学園
中神
東中神
八王子
西立川
立川北
国立
西国分寺
国分寺
武蔵小金井
東小金井
武蔵境
三鷹
吉祥寺
西荻窪
荻窪
阿佐ヶ谷
高円寺
中野
東西線
東中野
立川
豊田
日野
中央線快速
総武線各停
丸ノ内線
中野坂上
立川南
西国立
矢川
谷保
西府
北府中
井の頭公園
南阿佐ケ谷
新高円寺
東高円寺
新中野
中野新橋
西新宿五丁目
西新宿
柴崎体育館
分倍河原
府中
東府中
多摩川線
新小金井
三鷹台
中野富士見町
方南町
甲州街道
中河原
多磨霊園
多磨
久我山
幡ヶ谷
代々木上原
北野
聖蹟桜ケ丘
京王線
府中競馬正門前
競馬場線
是政
競艇場前
白糸台
富士見ヶ丘
笹塚
京王新線
長沼
万願寺
百草園
武蔵野台
高井戸
井の頭線
代田橋
京王線
東北沢
平山城址公園
南平
高幡不動
動物園線
府中本町
飛田給
浜田山
西永福
永福町
明大前
東松原
新代田
下北沢
程久保
多摩動物公園
南多摩
稲城長沼
南武線
西調布
調布
布田
国領
柴崎
つつじヶ丘
仙川
千歳烏山
芦花公園
八幡山
上北沢
桜上水
下高井戸
松原
世田谷代田
梅ヶ丘
豪徳寺
山下
宮の坂
上町
世田谷
松陰神社前
若林
世田谷線
駒沢大学
矢野口
京王多摩川
京王稲田堤
稲田堤
祖師ヶ谷大蔵
成城学園前
千歳船橋
経堂
中央大学・明星大学
大塚・帝京大学
松が谷
京王よみうりランド
稲城
喜多見
狛江
和泉多摩川
中野島
多摩センター
若葉台
京王多摩センター
京王堀之内
橋本
相模原線
京王永山
多摩線
登戸
宿河原
久地
津田山
たまプラーザ
鷺沼
宮前平
武蔵溝ノ口
溝の口
高津
二子新地
二子玉川
用賀
桜新町
大井町線
上野毛
等々力
尾山台
九品仏
自由が丘
橋本
相模原
唐木田
小田急多摩センター
小田急永山
はるひ野
黒川
栗平
五月台
向ヶ丘遊園
生田
読売ランド前
百合ヶ丘
小田原線
梶が谷
宮崎台
武蔵新城
武蔵中原
あざみ野
江田
中川
センター北
センター南
グリーンライン
北山田
東山田
高田
日吉本町
日吉
元住吉
武蔵小杉
新丸子
多摩川
田園調布
矢部
新百合ヶ丘
こどもの国
こどもの国線
恩田
市が尾
藤が丘
青葉台
田奈
都筑ふれあいの丘
川和町
仲町台
新羽
北新横浜
淵野辺
古淵
町田
玉川学園前
鶴川
柿生
横浜線
長津田
中山
鴨居
小机
新横浜
菊名
綱島
大倉山
沼部
鵜の木
成瀬
十日市場
つくし野
すずかけ台
相模大野
小田急相模原
相武台前
座間
相模線
小田原線
東林間
つきみ野
南町田グランベリーパーク
羽沢横浜国大
相鉄・JR直通線
岸根公園
片倉町
三ツ沢上町
三ツ沢下町
東横線
妙蓮寺
白楽
東白楽
反町
大口
新川崎
向河原
平間
鹿島田
新子安
鶴見
東神奈川
海老名
中央林間
田園都市線
新横浜線
星川
天王町
西横浜
平沼橋
相模鉄道本線
横浜
和田町
上星川
南林間
鶴間
かしわ台
さがみ野
相模大塚
大和
瀬谷
三ツ境
希望ヶ丘
二俣川
西谷
鶴ヶ峰
戸塚
日ノ出町
高島町
桜木町
神奈川
京急東神奈川
神奈川新町
子安
京急新子安
生麦
花月総持寺
京急鶴見
鶴見線
国道
厚木
片瀬江ノ島
湘南台
大船
横須賀線
大船
金沢八景
ラブルーライン
関内
みなとみらい線
新高島
元町・中華街

鉄道路線図

INDEX

歩く・観る

あ アーツ千代田 3331 ・・・・・・・・・・・・ 124
アーティゾン美術館 ・・・・・・・・・・・・ 26
アートアクアリウム美術館 ・・・・・・・ 27
IHIステージアラウンド東京 ・・・・・・ 142
赤坂サカス ・・・・・・・・・・・・・・・・・・・ 136
アクアシティお台場 ・・・・・・・・・・・・ 83
浅草EKIMISE ・・・・・・・・・・・・・・・・ 64
浅草演芸ホール ・・・・・・・・・・・ 64・141
浅草公会堂 ・・・・・・・・・・・・・・・・・ 140
浅草西参道商店街 ・・・・・・・・・・・・ 64
浅草花やしき ・・・・・・・・・・・・・・・・ 64
浅草文化観光センター ・・・・・・・・・・ 64
浅草木馬館大衆劇場 ・・・・・・・・・・ 64
浅草六区 ・・・・・・・・・・・・・・・・・・・ 64
朝倉彫塑館 ・・・・・・・・・・・・・・ 97・113
麻布山 善福寺 ・・・・・・・・・・・・・・ 99
麻布十番商店街 ・・・・・・・・・・・・・ 98
アトレ竹芝 ・・・・・・・・・・・・・・・・・ 22
アメ横商店街 ・・・・・・・・・・・・・・・ 95
有明ガーデン ・・・・・・・・・・・・・・・ 42
有栖川宮記念公園 ・・・・・・・・・・・ 108
アンスティチュ・フランセ東京・・・ 101
EAT PLAY WORKS ・・・・・・・・・・・・ 27
池袋演芸場 ・・・・・・・・・・・・・・・・ 141
伊勢丹新宿店 ・・・・・・・・・・・・・・・ 91
出光美術館 ・・・・・・・・・・・・・・・・ 122
VenusFort ・・・・・・・・・・・・・・・・・ 85
WITH HARAJUKU ・・・・・・・・・ 24・89
上野恩賜公園 ・・・・・・・・・・・・ 50・94
上野の森美術館 ・・・・・・・・・・・・ 119
WATERS takeshiba ・・・・・・・・・・ 22
牛込総鎮守 赤城神社 ・・・・・・・・・ 101
宇宙ミュージアムTeNQ ・・・・・・・ 134
エキュート東京 ・・・・・・・・・・・・・・ 74
Esola池袋 ・・・・・・・・・・・・・・・・・ 93
江戸東京たてもの園 ・・・・・・・・・ 125
江戸前 場下町 ・・・・・・・・・・・・・・ 40
恵比寿ガーデンプレイス ・・・・・・・ 81
太田記念美術館 ・・・・・・・・・・・・ 120
オーチャードホール ・・・・・・・・・・ 142
岡本太郎記念館 ・・・・・・・・・・・・ 121
表参道 ・・・・・・・・・・・・・・・・・・・・ 50
表参道ヒルズ ・・・・・・・・・・・・・・・ 88
か 神楽坂 ・・・・・・・・・・・・・・・・・・・ 101
葛西臨海水族園 ・・・・・・・・・・・・ 132
カジノヴィーナス ・・・・・・・・・・・・・ 84
KASHIYAMA DAIKANYAMA ・・・・・ 81
かっぱ橋道具街通り ・・・・・・・・・・ 64
歌舞伎座 ・・・・・・・・・・・・・ 110・138
観光支援施設shibuya-san ・・・・・ 35
観世能楽堂 ・・・・・・・・・・・・・・・・ 140
神田明神（神田神社） ・・・・・・ 50・103
キッチンストリート ・・・・・・・・・・・ 75
KITTE ・・・・・・・・・・・・・・・・・・・・ 72
旧岩崎邸庭園 ・・・・・・・・・・・・・ 113
旧芝離宮恩賜庭園 ・・・・・・・・・・ 109
清澄庭園 ・・・・・・・・・・・・・・・・・ 109
KIRARITO GINZA ・・・・・・・・・・・・ 53
GINZA SIX ・・・・・・・・・・・・・ 52・58
Ginza Sony Park ・・・・・・・・・・・・ 27
銀座三越 ・・・・・・・・・・・・・・・・・ 53
草間彌生美術館 ・・・・・・・・・・・・ 124
GranAge ・・・・・・・・・・・・・・・・・・ 74
グランスタ東京 ・・・・・・・・・・ 74・180
グランスタ丸の内 ・・・・・・・・・・・ 75
グランルーフ ・・・・・・・・・・・・・・・ 73
黒塀横丁 ・・・・・・・・・・・・・・・・・ 75
芸者新道 ・・・・・・・・・・・・・・・・・ 100
迎賓館赤坂離宮 ・・・・・・・・・・・・ 113
京葉ストリート ・・・・・・・・・・・・・・ 74
小石川後楽園 ・・・・・・・・・・・ 50・109
国立科学博物館 ・・・・・・・・・・・・ 125
国立競技場 ・・・・・・・・・・・・・・・・ 25
国立劇場 ・・・・・・・・・・・・・・・・・ 140
国立新美術館 ・・・・・・・・・・・ 78・119

国立西洋美術館 ・・・・・・・・・・・・ 116
国立能楽堂 ・・・・・・・・・・・・・・・ 140
コニカミノルタプラネタリアTOKYO ・・ 49
コニカミノルタプラネタリウム "天空"
in東京スカイツリータウン® ・・・・ 69
コニカミノルタプラネタリウム "満天" ・・ 134
com so koya ・・・・・・・・・・・・・・・ 96
COREDO室町3 ・・・・・・・・・・・・・ 47
COREDO 室町テラス ・・・・・・・・・ 46
さ サピアタワー ・・・・・・・・・・・・・・・ 73
サンシャインシティ ・・・・・・・・・・・ 93
サンシャイン水族館 ・・・・・・・・・・ 133
サントリー美術館 ・・・・・・・・・・・・ 118
サントリーホール ・・・・・・・・・・・・ 142
シアタークリエ ・・・・・・・・・・・・・・ 142
シアターコクーン ・・・・・・・・・・・・ 142
JR東日本四季劇場[秋] ・・・・・・・・ 22
下町風俗資料館 ・・・・・・・・・・・・ 125
しながわ水族館 ・・・・・・・・・・・・ 133
SHIBUYA109渋谷店 ・・・・・・・・・ 37
渋谷公園通り ・・・・・・・・・・・・・・・ 36
SHIBUYA SKY ・・・・・・・・・・・・・・ 31
渋谷スクランブルスクエア ・・・・・・ 30
渋谷ストリーム ・・・・・・・・・・・・・・ 32
SHIBUYA STREAM Hall ・・・・・・・ 33
渋谷PARCO ・・・・・・・・・・・・・・・ 36
渋谷ヒカリエ ・・・・・・・・・・・・・・・ 37
渋谷フクラス ・・・・・・・・・・・・・・・ 34
渋谷マークシティ ・・・・・・・・・・・・ 37
GYRE ・・・・・・・・・・・・・・・・・・・・ 89
自由学園明日館 ・・・・・・・・・・・・ 113
JINGUMAE COMICHI ・・・・・・・・ 24
新国立劇場 ・・・・・・・・・・・・・・・ 142
新宿御苑 ・・・・・・・・・・・・・ 50・108
新宿末廣亭 ・・・・・・・・・・・・・・・ 141
新宿髙島屋 ・・・・・・・・・・・・・・・・ 91
新宿東宝ビル ・・・・・・・・・・・・・・ 91
新橋演舞場 ・・・・・・・・・・・・・・・ 140
新丸ビル ・・・・・・・・・・・・・・・・・ 72
SKY CIRCUS サンシャイン60 展望台 ・・ 48
SCAI THE BATHHOUSE ・・・・・・・ 96
スカイダック ・・・・・・・・・・・・・・・ 186
スカイバス東京 ・・・・・・・・・・・・・ 187
鈴本演芸場 ・・・・・・・・・・・・・・・ 141
すみだ水族館 ・・・・・・・・・・・ 69・133
すみだトリフォニーホール ・・・・・・ 142
すみだリバーウォーク ・・・・・・・・・ 23
セルリアンタワー能楽堂 ・・・・・・・ 140
全生庵 ・・・・・・・・・・・・・・・・・・・ 96
浅草寺 ・・・・・・・・・・・・・・・・・・・ 60
SOMPO美術館 ・・・・・・・・・・・・ 122
た 代官山アドレス・ディセ ・・・・・・・ 81
代官山T-SITE ・・・・・・・・・・・・・・ 81
ダイバーシティ東京 プラザ ・・・・・・ 81
大丸東京店 ・・・・・・・・・・・・ 73・180
高輪ゲートウェイ駅 ・・・・・・・・・・ 27
竹久夢二美術館 ・・・・・・・・・・・・ 121
千鳥ヶ淵公園 ・・・・・・・・・・・・・・ 50
千葉工業大学
東京スカイツリータウン® キャンパス ・・ 69
築地場外市場 ・・・・・・・・・・・・・・ 43
帝国劇場 ・・・・・・・・・・・・・・・・・ 142
デックス東京ビーチ ・・・・・・・・・・ 83
テレコムセンター展望台 ・・・・・・・ 105
テレビ朝日 ・・・・・・・・・・・・・・・・ 136
電通四季劇場[海] ・・・・・・・・・・・ 142
21_21 DESIGN SIGHT ・・・・・・・ 124
東急プラザ表参道原宿 ・・・・・・・・ 89
東急プラザ銀座 ・・・・・・・・・・・・ 52
東急プラザ渋谷 ・・・・・・・・・・・・・ 34
東京お台場 大江戸温泉物語 ・・・・ 137
東京オペラシティ ・・・・・・・・・・・ 142
TOKYO CRUISE ・・・・・・・・・・・・ 186
東京芸術劇場 ・・・・・・・・・・・ 92・142
東京国際クルーズターミナル ・・・・ 27
東京国立近代美術館 ・・・・・・・・・ 117
東京国立博物館 ・・・・・・・・・・・・ 125
東京国立博物館 表慶館 ・・・・・・・ 113
東京スカイツリー® ・・・・・・・・・・・ 66
東京スカイツリータウン® ・・・・・・・ 66
東京ステーションシティ ・・・・・・・・ 74

東京ソラマチ® ・・・・・・・・・・・・・・ 68
東京大神宮 ・・・・・・・・・・・・・・・ 103
東京宝塚劇場 ・・・・・・・・・・・・・ 142
東京タワーメインデッキ ・・・・・・・ 104
東京ディズニーシー® ・・・・・・・・・ 130
東京ディズニーランド® ・・・・・・・・ 128
東京ディズニーリゾート® ・・・・・・・ 126
東京都江戸東京博物館 ・・・・・・・ 125
東京ドーム天然温泉 スパ ラクーア ・・ 137
東京都現代美術館 ・・・・・・・・・・ 124
東京都庁 ・・・・・・・・・・・・・・・・・ 90
東京都庁展望室 ・・・・・・・・・・・・ 104
東京都美術館 ・・・・・・・・・・・・・ 118
東京ビル TOKIA ・・・・・・・・・・・・ 72
東京文化会館 ・・・・・・・・・・・・・ 142
東京水辺ライン ・・・・・・・・・・・・ 186
東京ミズマチ® ・・・・・・・・・・・・・・ 23
東京ミッドタウン ・・・・・・・・・・・・ 78
東京ミッドタウン日比谷 ・・・・・ 52・59
戸栗美術館 ・・・・・・・・・・・・・・・ 119
豊島区立 トキワ荘マンガミュージアム ・・ 135
豊洲市場 ・・・・・・・・・・・・・・・・・ 39
豊洲ベイサイドクロス ・・・・・・・・・ 42
虎ノ門ヒルズ駅 ・・・・・・・・・・・・・ 26
虎ノ門横丁 ・・・・・・・・・・・・・・・・ 26
な 仲見世通り ・・・・・・・・・・・・・ 60・62
日生劇場 ・・・・・・・・・・・・・・・・・ 142
日本科学未来館 ・・・・・・・・・・・・ 84
日本銀行本店本館 ・・・・・・・・・・ 113
日本テレビタワー ・・・・・・・・・・・ 136
日本橋髙島屋S.C. ・・・・・・・・・・・ 45
日本民藝館 ・・・・・・・・・・・・・・・ 120
NINJA AKASAKA ・・・・・・・・・・・ 135
根津神社 ・・・・・・・・・・・・・・ 96・103
根津美術館 ・・・・・・・・・・・・・・・ 120
は 長谷川町子美術館 ・・・・・・・・・・ 121
はとバス ・・・・・・・・・・・・・・・・・ 187
パナソニック汐留美術館 ・・・・・・・ 123
HANEDA INNOVATION CITY ・・・ 26
浜離宮恩賜庭園 ・・・・・・・・・ 50・109
原宿駅 ・・・・・・・・・・・・・・・・・・・ 24
PARCO MUSEUM TOKYO ・・・・・・ 36
Hareza池袋 ・・・・・・・・・・・・・・・ 26
パレットタウン ・・・・・・・・・・・・・・ 82
氷川神社 ・・・・・・・・・・・・・・・・・ 99
毘沙門天（善国寺） ・・・・・・・・・・ 100
日比谷OKUROJI ・・・・・・・・・・・・ 100
ヒルサイドテラス ・・・・・・・・・・・・ 80
フジテレビ本社ビル ・・・・・・・・・・ 136
船の科学館 ・・・・・・・・・・・・・・・ 84
Bunkamura ・・・・・・・・・・・・・・・ 37
宝生能楽堂 ・・・・・・・・・・・・・・・ 140
法務省赤れんが棟 ・・・・・・・・・・ 113
ま マクセル アクアパーク品川 ・・・・ 132
まぐろのせり見学 ・・・・・・・・・・・・ 39
マダム・タッソー東京 ・・・・・・・・・ 84
松屋銀座 ・・・・・・・・・・・・・・・・・ 53
マハラジャ六本木 ・・・・・・・・・・・ 135
丸の内オアゾ ・・・・・・・・・・・・・・・ 73
丸の内ブリックスクエア ・・・・・・・・ 72
丸の内 MY PLAZA ・・・・・・・・・・・ 72
丸ビル ・・・・・・・・・・・・・・・・・・・ 73
マロニエゲート銀座1 ・・・・・・・・・ 53
マロニエゲート銀座2&3 ・・・・・・・ 53
三鷹の森ジブリ美術館 ・・・・・・・・ 135
三井記念美術館 ・・・・・・・・・・・・ 123
三越劇場 ・・・・・・・・・・・・・・・・・ 142
三菱一号館美術館 ・・・・・・・・・・ 119
MIYASHITA PARK ・・・・・・・・・・・ 37
向島百花園 ・・・・・・・・・・・・・・・ 50
明治座 ・・・・・・・・・・・・・・・・・・・ 140
明治神宮 ・・・・・・・・・・・・・・・・・ 102
明治神宮外苑 ・・・・・・・・・・・・・・ 50
毛利庭園 ・・・・・・・・・・・・・・・・・ 50
森美術館 ・・・・・・・・・・・・・・・・・ 119
森ビル デジタルアート ミュージアム：
エプソン チームラボ ボーダレス ・・ 49
や 八重洲さくら通り ・・・・・・・・・・・ 50
靖國神社 ・・・・・・・・・・・・・・・・・ 50
谷中銀座商店街 ・・・・・・・・・・・・ 96

谷中霊園 ･･････････････････ 96
山種美術館 ･･････････････ 123
郵政博物館 ･･････････････ 69
夕やけだんだん ･･････････ 96
有楽町イトシア ･･････････ 53
湯島天満宮 ･･････････････ 103
ラフォーレ原宿 ･･････････ 88
ららぽーと豊洲3 ･･････････ 34
六義園 ････････････････ 50・109
両国国技館 ･･････････････ 110
ルミネ池袋 ･･････････････ 93
ルミネ有楽町店 ･･････････ 53
LOG ROAD DAIKANYAMA ･･･ 81
六本木ヒルズ ････････････ 78
六本木ヒルズ展望台 東京シティビュー ･･･ 105
和光 ･･･････････････････ 53
ワタリウム美術館 ･･･････ 124

食べる

あ アーンドラ・ダイニング 銀座本店 ･････ 57
青山フラワーマーケット
　ティーハウス 赤坂Bizタワー店 ･･･ 166
赤坂璃宮 銀座店 ･･････････ 157
Ata 虎ノ門 ･･････････････ 26
あぶらどりの釜ゆで丼 釜米 ･･ 85
アンカーズ デックス東京ビーチ店 ･･ 86
EATALY MARUNOUCHI ･･･ 75
いちや ･･･････････････････ 23
HIDEMI SUGINO ･･･････ 162
IBAIA ･･････････････････ 155
VIKING BAKERY F ･････ 165
VACCA ROSSA ････････ 154
WE ARE THE FARM ････ 42
WODKA TONIC ･･･････ 171
鰻 渋谷松川 ･････････････ 34
ウルフギャング・ステーキハウス 六本木店 ･･ 155
エクラデジュール ･････････ 42
ESqUISSE ･･･････････････ 153
Eggs 'n Things 原宿店 ･･ 161
Elio Locanda Italiana ････ 150
小川軒 ･･････････････････ 159
か カキ小屋 築地食堂 ･･････ 43
神楽坂 茶寮 ･････････････ 30
CAFE&BAKERY MIYABI 神保町店 ･･･ 165
カフェ・バウリスタ ･････････ 57
COFFEE BAR K ･･･････ 170
雷門 三定 ･･･････････････ 65
神谷バー ････････････････ 65
カヤバ珈琲 ･･････････････ 97
からく ･･･････････････････ 57
Quintessence ････････ 152
広東料理 龍天門 ････････ 156
甘味処初音 ･･････････････ 47
㐂寿司 ･･････････････････ 149
喫茶 YOU ･･･････････････ 57
紀の善 ･･････････････････ 101
京料理 と村 ････････････ 148
キル フェ ボン 東京スカイツリー
　タウン・ソラマチ店 ･･････ 71
KING OF THE PIRATES ･･ 87
銀座アスター昴 SUBARU ･･ 70
銀座オザミデヴァン本店 ･･･ 58
GINZA TOTOKI ･･･････ 152
銀座 みかわや ･･･････････ 159
クラフトビールタップ グリル＆キッチン ･･ 33
グリル満天星 麻布十番本店 ･･ 99
CLINTON ST. BAKING COMPANY 東京店 ･･ 160
駒形どぜう ･･････････････ 65
ComMunE ････････････ 36
さ The Grill on 30th ･･････ 86
THE GREAT BURGER STAND ･･ 32
THE DINING
シノワ 唐紅花 & 鉄板フレンチ 蒔絵 ･･･ 161
サラベス 東京店 ･････････ 161
シースケープ ダイニング・テラス ･･ 87
Gino Sorbillo Artista
Pizza Napoletana ･･･････ 147
資生堂パーラー 銀座本店 レストラン ･･ 158

渋谷のんべい横丁 ･･････････ 172
Jack's Wife Freda ･･････ 23
シャトーレストラン
　ジョエル・ロブション ･･････ 144
酒食堂 虎ノ門蒸留所 ･･････ 26
純洋食とスイーツ パーラー大箸 ･･ 34
ショコラティエ パレ ド オール ･･ 163
新宿ゴールデン街 ･･････････ 172
Sky Restaurant 634 (musashi) ･･ 168
SUSHI TOKYO TEN, ････ 32
鮨処 順 ････････････････ 58
スタア・バー・ギンザ ･･････ 170
炭焼 うな富士 ･･･････････ 25
全聚徳 ･･････････････････ 145
SOMTUM DER 代々木店 ･･ 147
た 大観苑 ･･･････････････ 157
たまひでいちの ･･････････ 71
タワーズレストラン クーカーニョ ･･ 169
XIRINGUITO Escribà ････ 147
築地虎杖 うに虎 中通り店 ･･ 43
築地魚河岸 鮪どんや ･･････ 85
築地寿司清 ･･････････････ 76
築地本願寺カフェ Tsumugi ･･ 160
築地まる武食堂 人形町店 ･･ 47
つきぢ神楽寿司 ･･････････ 40
添好運 日比谷店 ････････ 146
天空ラウンジTOP of TREE ･･ 57
天厨菜館 銀座店 ･･･････ 57
天ぷらとワイン 大塩 ･･････ 25
天ぷら 畑中 ････････････ 149
東京焼肉 一頭や ･･･････ 46
糖朝 ･･･････････････････ 156
Toshi Yoroizuka Mid Town ･･ 163
豊洲市場 鈴富 ･･･････････ 41
TRATTORIA CHE PACCHIA ･･ 151
Trattoria Siciliana Don Ciccio ･･ 151
な なかめのてっぺん ･･････ 33
Nicolai Bergmann NOMU ･･ 166
NIHONBASHI BREWERY. ･･ 23
は Bar La Hulotte ･･･････ 171
pâtisserie Sadaharu AOKI paris ･･ 163
パティスリーSATSUKI ･･･ 162
羽二重団子駅前店 ･･････ 97
パンとエスプレッソと ･･････ 165
HIBIYA FOOD HALL ･････ 59
VIEW & DINING THE SKY ･･ 169
bills 表参道 ･･････････････ 147
FOOD COURT VENUSFORT KITCHEN ･･ 85
Fairycake Fair ･･･････････ 76
ふぐ 福治 ･･･････････････ 149
flower&café 風花 ･･･････ 167
BROOKLYN CITY GRILL ･･ 59
Plaiga TOKYO ････････ 145
フロリレージュ ･･････････ 153
Pelicàn CAFE ･･････････ 164
BOSTON OYSTER&CRAB ･･ 59
José Luis ･･･････････････ 30
hotel koé bakery ･･････ 164
ま まぐろどんぶり 瀬川 ･･･ 43
MACCHA HOUSE 抹茶館 ･･ 24
mango tree kitchen "GAPAO" ･･ 59
Mr.FARMER ･･･････････ 76
目白 旬香亭 ････････････ 159
モンサンクレール ･･･････ 163
や HUGO DESNOYER EBISU ･･ 146
ら LA SORA SEED FOOD
RELATION RESTAURANT ･･ 70
Ruth's Chris Steak House ･･ 154
Le Bretagne ･･･････････ 101
Les Grands Arbres ･･･ 167
レストラン香味屋 ･･････ 158
RESTAURANT SANT PAU ･･ 145
restaurant Nabeno-Ism ･･ 153
LORANS.原宿店 ･････････ 167
わ WORLD BREAKFAST ALLDAY 外苑前店 ･･ 161
one hand ･･･････････････ 46

買う

あ Urth Caffé ･･････････ 31

Accent RABOKIGOSHI ･･･ 85
浅草今半 国際通り本店 ･･･ 179
浅草ちょうちんもなか ･･････ 63
浅草満願堂 ･･････････････ 179
IKEA原宿 ･･････････････ 24
ISHIYA GINZA ････････ 58
維新號 銀座本店 ････････ 178
いせ辰 ･････････････････ 97
駅弁屋 祭 ･･････････････ 74
江戸趣味小玩具仲見世 助六 ･･ 63
江戸屋 ･････････････････ 175
オーボンヴュータン ･･････ 176
小川軒 ･････････････････ 176
か カガミクリスタル ･･････ 175
神茂 ･･･････････････････ 176
木村家本店 ･･････････････ 63
貴和製作所 ･･････････････ 71
銀座 伊東屋 本店 ･･････ 179
銀座ウエスト本店 ･･････ 179
銀座英國屋 銀座一丁目レンガ通り店 ･･ 54
銀座英國屋 銀座三丁目並木通り店 ･･ 54・174
銀座英國屋 銀座本店 ･･･ 54
銀座大野屋 ･･････････････ 54
銀座鹿乃子 銀座三越店 ･･ 176
銀座木村屋 ･･････････････ 56
銀座 蔦屋書店 ････････ 58
銀座トラヤ帽子店 ･･････ 55
銀座夏野 本店 ･････････ 57
空也 ･･･････････････････ 56
月光荘画材店 ･･･････････ 57
香十 銀座本店 ････････ 57
さ ZAKUROらんぷ家 ･･･ 97
塩瀬総本家 ･･････････････ 179
資生堂パーラー 銀座本店 ･･ 178
ジャン＝ポール・エヴァン ･･ 179
ショコラティエ パレ ド オール ･･ 176
Smith ･････････････････ 59
清寿軒 ･････････････････ 177
誠品生活日本橋 ･･････････ 47
千疋屋総本店 日本橋本店 ･･ 178
sot ･･･････････････････ 35
tamayose ･･･････････････ 35
た TENERITA ･･･････････ 59
デルレイ銀座 ････････････ 56
Too Faced ･･････････････ 31
東京鳩居堂 銀座本店 ･･･ 57
DRYADES ････････････ 35
な 仲見世 杵屋 ･･････････ 62
浪花家総本店 ･･･････････ 98
nicoドーナツ ･･･････････ 98
日本市 ･････････････････ 71
日本橋さるや ･･･････････ 174
人形町今半 惣菜本店 ･･･ 47
人形焼本舗 板倉屋 ･････ 47
Nintendo TOKYO ･････ 36
根津のたいやき ･･･････ 97
は 榛原 ･･･････････････ 174
パティスリー ル ラピュタ ･･ 177
PIERRE HERMÉ PARIS Aoyama ･･ 178
ピエール マルコリーニ銀座本店 ･･ 56
HIBIYA CENTRAL MARKET ･･ 59
フェルム ラ・テール 美瑛 ･･ 47
舟和 仲見世2号店 ･･････ 62
FRANCK MULLER PÂTISSERIE ･･ 58
Francfranc BAZAR ･･･ 85
Pelicàn ････････････････ 164
ま まかないこすめ ･･････ 71
豆源 ･････････････････ 98・178
三原堂本店 ･･････････････ 177
みやげ処 豊洲ICHIBAN ･･ 41
MORI YOSHIDA PARIS ･･ 31
や 柳ばし 小松屋 ･･･････ 177
大和屋シャツ店 銀座本店 ･･ 55
山本道子の店 ･･･････････ 177
ら La Ronde d'Argile ･･･ 101
Roomy's OUTLET ･････ 85
LEMONADE by Lemonica ･･ 33
わ 和光アネックス ケーキ＆チョコレートショップ ･･ 56
和田久 ････････････････ 41

191

STAFF

編集制作 Editors
(株)K&Bパブリッシャーズ

取材・執筆・撮影 Writers & Photographers
高橋靖乃　宮里夢子　白川由紀　佐藤麻由子
村山博則　瀧渡尚樹　安田真樹　雪岡直樹

執筆協力 Writers
内野究　重松久美子　上山奈津子　西連寺くらら
伊藤麻衣子　遠藤優子

本文・表紙デザイン Cover & Editorial Design
(株)K&Bパブリッシャーズ

表紙写真 Cover Photo
アフロ

地図制作 Maps
トラベラ・ドットネット(株)
DIG.Factory

写真協力 Photographs
関係各市町村観光課・観光協会
関係諸施設
PIXTA

総合プロデューサー Total Producer
河村季里

TAC出版担当 Producer
君塚太

TAC出版海外版権担当 Copyright Export
野崎博和

**エグゼクティヴ・プロデューサー
Executive Producer**
猪野樹

おとな旅 プレミアム 東京 第3版

2021年2月12日　初版　第1刷発行

著　　者	TAC出版編集部
発 行 者	多田敏男
発 行 所	TAC株式会社　出版事業部
	（TAC出版）

〒101-8383 東京都千代田区神田三崎町3-2-18
電話　03(5276)9492(営業)
FAX　03(5276)9674
https://shuppan.tac-school.co.jp

印　　刷	株式会社　光邦
製　　本	東京美術紙工協業組合

©TAC 2021　Printed in Japan　　ISBN978-4-8132-9445-0
N.D.C.291　　　　　　　　落丁・乱丁本はお取り替えいたします。

本書は，「著作権法」によって，著作権等の権利が保護されている著作
物です。本書の全部または一部につき，無断で転載，複写されると，
著作権等の権利侵害となります。上記のような使い方をされる場合に
は，あらかじめ小社宛許諾を求めてください。

本書に掲載した地図の作成に当たっては，国土地理院発行の数値地図
(国土基本情報)電子国土基本図(地図情報)，数値地図(国土基本情報)
電子国土基本図(地名情報)及び数値地図(国土基本情報20万)を調整し
ました。